देवप्रिया

नृत्यांगना सोनल मानसिंह से संवाद एवं नृत्य-कला पर विचार

वाणी प्रकाशन

21-ए, दरियागंज, नयी दिल्ली-110002

फोन : 011-23273167, 23275710, 65456829, 65493966

फैक्स : 011-23275710

देवप्रिया

नृत्यांगना सोनल मानसिंह से संवाद एवं नृत्य-कला पर विचार

यतीन्द्र मिश्र

पुस्तक में प्रयुक्त समस्त चित्र एवं सोनल मानसिंह के रेखांकन श्रीमती सोनल मानसिंह के सौजन्य से।

वाणी प्रकाशन का लोगो
विख्यात चित्रकार मकबूल फिदा हुसेन
की कूची से

ISBN : 978-81-8143-684-9

वाणी प्रकाशन
21–ए, दरियागंज, नई दिल्ली–110002
द्वारा प्रकाशित
प्रथम संस्करण : 2007
मूल्य : 400/–

आवरण एवं सज्जा : नरेन्द्र श्रीवास्तव
गोपसन्स पेपर्स लिमिटेड,
ए–14 सेक्टर–60, नोएडा (उ. प्र.) 201301
द्वारा मुद्रित

DEVPRIYA
Yatinder Mishra

श्रद्धेय पं. रामकृष्ण पाण्डेय 'आमिल'
की स्मृति में
जिनके सम्पर्क में आने के बाद
संस्कृति के अर्थ को जानना शुरू किया....

अनुक्रम

भूमिका

'नृत्य का काम क्षणिक है, पानी की बूँद सरीखा। एक बुदबुदा उठा, बुदबुदा बैठ गया और फिर वह पानी में विलीन हो बह गया। ... नृत्य का जो सत्व है, वह छूट जाने पर आप उसके पीछे भागकर भी पकड़ नहीं सकते।...'

'साक्षात् नृत्यांगना ही एक समय में चित्र बन जाती है और दूसरे क्षण एक मूर्ति। एक तरह से चलता–फिरता चित्र। एक तरह से चलता–फिरता स्थापत्य।...'

'कला की दृष्टि से भले ही, देवदासियों का समाप्त होना, थोड़ा अखरनेवाला रहा हो। मगर इस बात से कौन इनकार करेगा कि स्वतन्त्रता प्राप्ति के साथ हमने देवदासियों को भी सामाजिक रूप से स्वतंत्र किया। यह एक बड़ी बात है। उनकी आज़ादी कहीं न कहीं कला के जीवन से बड़ी चीज़ है। और इसका एक व्यावहारिक पक्ष यह उभरा कि बाद में भरनतनाट्यम आम आदमी को सुलभ हो गया।...'

'...अहम बात यह है कि आपके सामने 'स्वैर विहार' का एक पूरा मैदान खुला पड़ा है। कल्पना–सृष्टि में आप स्वैर विहार करें और दर्शक को भी उस बड़े मैदान में ले आयें।' 'दुर्भाग्य से हमारे पास समय को पहचानने वाला, कला को सराहने वाला विवेकवान समाज नहीं बचा है।...'

'–इधर देखते–देखते यह हुआ है कि पैसों का लोभ और विदेश–यात्रा की चकाचौंध ने कला की दुनिया को ग़ैर–प्रासंगिक बना दिया है... यहीं हमसे चूक होती है और हम छीजते चले जाते है। परम्पराएँ उचित–अनुचित के भेद न रहने से लुप्त होंगी ही।...'

'... भारतीय परम्परा में, ख़ासकर कलाओं के सन्दर्भ में शुद्धता की कोई अवधारणा ही नहीं रही है। भरत के नाट्यशास्त्र में यह नहीं है, न ही अभिनवगुप्त में है और न ही यह नन्दिकेश्वर में है। परम्परा शब्द की ध्वनि ही यही है कि वह लगातार चलती रहती है। अब कोई चीज़ जब लगातार चलेगी, तो उसमें परिवर्तन आयेगा ही। वह बदल जायेगा। पत्थर भी अगर लुढ़कता जाता है तो अपना आकार बदलता रहता है। नदी की धारा राह में आने वाले तमाम कंकड़ो, पत्थरों को मन मुताबिक आकार देती रहती है क्योंकि वह सतत प्रवाहमान है। अतः यह कहना उचित नहीं कि वही एक शाश्वत चीज़ हमेशा होती रहेगी, जो अपने जन्म के समय थी। तो यह शुद्धता की बात करना बेकार है।...'

'आप समाज में मौजूद एक सामान्य सी दशा मोटापे को ही ले लीजिये, तो हैरान रह जायेंगे कि पिछले कुछ वर्षों में यह एकाएक काफ़ी हद तक बढ़ चुकी है। पिज़ा, बर्गर, पेप्सी और बीयर से फैलने वाली यह ओबेसिटी अब दिमाग तक पहुँच गयी है। और दिमाग़ के मोटापे का मतलब है जड़ता। जब आपका विचार करना ही बन्द हो जायेगा, तो कलाओं की बात तो जाने दीजिये, आपके अपने अस्तित्व पर भी संकट आ जायेगा।...'

–सोनल मानसिंह

लगभग पिछली एक शताब्दी से समूची भारतीय आलोचना और अभी भी क्षीण रूप से सक्रिय शास्त्र–रचना की एक बड़ी कमज़ोरी यह रही है कि उसने शास्त्रीय कलाओं, उनमें आये महत्वपूर्ण परिवर्तनों और उनके माध्यम से पुनर्नवा होती परम्परा पर बहुत कम ध्यान दिया है। शास्त्रीय नृत्य और संगीत दोनों ही इस दुर्लक्ष्यता के शिकार रहे हैं। दोनों ही कलाओं में बहुत सारे परिवर्तन आये हैं, नये प्रभाव सक्रिय और नवाचार हुए हैं: उनमें निरन्तरता और परिवर्तन की द्वन्द्वात्मकता रही है और उन्होंने कैसे समयातीत को समय से स्पन्दित रखा है यह सब कई स्तरों पर विचारोत्तेजक है – खेद यही है कि ऐसी विचारोत्तेजना ने हमारी आलोचना में बहुत कम अपने होने का कोई साक्ष्य दिया है। इस सन्दर्भ में हमारे समय की एक महत्वपूर्ण और विचारशील सोनल मानसिंह पर एकाग्र यह पुस्तक हिन्दी में ही नहीं, समूचे भारतीय परिदृश्य में अपना अलग स्थान रखती है। एक बहुश्रुत और स्पष्टभाषी कलाकार से संवाद पर आधारित यतीन्द्र मिश्र की यह पुस्तक पहल है, जो मार्गदर्शी भी है। एक कलाप्रेमी कवि का एक वरिष्ठ नर्तकी से संवाद अपने आप में रोमांचक और अभूतपूर्व है। वो एक स्तर पर दो भिन्न सर्जनात्मकताओं के बीच संवाद भी है।

सोनल मानसिंह की भावप्रवणता और कलाकौशल शुरू से ही विचार–पगे रहे हैं। उन्हें शास्त्रीय नृत्य के क्षेत्र में सक्रिय रहने का अनुभव है: उनकी नागरिकता सिर्फ़ शास्त्र–विहित मामला नहीं है। वह अनेक क्षेत्रों के संस्पर्श और उनसे संवाद–सम्पर्क में रही है। इस कारण उनसे बातचीत का रेंज बहुत बड़ा हुआ है। शास्त्र, परम्परा, नृत्य, संगीत, रंगमंच, साहित्य, प्रयोग, गुरू, राजनीति, सिनेमा, अध्यात्म आदि बहुत सारे विषयों पर सोनल ने इन संवादों में अपने विचार, अनुभव, भावनाएँ, प्रतिक्रियाएँ, मत–स्पष्टता और आत्मीयता से व्यक्त किये हैं। इन लम्बे फैले संवादों को एकसूत्रता देता है सोनल का अपना व्यक्तित्व, जिसकी एक अन्तरंग और बहुल छवि उभरती है। अन्तःसलिल धारा यह भी कही जा सकती है कि शास्त्रीय परम्परा अपने समय, समकालीनता, आधुनिकता के दबावों और प्रभावों से कैसे संवाद–सहकार करती, अपना रास्ता बनाती है, अपने को बदलती और अपनी निरन्तरता को बनाये रखती है।

इस समय भारतीय शास्त्रीय परिदृश्य पर ऐसे बहुत कम कलाकार हैं, जो सोनल की तरह अनेक स्तरों पर सोच सकें, बेबाकी से अपनी बात कह सकें, सौन्दर्यशास्त्र की बारीकियों और जटिलताओं में जा सकें, आधुनिकता के प्रति सजग और उन्मुख रहते हुए भी परम्परा का औचित्य और आशय स्पष्ट कर सकें। संवाद में जब–तब काव्यात्मक उन्मेष है, आध्यात्मिक गहनता है, वाग्विदग्धता है: कुल मिलाकर वह सिर्फ़ सोनल के जीवन और सृजन को समझने

भर में मदद नहीं करते, वे हमारे उलझे और अराजक समय में शास्त्र के शान्त किन्तु प्रासंगिक क्षण की अवस्थिति सामने लाते हैं और शास्त्रीय परिदृश्य का व्यापक परिदृश्य से कैसा सम्बन्ध है, इसकी भी कुछ समझ बढ़ाते हैं।

विचारों का क्षेत्र अकसर सहमति का परिसर नहीं होता: उसमें मतभेद और द्वन्द्व होते रहते हैं, जो उसे स्पन्दित करते हैं। कथक, राजनीति आदि पर सोनल के विचार ऐसे हैं, जिनसे असहमति और विवाद की गुंजाइश है। उनकी ईमानदारी पर कोई शक नहीं किया जा सकता, लेकिन उन्हें बिना चुनौती दिये छोड़ा भी नहीं जा सकता। स्वयं सोनल को ऐसे वाद–विवाद से कोई उजर नहीं हो सकता। हमारे समय में अध्यात्म के नाम पर तरह–तरह के पाखण्ड, हिंसा, अनाचार और अत्याचार होते रहते हैं – कुछ इस कदर कि दुर्भाग्य से बौद्धिक समाज में अध्यात्म की अवधारणा और सचाई ही संदिग्ध हो या मान लिये गये हैं। इस प्रसंग में जब सोनल अध्यात्म और नृत्य के संबंध या कि नृत्य के आध्यात्मिक आशयों की बात करती हैं, तो उसे सरसरी तौर से ख़ारिज नहीं किया जा सकता। उसका एक आशय यह भी निकलता है कि शायद सच्चा अध्यात्म अब कलाओं में ही बचा और पुष्ट हो रहा हैं।

यतीन्द्र मिश्र उन बेहद बिरले हिन्दी कवि–लेखकों में से हैं, जिन्होंने अध्यवसाय और मनोयोगपूर्वक गहरी संवेदनशीलता से शास्त्रीय संगीत और नृत्य के बारे में लिखा है। उनमें एक रसिक का विनय भी है और एक आधुनिक युवक की बेचैनी भी। इन संवादों में जहाँ–तहाँ उनकी टिप्पणियाँ उनकी गहरी समझ और अथक जिज्ञासा का प्रमाण हैं। अवसर आने पर वे सोनल जैसी वरिष्ठ कलाकार से ऐसे प्रश्न पूछने में संकोच नहीं करते, जो आमतौर पर परेशानी पैदा कर सकते हैं। अच्छी बात यह है कि यह संवाद जहाँ एक ओर सोनल के अनुभव, जीवन और सौन्दर्य दृष्टि को स्पष्ट करते हैं – वहाँ यह भी ज़ाहिर करते हैं कि युवा जिज्ञासा अपनी समझ, विनय और प्रश्नाकुलता के साथ वरिष्ठों से क्या–क्या सहज ही पा सकती है।

'देवप्रिया' हिन्दी की नृत्य–आलोचना में मूल्यवान और विचारोत्तेजक इज़ाफ़ा करती है। उसे पढ़ना रोमांचक और तृप्तिदायी है। वह एक मार्ग भी दिखाती है कि हमारे समय के मूर्धन्यों के साथ आलोचना क्या–कैसे कर सकती है।

–अशोक वाजपेयी

जिन खोजा तिन पाईयाँ....

भारतीय संस्कृति और कलाओं के संसार को तथा पूर्व युगों के कल्पना-कला-कलाप को, शब्दाकार से जीवन्त करने का बीड़ा जब यतीन्द्र ने उठा ही लिया, तो मैंने भी उस ऊर्जा के प्रवाह में छलाँग लगाना ही मुनासिब समझा। वैसे तो अभी तक का सफर यूँ ही गिरने, पड़ने, उठने, लाँघने, दौड़ने और तैरने में बीतता रहा है, परन्तु बचपन में पढ़े हुए दोहे, कविता, श्लोक आदि पिटारों में बन्द नहीं रहे हैं, बल्कि इस सफर के सशक्त साथी बने हैं।

'मैं बौरी डूबन डरी रही किनारे बैठ'– मेरे साथ नहीं होने देने का निश्चय भी मेरे जीवन में कहीं न कहीं साथी बना है। नख से शिख तक और पाँचों कोशों को अपने में समेटती हुई नृत्य विधा ने मुझे पहले तो अपने पाश में बाँधा और फिर पाशमुक्त होने की युक्ति सिखायी है। जीवन जीने की कला का रहस्य समझाया है। अनन्त आकाश के एक बिन्दु में अपना घर बसाने का बोध दिया है। तो फिर क्या था– चाह गयी, चिन्ता मिटी। मैं अपने में ही स्थित इसीलिये विश्वव्यापी बनी। कुछ गुनगुनाना, थिरकना, मुस्काना, चिढ़ना, हँसकर लोट-पोट हो जाना, जो हर तितली, गिलहरी, फूल-पत्ती, इन्द्रधनुष, ओस की बूँदों को रत्नमय मणिमाला की तरह निहारते रहने जैसी क्रियारहित क्षणों का सुख लूटना सहज हो गया।

ऐसे ही कुछ व्यक्तिगत एवं सार्वभौमिक क्षणों के नवनीत को यतीन्द्र ने अपनी अनोखी शैली से *'देवप्रिया'* में उजागर किया है। मेरे मनभावन एकान्त को गुदगुदी से मुखर बनाया है। शायद रसप्रिय पाठकों को *'देवप्रिया'* के शब्दों और अनुभवों का संसार आनन्द देने वाला, मांगलिक और पूरी सृष्टि को प्रेमभाव से देखने वाला अनुभव दे पाये, ऐसी कामना और विश्वास के साथ यह पुस्तक आपके हाथों में है।

– सोनल मानसिंह

सी.–304, डिफेन्स कॉलोनी
नयी दिल्ली– 110 024

मंगलाचरण

परिवार में एक कवि और लेखक की हैसियत से जीने की सहूलियत मिलने के साथ, जो दूसरा वरदान मुझे मिला, वह संगीत का संस्कार था। मेरे घर में व्याप्त संगीत और कलाओं का माहौल, साथ ही कलाकारों, लेखकों और अन्य मूर्धन्यों को मिलने वाले आदर ने बहुत बचपन से मन में यह बात गहराई से बैठा दी थी कि जीवन में दरअसल श्रेष्ठ और वरेण्य क्या होता है। किन चीज़ों के आँगन में जाने पर हमारा भीतरी आयतन बड़ा बनता है। यह मैं अपना व्यक्तिगत सौभाग्य मानता हूँ कि सोनल मानसिंह जैसी कला-विदुषी नृत्यांगना के सम्पर्क में आ सका। उनको पिछले कई वर्षों में जितना नृत्य करते हुए देखकर जाना है, उससे ज्यादा उन्हें अलग से बैठकर सुनते हुए व सामान्य स्थितियों में भी नये ढंग से समझा है। मुझे हमेशा से यह लगता रहा है कि भारतीय संस्कृति और कलाएँ हमारी सभ्यता के वे अन्यतम दस्तावेज़ हैं, जिनको ठीक से पढ़ने और धैर्यपूर्वक समझने की आज भी जरूरत है। नृत्य हो या संगीत, चित्रकला हो या नाटक, स्थापत्य हो या मिथक एवं दार्शनिक कथाएँ, सभी में जीवन अटाटूट भरा हुआ है। सभी में हमारा समकालीन समय भी पूरी सम्वेदना व स्पन्दन के साथ बोलता है। सभी जगह हम इतने ही आधुनिक और वर्तमान हैं, जितने उसी समय ऐतिहासिक और मिथकीय। सोनल मानसिंह के साथ वर्षों बातें करते हुए मुझे यह लगा कि उन्होंने अपने जीवन में, अपनी कला-साधना में एवं कलाओं के ज्योतिर्मय संसार में निरन्तर मननशील रहते हुए ऐसी सुन्दर 'उपज' पैदा की है, जिसे ज्यादा से ज्यादा लोगों के सामने जाना ही चाहिए।

एक कला भले ही हमें अपने संसार में पूरी तरह आने की अनुमति न दे, मगर इतना तो वह अवश्य ही करती है कि उसके साथ हम उसके चौखट पर खड़े होकर अपने लिए कुछ बेहतर, रचनात्मक, जीवन उल्लास से भरपूर और सार्थक बटोर सकते हैं। सोनल मानसिंह से बात करते हुए, संगीत एवं नृत्य के संसार में उनके पीछे-पीछे चलते हुए, देवदासियों के कमरों में झाँकते हुए तथा कलाओं से जुड़े हुए समाज, साहित्य व राजनीति की दुनिया को टटोलते हुए कुछ *'शब्द'* और *'बोल'* यहाँ एकत्र किये हैं, जिन्हें *देवप्रिया* नाम दिया गया है।

देवप्रिया का समाज हो सकता है बहुतों को कुछ पुराना, कलावादी व महत्त्वहीन लगे, मगर एक बात अवश्य स्पष्ट करना चाहूँगा कि यहाँ सोनल मानसिंह के ऊपर या उनके बहाने, उनके नृत्य-जीवन या नृत्य-कला पर आधिकारिक तौर पर कुछ कहने का दम्भ नहीं है, बल्कि यह हमारे समय की एक महत्त्वपूर्ण नृत्यांगना के हार्दिक पड़ोस में उन पाठकों को लाने का जतन भर है, जिससे पढ़ने-लिखने वाला समाज यह जान सके कि एक कलाकार की दृष्टि से गुजरने वाली संस्कृति, इतिहास, समय, कलाएँ, समाज, वर्तमान और राजनीति कैसी होती हैं।

देवप्रिया सोनल मानसिंह से एक लम्बे संवाद पर आधारित है, जो पुस्तक के तीन मुख्य खण्डों 'समभंग', 'अभंग' एवं 'त्रिभंग' में बँटा हुआ है। सोनल मानसिंह से हुआ सारा संवाद आप तक बिलकुल उन्हीं की भाषा व बोली में पहुँचाया जा सके, इसलिए उनके द्वारा अधिकांश जगहों पर अंग्रेजी में कही गयी बातें, जस की तस इस पुस्तक में रख दी गयी हैं। अन्तिम खण्ड 'अतिभंग' में मैंने इस नृत्यांगना की जीवट, बेलौस, साहसी व सार्थक उपस्थिति के बहाने कुछ कहने का प्रयास भर किया है, जिसमें कुछ बातें नृत्य-कला से सम्बन्धित हैं, तो कुछ प्रसंग सोनल मानसिंह के जीवन को भी छूते हैं। मैं नहीं जानता इनसे गुजरकर साहित्य और कला-जगत के अन्तर्सम्बन्ध को जोड़ने वाली कोई सीढ़ी आपके हाथ आयेगी या नहीं, पर इतना विश्वास जरूर है कि *देवप्रिया* के पानी में उतरने पर कुछ सलोना, काँपता हुआ, प्रमुदित, फूलों और दीयों की पंक्तियों से आलोकित नदी के तट जैसा अनुभव अवश्य महसूस होगा, जो कहीं न कहीं आपको अपनी संस्कृति के बारे में कुछ क्षण के लिए ही सही, मगर उकसायेगा। एक कला की, कला समय की और कलाकार की उपस्थिति का छोटा-सा नमूना भर है यह संवाद। मुझे प्रसन्नता होगी यदि आप इसे पढ़कर भारतीय नृत्य परम्परा के प्रति थोड़ा अतिरिक्त जिज्ञासु हो सकें।

इस कार्य में लगभग पाँच वर्षों का समय लगा है और इसे हरसम्भव बेहतर व सुन्दर बनाने में सोनल मानसिंह के अलावा बहुतों के आशीष और सहयोग मिले हैं। मैं उन सबका आभारी हूँ। इसमें प्रमुख रूप से श्री कुँवर नारायण, श्री अशोक वाजपेयी, श्री वागीश शुक्ल, श्रीमती मधु बी. जोशी, श्री गौतम चटर्जी, श्री कृष्ण मोहन, डॉ. जनार्दन उपाध्याय, श्री अखिलेश, श्री अनन्त विजय, श्री रमाशरण अवस्थी एवं श्री राधेश्याम पाण्डेय के प्रति अपनी कृतज्ञता अर्पित करता हूँ। अपने परिवार के सभी सदस्यों का विशेष उल्लेख करना चाहूँगा, जिनके सहयोग के बिना यह श्रमसाध्य कार्य दुष्कर था। मेरी माँ और पापा के अलावा बुआ डॉ. ज्वलंती मिश्र एवं डॉ. अपर्णा मिश्र तथा छोटी बहन मंजरी इस पुस्तक संयोजन में विशेष हार्दिकता के संबल रहे। पुस्तक को इस रूप में लाने में जिन लोगों ने सर्वाधिक समय दिया और मेहनत की कोई कसर बाकी नहीं छोड़ी, उनके प्रति भी आभारी अनुभव करता हूँ— उनमें प्रमुख रूप से श्री नरेन्द्र श्रीवास्तव, श्री महेन्द्र सिंह एवं श्री अश्वनी शुक्ल का नाम लेना चाहूँगा।

देवप्रिया, आपके सामने है। यहाँ से मेरी और सोनल मानसिंह की भूमिका खत्म होती है और एक प्रश्नकर्त्ता या भावक की तथा उसके साथ, एक नृत्यांगना या कला विदुषी की यात्रा आरम्भ होती है। उन दोनों के समवाय में आपका स्वागत है।

राजसदन, अयोध्या **यतीन्द्र मिश्र**
28.03.2007

समभंग

तत्र चैषां काव्यसमस्या कलासमस्या वा।

—कामसूत्रम्

(गोष्ठी में काव्य की किसी गहरी या कला की किसी गहरी समस्या पर सबको मिलकर विचार करना चाहिए।)

—कामसूत्र

संस्कृति, नृत्य–इतिहास, देवदासी–परम्परा एवं कला–संवाद

सोनल मानसिंह
सतीश गुजराल का रेखांकन

यतीन्द्र मिश्र: भरतमुनि का नाट्यशास्त्र भारतीय शास्त्रीय नृत्य का प्रेरणास्त्रोत है। यह वह स्त्रोत है, जिसने विभिन्न नृत्य शैलियों को विभिन्न कोणों से प्रभावित किया। प्रत्येक नृत्य शैली के अपने–अपने सिद्धान्त बने जो इस शास्त्र के सिद्धान्त के आधार पर ही निर्मित हुए। ओडिसी, मोहिनीअट्टम, कुचिपुड़ी, कथकली, भरतनाट्यम आदि नृत्यों में भरत के नाट्यशास्त्र की छवियाँ देखने को मिलती हैं, फिर भी यह आश्चर्य का विषय है कि मात्र भरतनाट्यम नृत्यशैली को ही सीधे–सीधे भरत के नाट्यशास्त्र से नामकरण का आलम्ब मिला। अन्य शैलियों में इस शास्त्र के तकनीकी अंश मौजूद हैं, फिर क्या कारण है कि भरतनाट्यम ही स्वयं को इस परम्परा से जोड़कर देखता है?

सोनल मानसिंह: नाट्यशास्त्र का नाम हम लोग हर क्षण, हर कदम पर लेते रहते हैं। कलाकार भी, विद्वान भी और दर्शकों, श्रोताओं आदि में आज भी ऐसे लोग मौजूद हैं, जो नाट्यशास्त्र पढ़ चुके होते हैं या उस सन्दर्भ से किसी न किसी रूप में परिचित होते हैं। आपने जो कहा कि भरतनाट्यम एक ही विधा दिखाई देती है और इसने नाट्यशास्त्र से सम्बन्धित नाम अपनाया है, यह बात तो ठीक है, मगर जानने वाली बात ये है कि भरतनाट्यम नामकरण तो बहुत ही नया है, ये प्राचीन नहीं है। उसका पुराना नाम 'दासीअट्टम' था, जो 250–300 साल पहले प्रचलित था। उस समय मन्दिरों में या राजदरबारों में देवदासियाँ नृत्य करती थीं। उस कारण–देवदासी, राजदासी एवं सामान्यदासी उसके यह तीन मुख्य वर्गीकरण थे। तो दासीअट्टम नाम (अट्टम अर्थात् नाचना) इसलिए पड़ा कि देवदासियाँ यह नृत्य किया करती थीं। बाद में जब राजदरबारों एवं सामन्तों की ड्योढ़ियों पर यह नृत्य कुछ अधिक होने लगे, इस कारण उसको 'सदिर' कहा गया। फिर भी, दासीअट्टम नाम सबसे पुराना था और इसे ही इस नृत्य का सबसे पहला पद (Generic Term) माना जाता है। ये मैं मुख्यत: दक्षिण की बात कर रही हूँ, क्योंकि उड़ीसा में देवदासी को 'महारी' कहते हैं। जब इन नृत्य प्रयोगों का एक वर्गीकरण हुआ और खास करके भारत के स्वतन्त्रता आन्दोलन के साथ–साथ समाज की मानसिकता बदलने लगी और अपनी ही

संस्कृति, धरोहर के प्रति लोग सजग हुए, तो उसके साथ–साथ ये भी लगा कि ये दासीअट्टम, सदिर वगैरह जो नाम हैं वे पूरी तरह उस भाव को समेटते नहीं हैं, जिस भाव से इस नृत्य को किया जाता है। वह तो बाद में रुक्मिणी देवी अरुण्डेल, कृष्ण अय्यर जैसे लोग थे, जिन्होंने इस बारे में पहली बार सोचा। भरतनाट्यम शब्द उन्हीं लोगों के प्रयासों से प्रचलित हुआ। यह नाट्यम तो है ही, और नृत्यशास्त्र में 'भरत' उस अभिनेता या अभिनेत्री को कहते हैं, जो नृत्य करता है। इस कारण मैं भी भरत हूँ और वह भी भरत है, जो किसी नाटिका आदि में अभिनय के साथ–साथ नृत्यरत होता है। प्रसिद्ध विद्वान डॉ. लोकेशचन्द्र ने मुझे बड़ी महत्त्वपूर्ण बात यह बताई कि तिब्बती भाषा में भारत का नाम है– ग्यागर। ग्यागर का मतलब लैण्ड ऑफ आर्ट एण्ड डान्स (कला और नृत्य की भूमि) भारतवर्ष की कलाओं और साहित्य में 'भरत' साभिप्राय आता है। शकुन्तला के पुत्र का नाम भरत था। भाव, राग, तालों के अन्यतम ज्ञाता भी भरत मुनि थे। महाभारत में कृष्ण अर्जुन को 'भारत' नाम से सम्बोधित करते हैं। तो कहने का मतलब यह है कि भरतनाट्यम यह नया नाम सिर्फ भरत के नाट्यशास्त्र से आया हो, यह ज़रूरी नहीं। हमारी परम्परा में बहुत सारी चीज़ें भरत और भारत की आनुप्रासिकता से सम्बन्ध रखती आयीं हैं। हो सकता है, बाद में इस तरह का नृत्य करने वाले लोगों ने यह सारी परम्परा देखते हुए भरत को नाट्यम से सम्बद्ध किया और दासीअट्टम को एक योजनाबद्ध तरीके से धीरे–धीरे विस्मृत कर दिया। हमारे देश की परम्परा में यह बात खासा ध्यान आकर्षित करती है कि हमारे देवी–देवताओं के नाम भी नृत्य से प्रेरित रखे गये हैं। शिव का नाम नटराज है और कृष्ण को नटनागर कहते हैं। आप और किसी धर्म में यह नहीं पायेंगे कि उनके परमात्मा का नाम किसी कला के नाम से हो या प्रचलित किया गया हो।

एक बात और मैं यह भी कहना चाहूँगी कि भरत नाट्यशास्त्र में जो चार विधाओं का, जो उस वक्त प्रचलित थीं– उनके नाम दिए हैं। उसमें भरतनाट्यम् कोई विधा नहीं है। उसमें ओड्रमागिधी है, फिर पांचाली है, आवन्ति है फिर कर्नाटिक। भरतनाट्यम् को इस कर्नाटिक विधा के

अन्तर्गत हम मान सकते हैं। फिर भी यह परिकल्पना के आधार पर ही कहा जा सकता है क्योंकि किसी ने देखा नहीं है कि कर्नाटिक विधा की अदायगी कैसी दिखती होगी। लेकिन दक्षिण की, दक्षिण के लोगों के रहन–सहन, वाणी, व्यवहार, विचार उन्हीं को लेकर तो यह विधाएँ बनी होंगी और उसका प्रचलन हुआ होगा, ऐसा हम मान सकते हैं। आज भी जैसे कुचिपुड़ी आंध्र प्रदेश की विधा है और भरतनाट्यम को हम तमिलनाडु का कहते हैं, तो इस आधार पर यह बात सोची जा सकती है। फिर एक और बात भी हमें इसके साथ ध्यान रखनी चाहिए कि यह भौगोलिक और राजनीतिक सीमाएँ भी तो बिल्कुल नयी हैं। जब दो सौ साल पूर्व दासीअट्टम और सदिर पूरे अंचल में चल रहे थे, तो यह कह पाना मुश्किल था कि यह गुजरात का सदिर है या कर्नाटक का। फिर भी एक बात यह देखने लायक है कि हर आदमी का या उसके समाज का रहन–सहन काफी अलग–अलग होता है। जैसे मैं गुजराती हूँ, तो मुम्बई की गुजराती, सौराष्ट्र की गुजराती, कच्छ की गुजराती, अहमदाबाद की गुजराती, ये चारों अलग–अलग होंगी। उनका लहका, लहजा, लय, प्रभाव सभी एक दूसरे से बिल्कुल अलग होंगे। अतः तमिलनाडु से लेकर केरल तक जो दासीअट्टम और सदिर हो रहे थे। अलग–अलग मन्दिरों में, विभिन्न राजदरबारों में पनप रहे थे और आम लोगों के सामने भी हो रहे थे। वे भी अपनी एक सामान्य विशिष्टता के बावजूद भिन्न थे। हम आज की तारीख में यह बात भूल जाते हैं कि जब हम तमिलनाडु की बात करते हैं, तो कर्नाटक अपने आप अलग हो जाता है और जब कर्नाटक की बात करते हैं, तो आन्ध्र प्रदेश को छोड़ देते हैं। हमें यह याद रखना चाहिए कि परम्परागत कलाओं में यह राजनीतिक और भौगोलिक सीमाएँ काम नहीं आतीं। मतलब नृत्य का कोई सम्बन्ध किसी प्रदेश की सीमा से नहीं होता।

मैं ये भी कहूँगी की ओडिसी नाम जैसे पड़ा, वह भी नया है। भरतनाट्शास्त्र में ओड्रमागिधी है। उस समय जो साम्राज्य था, वह ओड्र लोगों का देश था। उसे ही कलिंग और उत्कल देश कहते थे। ओड्र देश सबसे प्राचीनतम नाम है इसका। अशोक ने जब कलिंग के साथ युद्ध किया,

तो वह युद्ध उन्होंने उड़ीसा के साथ नहीं किया था, जो आज उसका प्रचलित नाम है। इसी तरह वहाँ के मन्दिरों में हजार–बारह सौ साल से जो नृत्य की परम्परा चलती चली आ रही थी, उसको किसी ने ओडिसी नहीं कहा था। वहाँ तो महारियाँ (देवदासियाँ) नृत्य करती थीं और मन्दिरों के बाहर अलंकार दासियाँ नृत्य करती थीं। ऐसा होता था, तो आपके प्रश्न के उत्तर में मैं यही कहूँगी कि भरतनाट्यशास्त्र के साथ नाम जोड़ने का एक सुप्रयास हुआ। वह अकारण नहीं था। उसका अभिप्राय है। उसको दासीअट्टम से ऊपर ले जाने का भी एक कारण रहा होगा। यह बात तो आजादी के साथ भी ताल्लुक रखती है। इस दासीअट्टम में 'दासी' शब्द के भाव से लोगों को तकलीफ होती होगी। नाट्यशास्त्र से जुड़कर यह सारे नृत्य ज्यादा बड़े अर्थ ध्वनित करते हैं, लेकिन उससे ये भावना प्रचलित नहीं होनी चाहिए कि दूसरी जो विधायें हैं, उनका भरतमुनि के नाट्यशास्त्र से कोई कम रिश्ता है।

मिश्र : काफी बाद में जब इस परम्परागत नृत्य को पुनरूज्जीवन मिला, तब स्व. श्रीमती बाला सरस्वती ने इस शैली को प्रतिष्ठा दिलायी। बाद की परम्परा में 'सदिर' जब अत्यधिक हेय दृष्टि से देखा जाने लगा, और उस पर यह आरोप लगे कि इस शैली में कला के बावजूद विषयासक्ति को प्रधानता मिल रही है, तब दक्षिण की एक महत्त्वपूर्ण नृत्यांगना श्रीमती रुक्मिणी देवी अरुण्डेल आगे आयीं और उन्होंने पहली बार कुमारसम्भवम्, गीतगोविन्दम्, मालविकाग्निमित्रम् एवं रामायण आदि को शास्त्रीय एवं प्राचीन नियमों के आधार पर प्रस्तुत करना प्रारम्भ किया, जिसके फलस्वरूप यह नृत्य शैली धीरे–धीरे मान्य और प्रतिष्ठित होने लगी। बाद में एक पूरी परम्परा है, जिसके माध्यम से यह कला न सिर्फ पुनरूज्जीवित हुई अपितु इसको आदर की दृष्टि से भी देखा जाने लगा। इस परम्परा के अवलोकन से कई बातें सामने आती हैं। पहली यह कि इतनी प्राचीनतम नृत्य शैली, जो सीधे देवदासियों के व्यवहार से जुड़ी थीं, क्या उनके न रहने पर उस शुद्ध परम्परा में कोई मोड़, कोई परिवर्तन आया है। दूसरा यह कि भारतीय परम्परा के अनुसार क्या इस नृत्य शैली का कोई आध्यात्मिक पाठ भी बनता है, जिसमें

देवता की उपस्थिति एक महत्त्वपूर्ण पहलू है। तीसरा यह कि क्या किसी भी कला के सर्वांगीण विकास के लिए शास्त्रों का नियम, लोकाचार के सापेक्ष रखा जा सकता है।

रुक्मिणी देवी अरुण्डेल

सोनल : इस सन्दर्भ में एक पुरानी दिलचस्प बात यहाँ याद आती है। दिल्ली में सन् 1953 में संगीत नाटक अकादेमी नयी–नयी बनी थी और निर्मला जोशी, जो उस समय उसकी सचिव थीं ने पहली बार 1958 में अखिल भारतीय नृत्य कार्यक्रम आयोजित किया था। उस आयोजन में एक प्रसिद्ध बहस और विवाद बाला सरस्वती जी और रुक्मिणी देवी अरुण्डेल के बीच हुआ था। रुक्मिणी देवी ने वहाँ भक्ति प्रधान अभिनय एवं नृत्य के ऊपर एक सुन्दर पर्चा लिखा था, जिसे पढ़ा और उसका सन्दर्भ था, वह सारा का सारा बाला सरस्वती की ओर संकेतित था। इसके बाद बाला सरस्वती ने उठकर तुरन्त उस भक्ति की आलोचना की। उन्होंने कहा कि हमारे यहाँ श्रृंगार भक्ति की परम्परा रही है। भक्ति अकेले में नीरस होती है और देवदासियाँ श्रृंगार भक्ति का ही प्रदर्शन करती हैं। भरतनाट्यम में श्रृंगार के बिना भक्ति का कोई मतलब नहीं है। इस तरह दोनों में नृत्यों के अभिप्रायों को लेकर एक सार्थक भिड़ंत हुई। अब आपने जो सवाल पूछा कि रुक्मिणी देवी ने कुमारसम्भवम् वगैरह को लेकर जो प्रस्तुतियाँ दी हैं, यानि संस्कृत के अमर ग्रन्थों को लेकर जो प्रयोग किये हैं, यह सही है, मगर वह पहली थीं जिन्होंने इस तरह के शास्त्रों और साहित्यों का दखल दासीअट्टम में कराया; ऐसा नहीं है। बाला सरस्वती ने, उनके पूर्वजों ने या हमारे यहाँ हजारों वर्षों से चली आ रही परम्परा को देवदासियों ने जस का तस ही रखा। वे गीतगोविन्द के बिना नृत्य कर ही नहीं सकती थीं। गीतगोविन्द स्वयं में संस्कृत का अमर ग्रन्थ है। यह परिपाटी देवदासियों के यहाँ कई सौ वर्षों से चली आ रही है।

मिश्र : इससे यह अर्थ निकलता है कि उस परम्परा में रुक्मिणी देवी ने भक्ति के पारलौकिक अर्थ का जबरन प्रवेश कराया हो। मतलब गीतगोविन्द में जो भक्ति है, वह किसी भी प्रकार से देवता के प्रति आभार के अर्थ में नहीं है। वहाँ श्रृंगार का ऐसा बड़ा संसार रचा गया

है, जिसमें वियोग और संयोग की अद्भुत मैत्री है और यह पूरी तरह से श्रृंगार भक्ति का ही उदाहरण बनता है।

सोनल: यह है। एक महत्त्वपूर्ण बात रुक्मिणी देवी के सन्दर्भ में लोग कम जानते हैं कि वे रूस की प्रसिद्ध बैले डान्सर अन्ना पैवलोवा (Anna Pavlova) से बेहद प्रभावित थीं। उनको जब कभी भी इनका बैले देखने का अवसर मिलता था, उस मौके को चूकती नहीं थीं। शादी के बाद जब आस्ट्रेलिया गईं और अन्ना से मिलीं, उस समय उन्होंने उनसे बैले सीखने की इच्छा प्रकट की। उनसे कहा– मैं आपसे बैले सीखना चाहती हूँ, मुझे अपना बना लीजिये। जानते हैं इस पर अन्ना ने क्या जवाब दिया, उन्होंने कहा– "ये तुम क्या कर रही हो? तुम्हारे देश में खजाना भरा पड़ा है, उसको जाकर ढूँढो। उसको बाहर निकालकर लाओ और दुनिया को बता दो कि यह हमारा नृत्य है। इसको करके क्या होगा?" इस बात से रुक्मिणी देवी एकदम से हिल गयीं और सीधे भारत लौट आयीं। यहाँ आकर उन्होंने इस बारे में पता लगाना शुरू किया और नृत्य परम्पराओं के प्रति उनकी जिज्ञासा इस कदर बढ़ती गयी कि वे गाँव–गाँव जाकर पता लगाने लगीं कि इन नामी नृत्यों के गुरु लोग कहाँ–कहाँ बसे हैं। उस समय दासीअट्टम के गुरु लोग गाँवों में इस कदर बिखर गये थे कि उनको ठीक तरीके से ढूँढ़ पाना लगभग असम्भव था। फिर वह अंग्रेजों का वह जमाना था, तीस के दशक का, जिसमें इस तरह की कला की कोई कद्र विदेशी साहिबान के समझ के बाहर थी। देश भी आजादी के लिये इस कदर परिवर्तन ले रहा था कि उस समय का सांस्कृतिक परिदृश्य हाशिये पर चला गया था।

बाला सरस्वती

उस समय बाला सरस्वती डांस कर ही रहीं थी। शायद 1933 में पहली बार रुक्मिणी देवी ने बनारस में नृत्य किया था और एकदम से लोग चौंके कि ये क्या देख लिया? ये अद्भुत चीज़ क्या है? ये कला क्या है? इसके पहले लोग सिर्फ कथक से परिचित थे। कथक में श्रृंगार भक्ति का वह स्वरूप वे नहीं देख पाये थे, जो दासीअट्टम में उनको दिखायी दिया। फिर उन्होंने इस नृत्य के गुरुओं को ढूँढना शुरू किया। मेरे गुरु के गुरुदाता श्री पं. नल्लूर मीनाक्षी सुन्दरम् पिल्लै को पहली बार ढूँढ़ा। उनके पास थोड़े

दिन वे सीखीं। फिर उन्होंने 'कला–क्षेत्र' संस्था की स्थापना की और वहाँ पर अनेक गुरुओं को बुलवाया। पं. नल्लूर मीनाक्षी सुन्दरम् पिल्लै वहाँ कुछ समय तक रहे। अत्यधिक वृद्धावस्था में जब अपने गाँव जाने लगे, तो अपने जमाई गुरु चोकलिंगम सुन्दरम् पिल्लै को वहाँ छोड़ दिया। रुक्मिणी देवी ने गुरु चोकलिंगम सुन्दरम् पिल्लै, फिर इल्लैप्पा पिल्लै और गुरु कण्डपा पिल्लै आदि को इकट्ठा किया और कला क्षेत्र में इनको रखा ताकि वे शिष्याओं को विधिवत् सिखा सकें। इसमें कण्डपा पिल्लै बाला सरस्वती और वैजयन्तीमाला के भी गुरु थे।

इस सन्दर्भ में रुक्मिणी देवी के लिए यह कहना कि एक बिलकुल नयी परिपाटी उन्होंने विकसित की, तो यह पूर्णतया सही नहीं होगा, क्योंकि इस नृत्य में आज भी स्टेप्स तो वही हैं; जो पहले भी थे। मगर एक बात महत्त्वपूर्ण है कि उन्होंने सबसे थोड़ा–थोड़ा लेकर अपना एक एलीमेण्ट (तत्त्व) डाला। जैसा बैले में होता है कि बहुत सारी गतियों (Movements) को एक कलात्मक स्वरूप देते हैं, उसी तरह का व्यवहार इन्होंने अपनी नृत्य अदायगी में अपनाया, जिससे यह भान हुआ कि एक नयी स्टाइल विकसित हुई है। उन्होंने सारे गुरुओं की अलग–अलग स्टाइल को प्रमुखता से अपने नृत्य अभिनय में विकसित किया। अब एक तन्जौर विधा है, तो दूसरी कांचीपुरम् विधा है। एक वडोदरा स्कूल ऑफ भरतनाट्यम है। कहने का मतलब यह है कि कलाक्षेत्र में जो स्टाइल विकसित हुई, उसमें सबका थोड़ा–थोड़ा मौजूद है। इसमें पं. नल्लूर स्टाइल प्रमुख हैं और इसकी जो गतिज और स्थितिज स्थितियाँ हैं, अभिनय की जो महत्त्वपूर्ण भंगिमाएँ हैं; उन सब में रुक्मिणी देवी ने अपना तत्त्व डालकर बिल्कुल अभिनव रूप से भरतनाट्यम को डेराइव (व्युत्पन्न) किया।

एक खास बात और है कि मात्र संस्कृत वाङ्मय और विभिन्न गुरु घरानों की परम्परा को ही उन्होंने नहीं जोड़ा, बल्कि अपनी नृत्य–नाटिकाओं में कथकली का भी उपयोग किया। आज जिसको आप फ्यूजन या एक्सपेरीमेण्ट कहते हैं, वह तो रुक्मिणी देवी ने बहुत पहले ही कर दिखाया था।

मिश्र: भरतनाट्‌यम एवं कथकली का प्रयोग.....

सोनल: हाँ पहले तो उन्होंने भरतनाट्‌यम के सारे नियमों (All Schools of Bharatnatyam) को मिलाकर एक नयी विधा बनायी, जो कि स्वयं में एक नयी चीज़ थी। फिर उन्होंने दोनों नृत्य विधाओं (भरतनाट्‌यम एवं कथकली) को मिलाकर एक नया डांस थियेटर बनाया। इसमें भी यह प्रयोग किये कि जो एकल नृत्य विधा थी, उसमें समूहों का प्रयोग किया। आजकल इस बात को काफी लोग नज़रअन्दाज़ कर देते हैं, जब आज के कलाकारों की आलोचना करते हैं कि उन्होंने फ्यूजन कराके अपनी विधा को विकृत किया है। वे यह बात भूल जाते हैं कि यह परम्परा भी एकाएक नहीं प्रतिष्ठित हो गयी है। इसकी भी एक परम्परा है, जो बहुत पुरानी है। भरतमुनि ने नाट्‌यशास्त्र लिखा है। इस बारे में हम यह दावे से नहीं कह सकते कि वह एकबारगी ही लिखा गया होगा। उन्होंने भी बहुत सारे प्रयोग किये होंगे, बहुत कुछ जोड़ा घटाया होगा, तब कहीं जाकर एक व्यवस्थित रूप में नाट्‌यशास्त्र हमारे सामने आया होगा। हो सकता है, यह भी भरतमुनि से पूर्व उनकी पूर्वज परम्पराओं का एक फ्यूजन फार्म रहा हो।

उदयशंकर

मिश्र: इसका मतलब यह हुआ कि जो नृत्य नाटिकाएँ विकसित हुईं या आज परम्परा में मौजूद हैं, वे बिना प्रयोगों और फ्यूजन के समृद्ध नहीं हो पाती हैं। जैसे– हबीब तनवीर अपने नाटकों में छत्तीसगढ़ी बोलियों और लोकसंगीत का प्रयोग करते हैं। रतन थियम अपने थियेटर में मणिपुरी संस्कारों को वरीयता देते हैं, तभी उनका कार्य सराहनीय हो पाता है।

सोनल: आपका कहना एक हद तक सही है। अब तो ये बिल्कुल आम बात हो गई है। थियेटर में संगीत डालना, नृत्य में थियेटर की परम्परागत मुद्राओं को डालना या संगीत में देशज बोलियों को इस्तेमाल में लाना बहुत आम है। इससे बड़ी–बड़ी स्थापनायें भी हमें मिली हैं। जैसे, नृत्य में रुक्मिणी देवी या गायन में पं. कुमार गन्धर्व जैसे लोग।

मिश्र: उदयशंकर इस परम्परा के सबसे बड़े प्रतीक ठहरते हैं।

सोनल : आप सही कह रहे हैं। उदयशंकर का उदाहरण बहुत सुन्दर है। उन्होंने सबसे बड़ा काम यह किया कि देश के प्रमुख मन्दिरों, गुफाओं (अजन्ता एवं एलोरा) के स्थापत्य, चित्रों आदि को देखकर उसमें से प्रमुख भंगिमायें ले लीं। फिर अपने प्रयोगों के आधार पर एक सुन्दर बैले समूह तैयार किया। जैसा कि रुक्मिणी देवी ने भरतनाट्यम की अनेक विधाओं को लेकर एक नयी विधा का गठन किया था।

गुरु कण्डपा पिल्लै हुए, उस्ताद अल्लाउद्दीन खाँ साहेब और कथक के गुरु अच्छन महाराज और मणिपुरी के अमोबी सिंह आदि ने अपनी-अपनी विधाओं को बहुत ऊँचे स्तर तक पहुँचाया। उदयशंकर में यह खासियत थी कि वे जितना ही अव्यावसायिक थे, उतने ही अपनी कला की क्लासिकी में दक्ष। उनकी दृष्टि इतनी पैनी थी कि किसी भी प्रदर्शनकारी कला के बेहतर टुकड़ों को निकाल लेते थे और उसके आधार पर जो कला की पीठिका उन्होंने विकसित की, वह पूरी दुनिया में चर्चा का केन्द्र बनी। उस जमाने में उनके बैले के Oriental dancing या Hindoo dancing नाम से अनेक पोस्टर छपते थे। तो उदयशंकर ने यह किया कि एक नयी सृष्टि की। ये सब तो होता रहा है। उसमें कोई नयी बात नहीं है। आज हम कह सकते हैं कि अगर यह सब नहीं होता, तो शायद भारतीय नृत्य का आज जो परिदृश्य है, जितनी विविधता हम देख पा रहे हैं, यह सब इतना समृद्ध भी न होता। यह ध्यान देने वाली बात है कि अंग्रेजों ने बाकायदा 1947 में जाने से पहले, Devdasi Act पास किया था। इस एक्ट के माध्यम से उन्होंने सब प्रकार के नृत्य का मन्दिरों में प्रदर्शन प्रतिबंधित कर दिया था। कोई भी देवदासी अपनी आजीविका के लिए भी यह नृत्य नहीं कर सकती थी। इससे एक दुर्भाग्यपूर्ण स्थिति यह बनी, खासकर कला के लिए कि देवदासियाँ बिखर गईं। कुछ अपने पूर्वजों के गाँवों में चली गईं। आप समझ सकते हैं कि आज से करीब पचपन, साठ साल पहले इस तरह की पाबंदी से उन कलाकारों, नृत्य गुरुओं के जीवन पर क्या असर हुआ होगा। जब देवदासियाँ बिखर गईं और यह परम्परा सिमटने लगी, तो धीरे-धीरे लोग यह भूलने लगे कि दासीअट्टम कैसे होता था? क्या होता था? यह एक बहुत ही अवसादी

समय था, जब देवदासी आर्ट या आप कह सकते हैं डांस स्कूल ऑफ देवदासीज़ जैसी चीज़ दुर्लभ होती जा रही थी।

वो सारा तो उदयशंकर या रुक्मिणी देवी या मैडम मेनका जैसे शुरुआती दौर के लोगों को श्रेय जाता है; जिन्होंने इन स्थितियों के बाद सारे गुरुओं को साथ–साथ किया और देवदासियों को ढूंढ–ढूँढकर निकाला की नृत्य की यह प्राचीन विधा लुप्त होने से बचायी जा सके। यह एक बड़ा ही उपयोगी कार्य था। रुक्मिणी अम्मा ही थीं जिनकी बदौलत गौरी अम्मा आगे आयीं। गौरी अम्मा से बाला सरस्वती ने अभिनय सीखा था और मैं उनकी आखिरी शिष्या हूँ, यह सन् 1968–69 की बात है। गौरी अम्मा अन्तिम देवदासी थीं, जिनको लोगों ने चेन्नई के कापालीश्वर मन्दिर में नृत्य करते देखा था। यह चौथे दशक के शुरुआती वर्षों का समय था, क्योंकि सन् 1947 में तो वह ऐक्ट ही आ गया था। बाद में रुक्मिणी देवी ने उनको 'कला–क्षेत्र' में भी रखा था।

श्रीमती गौरीअम्मा अभिनय साम्राज्ञी, बालासरस्वती की गुरू, इनसे सोनल ने भरतनाट्यम में अभिनय एवं पदम की शिक्षा ली (1969)

तो मैं यह बता रही थी कि इन विभूतियों ने जो महत्त्वपूर्ण काम किया वह परम्परा में चली आ रही कला के साथ सामञ्जस्य बैठाया। एक चीज़ होती है शास्त्र, दूसरा होता है उसे पढ़ना और तीसरा प्रवाह में चली आ रही रीति को जस का तस अपना लेना। इन महत्त्वपूर्ण कलाकारों ने एक ठोस काम यह किया कि उस प्रवाह में चली आ रही विधाओं में अपने तरीके से कला का योग किया और एक ऐसी विधा पुनर्सृजित की, जिसका ऐतिहासिक महत्त्व है।

मिश्र: क्या आप मानती हैं कि देवदासियों का जो नृत्य था; बाद में जो नृत्य रुक्मिणी देवी के प्रयासों से विकसित हुआ, उस स्कूल ऑफ थॉट में पुराने डांस स्कूल से कुछ विचलन या अन्तर है?

सोनल: नहीं। फर्क तो मानसिकता का है। फर्क अभिरुचि का है। उन्नीसवीं शताब्दी के अन्त और बीसवीं शताब्दी के शुरुआती दिनों में विश्व के महत्त्वपूर्ण नृत्य आलोचकों का मन्तव्य था कि पूरी दुनिया में मात्र तीन अद्वितीय नृत्यांगनाएँ हैं। उनमें पहली गालीना उलानोवा को माना, दूसरी मार्गो फाउण्टेन थीं और तीसरी हमारी भारत की बाला सरस्वती

जी। अब यह भी बहस का विषय है कि रुक्मिणी देवी ने जितना किया, वह भरतनाट्यम के लिए, उसके इतिहास और परम्परा बनने के लिए रेखांकित किये जाने योग्य था। पर बाला सरस्वती जी भी थीं जिनका नृत्य अद्भुत और बिलकुल दूसरी तरीके का था। अब यह तो संस्कृति है, खासकर मैं संगीत और नृत्य के विषय में कह रही हूँ। इसके बनने में एक रात, एक माह या एक साल नहीं लगता। पूरी संस्कृति के बनने में, उसके विकसित होकर उस समाज द्वारा स्वीकार किये जाने में पूरी उम्र लगती है। देवदासियों की परम्परा बनने में भी ऐसे ही समय लगा होगा। कोई विशिष्ट परम्परा, जीवन को एक खास दृष्टि से देखने से भी बनती है। कई शताब्दियों का समय उसे चाहिये। उड़ीसा में एक प्रथा थी कि जब राजा और रानियाँ, मंत्री और सामन्त वगैरह मन्दिर बनवाते थे, तब उस अवसर पर आभार प्रदर्शन के स्वरूप, अपने विजय को इष्ट देवता को समर्पित करने के लिए, नृत्यांगनाओं को, मन्दिरों में देवताओं को अर्पित करते थे। यह उनका धन्यवाद ज्ञापन होता था। उनमें से कुछ के बड़े नाम हुए हैं। इनमें, कर्नाटक में एक होयसाला साम्राज्य था, जिनमें महाराणी शान्तला हुयीं। उन्होंने एक वेलूर मन्दिर बनवाया। वे स्वयं नृत्य करती थीं और अपने इष्टदेवता के लिए पद भी रचती थीं। यह मन्दिर उनके आराध्यदेव चन्न केशवा का था। चन्न केशवा से तात्पर्य सुन्दर विष्णु से है। एक वक्त ऐसा भी था जब रानियाँ, राजकुमारियाँ, उच्च कुल की स्त्रियाँ संगीत और नृत्य सीखती थीं और मन्दिरों में करती भी थीं। केवल देवदासियाँ ही पूरी तरह इस कला के लिए समर्पित थीं, ऐसा कहना गलत है। एक तरीके से देवदासी एक विशेषण है। आज की तारीख़ में, अपनी कला के प्रति समर्पित रहते हुए मैं भी एक देवदासी हूँ। देवदासी नृत्य अपने इष्ट देव के प्रति पूर्णतया समर्पित कला है। उस जमाने में एक देवदासी है, वह जगन्नाथ मन्दिर में जगन्नाथ को समर्पित है। इस तरह वह जगन्नाथ की देवदासी है। अगर वह वृहदीश्वर तन्जौर मन्दिर में समर्पित है, तो वह उस वृहदीश्वर शिव की देवदासी है। दूसरा यह होता था कि देवदासियों का विवाह इष्टदेवता के साथ कर दिया जाता था और उन इष्टदेवताओं की सेवा के लिए,

जो प्रधान अर्चक होते थे, उनके साथ वह देवदासी वैवाहिक सम्बन्ध रखती थी। बाद में जब इस परम्परा में थोड़ा परिवर्तन हुआ, तब सामन्त आदि भी इन्हें अपने साथ रखने लगे। यह एक प्रकार की आश्रयदाता परम्परा थी। इनमें कुछ देवदासियाँ अपने आश्रयदाता सामन्त या राजा के साथ शारीरिक सम्बन्ध रखती थीं, कुछ नहीं।

मिश्र: जैसे कि बाणभट्ट की कादम्बरी में एक चरित्र है– 'ताम्बूलकरंकवाहिनी'। 'ताम्बूलकरंकवाहिनी' उन्हें कहते थे, जो राजाओं के यहाँ रहती थीं, नृत्य प्रवीणा होती थीं, उनका बनाव–शृंगार देखती थीं और अपने राजा के लिए ताम्बूल लगाने और व्यवस्था का जिम्मा उनका प्रमुख कार्य होता था। क्या वे देवदासियाँ थीं?

सोनल: हाँ। एक स्तर पर मान सकते हैं। मगर यहाँ मुख्य बात यह है कि 'ताम्बूलकरंकवाहिनी' का सारा व्यवहार मात्र राजा के लिए होता था, जबकि देवदासियाँ देवता के प्रति अपने कार्य निष्पादित करती थीं। 'ताम्बूलकरंकवाहिनी' को 'राजदासी' के समकक्ष रख सकते हैं। देवदासियाँ मन्दिरों में नृत्य करती थीं और अपने देवता को ही समर्पित थीं। वे राजा या सामंत या प्रधान अर्चक के साथ ही वैवाहिक सम्बन्ध रखती थीं। समाज में इनको देवता की देहधारी सत्ता के रूप में देखा जाता था। उस सन्दर्भ में यह निश्चित है कि जिस तरह समय और समाज बदलता है, परम्पराओं को देखने और उसे स्वीकार करने की दृष्टि भी बदलती है। देवदासियों के साथ भी यही हुआ। अब कहने को तो यदि एक देवदासी ईश्वर के साथ अपना नाता निभा रही है, तो उसकी पत्नी के रूप में वह एक दूसरी देवता है। एक जीता जागता ईश्वर, जिसको प्रतीक रूप में तो देवता पति मिला है, मगर सांसारिक स्तर पर राजा या प्रधान अर्चक ही उसका पति है। उनके सन्दर्भ में सबसे महत्त्वपूर्ण तथ्य यह है कि जो साहित्य और भाव देवदासियों ने अपने नृत्य और अभिनय के लिए प्रयुक्त किये, वे सब साहित्यिक दृष्टि से उच्चकोटि के हैं। अब आप देखिये, कि एक देवदासी पूरी शृंगार में देवता के सामने प्रेयसी के रूप में मुखातिब है। वह अपनी लोकभाषा में, संस्कृत में या परम्परा में मिले पदों को गा रही है। यह एक संस्कृति है।

इट्स अ विजुअलाइज़ आर्ट। अब आप यह नहीं कह सकते कि कहीं भी कुछ अशिष्ट या अप्रिय सरोकार इन दासियों के रहे होंगे। जिस समय गीतगोविन्द पर या कालिदास के किसी शृंगारिक पद पर एक महारी, एक दासी नाचती है, तब वह स्वयं का उल्लास, उन्माद, कष्ट, पारलौकिक अनुभूति सब कुछ व्यक्त कर रही होती है। अब यह एक विचार है, जिसे थोड़ा ठहरकर सोचना चाहिए। जिस औरत के पति के रूप में देवता को चुन लिया जाये, फिर उनको शृंगार प्रधान अभिनय और लास्य का प्रशिक्षण दिया जाये, तत्पश्चात् उन्हें अर्चक या राजा की सेवा में इच्छा से या अनिच्छा से भेजा जाये, तो उसकी मानसिकता का अन्दाजा आप लगा नहीं सकते। इतने परतों में जीवन और इतना जटिल। एक कला की विभिन्न स्तरों पर व्याख्या खासकर दासीअट्टम के मामले में कैसे कोई आज कर पायेगा। शारीरिक और मानसिक स्तर पर वह न पूरी तरह सांसारिक हो पाती थी, न ही किसी तरह का पारलौकिक सुख अनुभव कर सकती थी। एक औरत की ज़िन्दगी में यह कितना अहम मुद्दा है, यह सोचने वाली बात है। फिर वह सम्बन्ध, जिसे खुलकर हम शारीरिक सम्बन्ध कहें, वह देवता के साथ सिर्फ निष्काम या आध्यात्मिक (Platonic) प्रेम नहीं है, बल्कि अर्चक और राजा के साथ समर्पित रहते हुए एक सांसारिक और ऐहिक (Mundane) प्रेम है।

मैं यहाँ देवदासी होने का एक चित्र खींच रही हूँ। इस सोच के पीछे जहाँ एक स्तर पर सांसारिक पृष्ठभूमि काम कर रही है, वहीं दूसरी ओर पारलौकिक सत्ता की बात है, जो देखने में कहीं नहीं है। उसका एक दिलासा ही है। इस कारण जो देवदासियों का नृत्य हुआ, उनकी पूरी समग्रता में वह मात्र नृत्य नहीं, बल्कि मनोभावों और शारीरिक भंगिमाओं का ऐसा गम्भीर संचालन था, ऐसा विचार था, जिसको जानना; उस परम्परा को जाने बिना असम्भव है। देवदासियाँ इसीलिये सभी रसों में दक्ष होने के लिए तैयार की जाती थीं। जिसे 'षोडश कला' या 'षोडशोपचार' कहते हैं, उसे जानना भी इनका कार्य था। एक स्तर पर तो देह की बात आती है, उसके बाद बाकी सारी कलाओं में वो सारा कार्य इनसे अपेक्षित था, जो देवताओं की पूजा व सेवा से सम्बद्ध

है। अब मैं जब देवदासी शब्द कहती हूँ, तब उसका मतलब होता है– एक स्त्री है, वह चन्दन घिसती है। अंगराग बनाती है। ताम्बूल सजाती है। तुलसी, मोगरे, बेला, गुलाब, जूही के हार बनाती है। नैवेद्य के लिए सामग्री की मात्रा कितनी और कैसी होगी, उसका हिसाब रखती है। समय और ऋतु चक्र के अनुसार कब क्या राग, रागिनी अपेक्षित है, उसका इंतजाम। फिर अपना बनाव और शास्त्र का ज्ञान। यह सब मिलकर देवदासी बनती है और देवदासी एक कला का संसार रचती है। जब मैंने सीखना शुरू किया, तब यह सब जानना, सुनना मेरी समझ के परे था। मुझे इसे समझने में काफी देर लगी और कष्ट भी उठाने पड़े। मगर आज, नृत्य करते हुए मुझे चालीस साल से ज्यादा हो रहे हैं, अब जाकर कुछ–कुछ मैं उसे समझ पायी हूँ। मगर आज हम उस रस दृष्टि से दूर हो गये हैं। एक मन्दिर का दृश्य आप सोचिए– उसका वातावरण, सुबह शहनाई बज रही है, मृदंगम, मन्जीरे बज रहे हैं। सुगन्ध, धूप, दीप, आरती, नैवेद्य, भोग, कलर, फ्लेवर, कल्चर सब हो रहा है। नृत्य और संगीत। ईश्वर का सुन्दर शृंगार हुआ है और चँवर डुलाया जा रहा है। लोग आ रहे हैं, जा रहे हैं। देवदासी को नित्यसुमंगली भी कहते हैं क्योंकि देवता से विवाह होने के कारण यह कभी विधवा नहीं होती। उस जमाने में जब–जब आपके घर में मंगल प्रसंग होते थे, तो उनका आना जरूरी होता था। उनकी हाजिरी के बिना, उनके आशीर्वाद के अभाव में यह प्रसंग पूरा नहीं माना जाता था। विवाह, उपनयन सभी कुछ उनकी उपस्थिति में जरूरी था। उस समय देवदासी होना मेरिट की बात थी, क्योंकि सुन्दरता ही इसका मानक नहीं था, शास्त्रज्ञान और नृत्य अभ्यास सर्वोपरि थे। अब बाला सरस्वती जी का ही उदाहरण मान लीजिए कि वे एक देवदासी थीं। उनका एक पूरा पदम वर्णन जो वे करती थीं उसका शृंगार पक्ष देखते ही बनता था। देवदासियों के भक्तिपूरक पदम अलग हैं और पद–पदम अलग। किसी भी नृत्यांगना को उसके शुरूआती दिनों में आप हर एक पदम सिखा नहीं सकते। जैसे कि मेरी जो शिष्याएँ बीस–बाइस उम्र की है, उनको ऐसा पदम सिखाया नहीं जा सकता, जो पुरुष के साहचर्य के अभिनय की बात करता हो। कारण ये है कि उनका अभी न विवाह

हुआ है, न ही वे किसी प्रकार के पुरुष सम्पर्क में आयी हैं। जिस शिष्या का भरतनाट्यम या ओडिसी के दौरान अभी हाल ही में अरंगेत्रम् (मंच पर पहली बार एकल प्रस्तुति के लिए प्रवेश) हुआ हो; वह भला क्या जानेगी की श्रृंगार और वियोग की कायिक अभिव्यक्ति क्या होती है? काफी दिनों के बाद मैंने अपनी एक शिष्या को यह पदम सिखाया जिसका तात्पर्य है– "यहाँ क्यों आये हो? उस औरत का घर, जो मेरी सौतन है, इस मार्ग में नहीं पड़ता। जाओ, यहाँ से जाओ। चन्द्रमा इतना चढ़ा हुआ है और चाँदनी मुझे मुँह चिढ़ा रही है, फिर तुम नशे में उन्मत्त किस गलत दरवाजे पर दस्तक दे रहे हो। तुम गलती से यहाँ आ गये हो, वहाँ जाओ, जहाँ तुम्हारी प्रेयसी रहती है। वह स्त्री जो तुम्हें हृदय और शरीर से आनन्द देती है।" अब यह पदम जो मैंने आपको सुनाया, वह रंगनाथ विष्णु को संकेतित है। भगवानों के अलग–अलग नामों की आड़ में यह देवदासियाँ पुरुषों के साथ अपने सम्बन्धों को जताती थीं। अब ऐसी स्थिति नहीं रही। इन्हीं आयामों को लेकर कि कैसे एक स्त्री देवता से सम्बोधित रहते हुए सांसारिक पुरुष से अपना सम्बन्ध निर्वाह करती है; देवदासी साहित्य लिखा गया। मगर आप बताइये, आज की स्थिति में उस साहित्य को लेकर एक लड़की क्या करेगी? वह किस तरह से अपने मनोभावों को दर्शायेगी? जब मुझे ही इसे सीखने में बड़ी दिक्कत हुई और उस परम्परा को अपनी कला के साथ सामञ्जस्य बिठाने में अटपटा लगा , तो आजकल की लड़कियाँ उनको किस तरीके से समझ या बरत पायेंगी? आजकल के समय में लड़कियाँ उस तरह से रसनिमग्न नहीं हैं, जिस तरह की जरूरत भरतनाट्यम या सदिर के लिए चाहिए। आज किसी लड़की का कोई ब्वॉय फ्रेण्ड है, उसके साथ वह पीज़ा खाने या डिस्को में डांस करने या पब में घूमने जाती है, तो इसे रससिद्धि नहीं कहेंगे। यह भी एक तरह की रसविमुखता है। किसी भी कला को सीखने के लिए जो पोयटिक डेफ्थ (काव्यात्मक गहराई) और रस अभिव्यक्ति का ढंग चाहिये, वह न इन लड़कियों का पता है, न आज के जमाने में उसे सिखाया जा सकता है। हाँ, इतना जरूर है कि अपनी लगन और मेहनत से वे गणेश–वन्दना, दशावतार–वर्णन,

विष्णु–मुद्रा

शिव–ताण्डव, राम–वनगमन आदि का अभिनय और चित्रण तो कर सकती हैं। मगर जिस श्रृंगार भक्ति के भाव से परिपूर्ण 'कुमारसंभवम्' या 'गीतगोविन्दम्' की प्रस्तुति है, उसका पूरी तरह खिला हुआ रूप ये नहीं कर सकतीं। अब उनको घोर श्रृंगारिक पदमों को करने में दिक्कत आयेगी, क्योंकि पहली बात तो यह कि वे उस परम्परा में नहीं आती हैं, जिनमें देवदासियाँ हुआ करती थीं। दूसरा यह कि एक पढ़ी–लिखी आधुनिक लड़की 'अभिसारिका' या 'खण्डिता–नायिका का स्वरूप आसानी से अभिनीत कर सके, यह थोड़ा परेशानी की बात है। मगर इसी के विपरीत एक देवदासी कैसा भी पदम हो, अभिनीत करके दिखा सकती है। वह धार्मिक, श्रृंगारिक, प्राकृतिक कुछ भी हो, सबका बड़ी आसानी से प्रदर्शन कर लेगी। वह शिव के साथ श्रृंगार भी दिखा सकती है, क्योंकि एक पुरुष के साथ रहने और अंग संचालन का सारा व्यापार उसने किया हुआ है। आपको यह स्पष्ट हो गया होगा कि भरतनाट्यम को पूरी तरह आत्मसात् करके प्रदर्शित करने में कितनी बड़ी चुनौती है। फिर श्रृंगार–भक्ति का भाव लाना उतना आसान नहीं होगा, जितना शास्त्रकार या आलोचक उसको मानते हैं।

आजकल एक और धारणा आम हो गयी है कि देवदासी प्रथा कुरीति थी और उनकी कलाएँ दरअसल उनका शोषण थीं। यह गलत है। मुझे लगता है कि उनके बारे में जानबूझकर भ्रान्तियाँ फैलायी गयीं। अब आप जरा सोचिए कि एक ऐसी भी स्थिति हो सकती है, जिसमें पुरुष, स्त्री के शरीर से डरने लगे। उसके लुभावनेपन और सौन्दर्य से उसे खतरा महसूस होने लगे कि यह अपने रूप में उलझाकर मुझे नष्ट कर सकती है। तब यह हुआ होगा कि चलो भाई इस स्त्री को खराब घोषित कर दो। फैला दो कि यह गन्दी औरत है, नरक का द्वार है। इस देवदासी या सुन्दर स्त्री को ऐसी जगह पर फेंक दो, जहाँ से पुरुष की सत्ता सौन्दर्य की दासी न बन जाये। एक तो देखिए नृत्य से शरीर में रमणीयता आती है। लास्य आता है। लालित्य आता है। यद्यपि एक लड़की बहुत सुन्दर न हो, पर यदि वह सुन्दर गहने, वस्त्र और अलंकार से सज्जित है और उसे पुरुष को रिझाने की सारी क्रियाएँ मालूम हैं, तब तो वह हर हाल

में उसे वश में कर लेगी। एक वशीकरण हो जायेगा और सौन्दर्य की ओर न चाहते हुए भी पुरुष झुकने को प्रस्तुत होगा। नाट्य के सन्दर्भ में एक सुन्दर सूक्ति है– *'सिद्धिर्नाट्यस्य रूपत:'*। इसका अर्थ हुआ कि नाट्य की सिद्धि रूप से ही हैं। इसी प्रकार एक पद का तात्पर्य है कि जो मधुर लीलाओं से बद्ध हो, जहाँ नटियाँ नृत्य कर रही हों, जो वशीकरण विद्या के समान है, वो लास्य नृत्य का यौवन रूप है। नृत्य भी कभी–कभी बुढ़ा जाता है, लेकिन जो यौवन सदा बहार की तरह खिला रहे और उसमें कलियों की भाँति लालित्य भरा हो, वही नृत्य का अप्रतिम रूप है। ये देवदासियाँ उसी का प्रतीक हैं।

*शिव करण करते हुए,
तन्जौर बृहदीश्वर शिव मंदिर*

मिश्र: इसका अर्थ यह हुआ कि नृत्य में जो प्रस्तुति है वह मात्र पारलौकिक सत्ता या देवता से सीधे सम्बद्ध नहीं है, उसका एक व्यावहारिक सांसारिक पक्ष भी है। खासकर, देह के स्तर पर अनुभव करने वाला। क्या इस आधार पर देवदासियों के नृत्य मात्र भौतिक सत्ता से प्रभावित होते हैं? देवता का उपयोग सिर्फ प्रतीक रूप में ही है।

सोनल: देवता की उपस्थिति प्रतीक रूप में (हँसती हैं)। यह तो बिलकुल सीधा–सा आक्षेप करने वाला सवाल हो गया। किसी भी देवता को यज्ञ में या किसी भी पूजन–अर्चन अनुष्ठान में हम उपस्थित कैसे करते हैं? आह्वान तो करते हैं न। उनको बड़ी सात्त्विकता से कहते हैं कि आप आयें और आसन ग्रहण करें। इस प्रक्रिया में कोई दिखता तो नहीं है। आपको या किसी को भी वह नहीं दिखता, लेकिन उसमें प्राण–प्रतिष्ठा स्वत: ही हो जाती है। उसके बाद उत्थापन विधि भी करनी पड़ती है। मैं आपको एक बात इसी सन्दर्भ में बता रही हूँ कि नृत्य को चाक्षुष–यज्ञ भी कहते हैं। अब, जब कोई दर्शक या श्रोता इस यज्ञ में बैठता है और देखता है, तो वह किसी प्रकार मंत्रोच्चार तो नहीं करता। वह नृत्य देखता है और अपने आप ही उस चाक्षुष यज्ञ में उपस्थित हो जाता है। आप उसे यजमान कह सकते हैं। नृत्य के भाव–भंगिमाओं की हवि तो हम नृत्यांगनाएँ मंच पर देती ही रहती हैं। तंत्र में स्त्री को कोई भी न्यास वगैरह नहीं करना पड़ता। स्त्री सीधे बैठती है, अपना जाप करती है और इस प्रक्रिया से अलग हो जाती है। कहीं बैठ गई, कभी

भी जाप कर लिया। अगर मासिक धर्म का समय हो, तब भी वह उस स्थिति में मानसिक जाप करने के लिए स्वतंत्र है। अब कोई यह पूछ सकता है कि भाई यह तंत्र में ही क्यों? अब जिस तरह तंत्र की अपनी एक अवधारणा है, उसी तरह नृत्य की यह पराकाष्ठा है कि वह भौतिक रूप से मौजूद होते हुए भी देवता की पारलौकिक सत्ता में विश्वास करती है। देवता की उपस्थिति को आप भले ही प्रतीक रूप में मानें, मगर वह गौण नहीं है। उसकी एक प्रासंगिकता है और उसी प्रासंगिकता ने इन शास्त्रीय नृत्यों को अद्भुत बनाया है। यह इन नृत्यों की शक्ति है कि हमें किसी न्यास, ध्यान या मंत्रों के द्वारा देवी–देवताओं का आह्वान नहीं करना पड़ता। हम सीधे खड़े होकर अपने नृत्य के द्वारा उनकी प्राण–प्रतिष्ठा कर देते हैं। इस प्राण–प्रतिष्ठा में मुद्रा है, सुर है, ताल है। यह एक प्रक्रिया है, जिसकी अवधारणा इसके परम्परा से जुड़ती है। इस अर्थ में एक सुन्दर पद है, जो हम नृत्यांगनाओं को अनिवार्य रूप से सिखाया जाता है, आपको बता रही हूँ। इस पद में बताया गया है कि नृत्य का क्या फल मिलता है। पद है–

बहुधा उत्सायंने हर्षाद् विष्णु भक्तस्य नृत्यतः।
पदभ्यां भूमेर्दिशोऽक्षिभ्यां दोर्भ्यां चामङ्गलं दिवः।।
नृत्यतां श्रीपतेरग्रे तालिकावादनैर्भृशम्।।
उड्डीयन्ते शरीरस्थाः सर्वे पातकपक्षिणः।।

यह हरिभक्ति विलास से है। तात्पर्य है कि विष्णु भक्त के नृत्य से अमंगल दूर होते हैं। दृष्टिपात से दिशाओं का अमंगल दूर होता है। पद संचार से भूमि का अमंगल दूर होता है और हाथों के अभिनय–विन्यास से आकाश का अमंगल दूर होता है। इस कारण इस नृत्य को हर एक मन्दिरों में रखा गया होगा कि चलो, इसे षोडशोपचार में रखते हैं; जिससे मात्र नृत्य कर देने से मन्दिर का और उसके सम्पूर्ण वातावरण की पवित्रता बन जाये, जो पूजन में न्यास विधि से बनती है।

मिश्र: भरत के नाट्यशास्त्र की सबसे बड़ी और अनूठी निर्मिति यह है कि कलाकार या साधक अपनी कला या विचार के प्रदर्शन के समय भावक या सहृदय के मन में पारलौकिक चरम (सोऽहं) की प्रतीति करा

कृष्ण का वंशी वादन,
गीतगोविन्द, काँगड़ा शैली

सके। परम्परागत अर्थों में साहित्य और कला की भाषा में जिस आनन्द की पराकाष्ठा की परिकल्पना है, वह कलाकार अपने गतिज अभिनय व भावाभिव्यक्ति के माध्यम से सहृदय की स्थिर दुनिया में अनुभव करा सके। यहाँ यह ध्यान देने योग्य है कि कला के प्रदर्शन को देखने वाले की दुनिया स्थायी और शान्त है, मगर कलाकार अपनी एक नयी दुनिया निर्मित करता है, जिसमें उसके अंग–प्रत्यंग, भाव, अभिनय आदि रस की सृष्टि करते हैं। इस अर्थ में क्या एक कलाकार, लेखक, संगीतकार या अभिनेता नये अर्थों में एक देवदासी, एक भक्त या एक ऐसा दिव्य मनुष्य है, जो कला प्रदर्शन के समय देवता के समतुल्य होता है और उससे बातचीत या व्यवहार कर पाता है। मेरा आशय इतना है कि नाट्यशास्त्र की मान्यताओं के आधार पर क्या कला की अपनी कोई नयी सृष्टि बनती है, जो सहृदय में रस अनुभूति को सृजित करती है, प्रतिष्ठित करती है।

सोनल: दोनों ही है। पहले मैं यह सोचती थी कि हर चीज़ शब्दों में ढ़ालना बहुत मुश्किल है। मैंने एक बार 'गीत–गोविन्द' के सन्दर्भ में कहा था कि जब मैं 'गीत–गोविन्द' करती हूँ, तो कृष्ण मेरे साथ नृत्य करते हैं, ऐसा मुझे लगता है। अब जितना ज्यादा–से–ज्यादा आप इस बात को फील करेंगे कि अगर मैं राधा हूँ, तो किसी–न–किसी रूप में मेरे इर्द–गिर्द कृष्ण को भी होना चाहिये। अब इसे समझा पाना बड़ा कठिन है। यह मैं कोई बड़ी अलभ्य बात नहीं कर रही हूँ, क्योंकि बिना महसूस किये कुछ भी दिखा पाना बड़ा नामुमकिन है। कई बार देखने वाले को लगता है, और अक्सर मेरे मित्र भी बताते हैं कि सोनल अमुक बैले में हमें बड़ा आनंद आया, लगा कि जैसे उस समय को हम जी रहे हों। तो यह सब कैसे आता है। मैं यह कहना चाह रही हूँ कि नृत्य से पूर्व तैयारी और विषय से स्वयं का जुड़ाव बेहद जरूरी है। अगर आपने दैहिक रूप से उस मानसिकता को नहीं अनुभव किया कि राधा या गोपियों की क्या दशा है, तो क्या खाक नृत्य होगा? और साहित्य बेचारा अलग बेमौत मरेगा। नृत्य को करने के समय की पूर्व तैयारी में स्वयं के लिए भी एक अवकाश बेहद जरूरी है। मैं जब कहीं प्रदर्शन के लिए जाती हूँ,

तब नृत्य से पहले बिलकुल अकेली होती हूँ और शिष्याओं को भी यह ताकीद रहती है कि कोई मेरे पास फटकेगा भी नहीं। मानसिक तैयारी की जरूरत अकेले होने पर ही होती है। अब, जब मैं नाचूँगी, तो यह मानकर नाचूँगी कि मैं हजार वर्षों से नाचती ही आ रही हूँ। यह साधना का काम है। ऐसा भी नहीं है कि लोग ऐसा कर नहीं सकते या इस बारे में सोचते नहीं हैं। मगर आजकल की व्यावसायिकता में बहुत सारे गुरुओं के पास इतना समय कहाँ कि वे मानसिक तैयारी की पृष्ठभूमि शिष्य–शिष्याओं में डालें। आजकल तो एक स्टेज से दूसरे स्टेज पर जाने के बीच दूरी इतनी कम है कि तैयारी जैसी कोई चीज़ नये लोग जानते ही नहीं। वह पर्वतारोहण हो गया है। मुझे लगता है कि नाचते समय भी बहुत ज्यादा शान्ति चाहिये। अगर मैं अपने चेहरे पर काम कर रही हूँ; मसलन आँखें बना रही हूँ या वेणी बना रही हूँ या भौंहों का संचालन कर रही हूँ, तो इसे देखने वाले को भी उतना ही आकर्षित करने वाला और रससिक्त लगना चाहिए। जब मेरा स्वरूप मुझे ही आकर्षित न कर सका, तो उसका आनन्द कोई और ले पायेगा, इसमें सन्देह है। जानते हैं कोई कलाकार जितना भाव बाहर बनाता है, अन्दर से वह उतना ही खाली होता जाता है। इतने सालों से मैं नाच रही हूँ। अब देखिये, एक तरह से सोनल मानसिंह मेरे भीतर भरी हुई है। देखने वाले को भी वह सोनल मानसिंह ही दिखायी देगी। मगर, अगर मैंने अपने को खाली न किया, तो देखने वाला सोनल मानसिंह को ही देखेगा; वह राधा, द्रौपदी, अष्टनायिका आदि कहाँ से सोच पायेगा?

यह बात मुझे अचरज में डालती है कि कलाकार का अपना कुछ नहीं होता। न उसका यौवन होता है, न उसकी कोई अवस्था होती है। बुढ़ापे में भी वह यौवन को प्रकट कर सकती है और भरे यौवन में भी उसका सम्मोहन कम करके दिखा सकती है। यह अनुभव करने की शक्ति ही कलाकार में दिव्यता लाती है। उसी से रस सृष्टि होती है। उसी से कला का संसार विस्मयकारी जान पड़ता है। उम्र बढ़ने के साथ–साथ उस रस सृष्टि में परिपक्वता आती है, यह निश्चित है। बचपन का नृत्य और जवानी का नृत्य काफी अलग–अलग चीज़ें हैं। फिर जैसे–जैसे

आपको अपनी कला में आनन्द आता है और वह परिष्कृत होती जाती है, वैसे–वैसे देखने वाले का आनन्द बढ़ता जाता है। यह तो उस गुलाब के इत्र की तरह है कि हजारों गुलाबों की पंखुड़ियों की एक बूँद आप छिड़क दें और पूरा वातावरण सौरभ से भर जाये। मैं अपनी शिष्याओं को यही बताती हूँ कि तुम कुछ करती नहीं हो, ऐसा ख्याल मन में रखो। जो कुछ तुम्हें करना है, वह इस तरह लो कि मैं कर नहीं रही हूँ, मेरे द्वारा करवाया जा रहा है। इससे जो एक बहाव आता है, वह अद्भुत है। इसमें कोई सायास किया गया व्यवहार नहीं जान पड़ता। यह कहाँ से आता है और शरीर कहाँ चला जाता है इसकी भावना ही नहीं रहती। यह केमेस्ट्री समझ पाना बड़ा कठिन है। जो लोग इसे समझ लेते हैं, जिनको इतना सौभाग्य मिला है कि गुरु लोग इतने दक्ष रहे हों, उनके लिए यह वरदान सरीखा है। मैं इस मामले में खुशकिस्मत हूँ कि ऐसी दिव्यता की अनुभूति कराने में मेरे गुरुओं का बड़ा योगदान रहा है। मुझे सोनल के रूप में नहीं, न ही किसी मूर्ति के रूप में देखना चाहिये। देखने वाले को सोनल के अन्दर वह मिलना चाहिये, जिसे देखने वह आया है। एक बार का प्रसंग याद आता है। बनारस में संकटमोचन मन्दिर में मैं सुबह चार बजे 'हनुमानाष्टक' पर नृत्य कर रही थी। बाद में मैंने देखा कि मेरी गुरु माँ और पं. जसराज जी आँसू–आँसू रो रहे हैं। समाप्त करने के बाद जब मैं मिली, तो जसराज जी ने कहा कि मुझे पता नहीं कैसा महसूस हुआ और आँसू निकल आये। गुरु माँ बोलीं कि तुमने अपने दादा को प्रकट कर दिया। उसकी खूब चर्चा हुई। मगर मुझे कुछ लगा ही नहीं कि ये मैं क्या कर गई। तो कलाकार वहाँ निर्दोष ठहरा। वहाँ यह भाव जाता रहा कि मैं देश की एक नृत्यांगना हूँ, इतनी प्रसिद्ध हूँ; मुझे इतने पुरस्कार मिले हैं। बस, एक भाव था, जिसे सबने अलग–अलग तरीके से अनुभव किया। तो आपका जो कहना है वह एक प्रकार से सही है कि एक कलाकार एक दुनिया तो बनाता ही है और उसमें तमाम तरह के सुन्दर और दिव्य पदार्थों का प्रवेश कराता है। वह देवता के समतुल्य होता है या नहीं, इस बहस में क्या पड़ना; अलबत्ता देवता को कायिक रूप में दर्शाता जरूर है।

शाल भंजिका

मिश्र: देवदासियों के सन्दर्भ में आपके विमर्श से सीधा सा एक अर्थ यह भी निकलता है कि भरतनाट्यम सीखने वाली स्त्री या भरतनाट्यम सीखने वाला पुरुष विवाह न करे और उसके अभाव में ही रति–सुख के लिए प्रस्तुत हो, तो क्या यह अनैतिक नहीं होगा?

सोनल: अब यह नैतिक शब्द कहाँ से आया है, जरा आप मुझे बतायेंगे! वो मुझे ढूँढ़ना है, क्योंकि हमारे भारतीय दर्शन में नैतिकता शब्द कभी इस सन्दर्भ में कहीं नहीं प्रयुक्त हुआ। आप मिथकों की बात करें, निजन्धरी कथाओं (Legendary Stories) की बात करें या लोक साहित्य में जायें, तो इसके बहुत सारे उदाहरण मिलेंगे कि नैतिकता को रति सुख की वर्जना के साथ कभी नहीं जोड़ा गया। '*अभिज्ञानशाकुन्तलम*' में यह गन्धर्व विवाह क्या है? हमारे पुराणों में अप्सराओं की कथाएँ हैं, गन्धर्व कन्याएँ हैं, गणिकाएँ हैं– यह सब क्या करती रही हैं? यह सब विदेशी सभ्यता के प्रभाव से हमें मिला है कि साहब हमारी परम्परा में भी मोरैलिटी की बात करो। ठीक है, राम तो उसके सबसे बड़े प्रतीक हैं ही। मगर साथ में उतनी ही श्रद्धा के साथ कृष्ण भी खड़े हैं। यह हमारे देश में हो सकता है कि यहाँ 'कामसूत्र' लिखा जा सकता था।

मिश्र: मगर 'कामसूत्र' में काम मात्र एक कला है। बाकी की तिरसठ अन्य कलाएँ भी हैं, जिनमें संगीत, नृत्य, वादन, पाक कला, गृहकार्य दक्षता, ज्योतिषी, पुष्पसज्जा आदि भी गिने गये।

मिथुन मूर्तियाँ, खजुराहो

सोनल: हाँ। यही तो मैं कह रही हूँ कि हमारे यहाँ काम (Sex) को भी एक 'कला' माना गया। देखिये, उसको काम कला कहते हैं। द आर्ट ऑफ मेकिंग लव, द आर्ट ऑफ इन्ज्वाइंग लव, द आर्ट ऑफ एक्सपीरियेन्सिंग लव (प्रेम करने की कला, प्रेम का आनन्द लेने की कला, प्रेम को अनुभूत करने की कला)। मगर इसमें नैतिकता, अनैतिकता ये सब शब्द कहाँ से चला आया है? फिलहाल मैं इन शब्दों को नहीं मानती हूँ क्योंकि यह भारतीय परम्परा और वाङ्मय में कहीं भी दर्ज़ नहीं हुआ है। मानवीय सम्बन्ध और पुरुष–स्त्री का समागम हमारे यहाँ सृष्टि के मूल का कारण माना गया। अर्द्धनारीश्वर की परिकल्पना भी

इसी मिट्टी से उपजी है और वह शाश्वत काल से पूजा की चीज़ बनी हुई है। शिव–पार्वती का जो अविच्छिन्न प्रेम है, वह सती से लेकर पार्वती तक चला आया है। इसी तरह राधा–कृष्ण का प्रेम। जब हमारी परम्परा में इन्हें सराहा गया, फिर हमें बेमतलब इनसे परहेज की क्या जरूरत है। एक बात इधर समाज में यह आयी है कि स्वयं पर हँसने का भाव कम हो गया है। हर आदमी कुछ ज़्यादा, अतिरिक्त संजीदा होता जा रहा है। आप गाथा–सप्तशती को पढ़िये, कितनी उन्मुक्तता है वहाँ। फिर भी एक पारम्परिक अनुशासन है कि जीवन को कितने आयामों में हम जी सकते हैं। एक बार इसी गाथा सप्तशती के कुछ पदों को भरतनाट्यम के कुछ तमिल व तेलुगु पदमों के साथ मैं फिक्की के एक समारोह में कर रही थी। कार्यक्रम के अन्त में एक साउथ इण्डियन नृत्य आलोचक मिला और विस्मय से भरकर बोला– "आई एम शॉक टू सी एण्ड हियर व्हॉट यू आर डूइंग" (मैं यह देखकर और सुनकर अचम्भित हूँ कि आप यह क्या कर रही हैं?)। मैंने जवाब दिया– "आइ'म नॉट डूइंग एनीथिंग दैट वाज़ नॉट देयर, आई'म नॉट सेइंग एनीथिंग दैट वाज़ नॉट देयर" (मैंने ऐसा कुछ भी नहीं किया, जो वहाँ वर्णित नहीं है, मैंने ऐसा कुछ भी नहीं कहा, जो वहाँ नहीं था।) कहने का मतलब है कि जीवन को उसी तरह लो, जिस तरह वह है। अब संसार में अगर रस है, काम है, उद्दीपन है, विलास है, लालसा है, तो डरकर–बचकर चलने से क्या होगा? हाँ ठीक है, कि उसमें लिप्त होना भी जरूरी नहीं। काम के पीछे अपना समय बर्बाद करना मूर्खता है; मगर कला के लिए तो यह बेहद अनिवार्य है। जिसे नैतिकता की बात कहते हैं, उसमें भी 'कला की नैतिकता' तब आती है, जब जीवन–जगत् का सारा व्यवहार उस कलाकार या भावक के साथ जुड़ता है। अब पहले जुड़ना पड़ेगा न। बाद में आप उससे अपने को बाहर निकाल लाईये। विसर्जन भी जरूरी है। कला में सम्बन्धों के सम्वेदना की गहराई, उसकी महानता को रेखांकित करना ही पड़ेगा। मानव जाति के लिए प्रेम, आकर्षण, आकांक्षा तृप्ति भी उतने ही उपयोगी हैं, जितने अन्य पुरुषार्थ। धर्म हो गया, अर्थ हो गया, अब मोक्ष प्राप्ति के पहले, काम आयेगा ही। काम

मिथुन मूर्तियाँ, खजुराहो

को आदर देना चाहिये। फिर कला में समरस होने के लिए और उसमें नयी सृष्टि के प्रादुर्भाव के लिये किसी भी तरह की वर्जना को मानना, भारतीय परम्परा में नहीं आता है।

मिश्र : राजदरबारों में संगीत और नृत्य का प्रश्रय आम बात है। चन्देल के राजा ने नाट्यशास्त्र की विभिन्न मुद्राओं को एक मन्दिर में उत्कीर्ण कराया और आज वह मन्दिर उन मुद्राओं के दृश्यांकन का अकेला उदाहरण है। तन्जौर के मराठा राजाओं ने संस्कृत की बन्दिशों को संरक्षित किया। अकबर के दरबार में जो संगीत का सम्मान हुआ, उसमें मियाँ तानसेन का एक महत्त्वपूर्ण ध्रुपद है, जिसकी ऐतिहासिकता यह है कि उसमें जितने संगीतकारों को आश्रय मिला है उनका नाम आता है। इसे 'शक्कर डोरी का ध्रुपद' भी कहते हैं। नृत्य में खासकर राजदरबारों की परम्परा से उठकर आने वाली शैलियों में क्या इस प्रकार का कोई ऐसा प्रसंग है, जिसकी ऐतिहासिक वैधता होती हो?

ना मान सिंह अपने दरबारियों सहित, जोधपुर, राजस्थान, 1810 ई.

सोनल : हाँ, बिलकुल। पूरी देवदासी परम्परा में राजाश्रय की मुख्य भूमिका है। राजदरबारों और मन्दिरों की वजहों से ही विभिन्न प्रकार की नृत्य शैलियों को विकसित होने, विपरीत परिस्थितियों में बचे रहने का आधार मिला। यहाँ इस सन्दर्भ में एक बात उल्लेखनीय है कि भरत के नाट्यशास्त्र में 'मन्दिर' शब्द का उल्लेख नहीं मिलता। वहाँ 'समाज' है। उस सन्दर्भ में, सभापति के क्या विशेष गुण होंगे; यह मिलता है। हम मान सकते हैं कि यह सभापति ही बाद में नगर प्रमुख, ग्राम प्रमुख, ताल्लुकदार, मंत्री, राजा वगैरह रहे होंगे। पिछली दो सौ साल की दासीअट्टम परम्परा में राजा या सामन्त जो कार्य करते रहे हैं, सभापति का गुण उससे मेल खाता है। एक सिरे से जो मुझे याद आता है, उसमें मणिपुर के राजाओं की बड़ी अहम भूमिका रही है। मणिपुर के महाराजा भाग्यचन्द्र, जिन्होंने मणिपुर को बसाया, संगीत के बड़े आश्रयदाता थे। महाभारत में भी मणिपुर का उल्लेख मिलता है। चित्रांगदा मणिपुर की राजकन्या थीं। भुवनेश्वर के बाहर उदयगिरि, खण्डगिरि की प्रसिद्ध पहाड़ियाँ हैं। वहाँ खण्डगिरि में राणीगुम्फा में बाइस सौ साल पुराने कई शिला शिल्प हैं, जिनमें अंकित हैं कि एक राजा सिंहासन पर बैठकर नृत्य

देख रहा है। उसके अगल–बगल संगीतज्ञ बैठे हैं। बाँसुरी है, मंजीरा है, तो यह उल्लेख हमें बताता है कि राजाओं को कला का ज्ञान था। आज के तमिलनाडु में तन्जौर का वृहदीश्वर है, चिदम्बरम् है, कुम्भकोणम् के मन्दिर हैं– इन सबको राजाओं ने ही बनवाया था और वहाँ देवदासियाँ अर्पित की थीं, जो नृत्य करती थीं। राजदरबारों में भी बराबर नृत्य होता रहता था। वे सब कला प्रवीण भी थे। यह नहीं था कि कोई बेताला नृत्य कर जाये, या बेसुरा गाये। किसी कथा में या जनश्रुति में नहीं मिलता कि राजाओं के यहाँ बेसुरा बाजा बजता था। फिर कई राजा–महाराजा स्वयं बड़े कवि भी होते थे– जैसे– स्वाति तिरुनाल। ये त्रावणकोर के महाराजा थे, अट्ठारहवीं शताब्दी में। तन्जौर के नायक राजवंश में तुलजा जी, सफो जी, शिवा जी ये सभी कविता, संगीत प्रेमी हुए हैं। होयसाला राजवंश की महाराणी शान्तला वेलूर मन्दिर में नृत्य करती थीं। अब जैसे बड़ौदा के राजदरबार में दो नामी देवदासियाँ कान्तिमती और गौरीमती नृत्य करती थीं, उन्नीसवीं शताब्दी के अन्त तक।

राजदरबारों का एक बड़ा दाय भरतनाट्यम को यह भी है कि 'सदिर' व 'दासीअट्टम' से अलग, जो उसकी मॉडर्न रेपरॅटरि बनी, एक नये रूप में उसका गठन हुआ; वह चार भाईयों के सम्मिलित प्रयासों से हुई। इन भाईयों को 'तन्जौर ब्रदर्स' कहते हैं। इन चारों ने अलग–अलग राजाओं के यहाँ जाकर आश्रय लिया। इनके नाम हैं– चिनैय्या, पोनैय्या, शिवानंदम् और वणीवेलू। अब राजाओं ने अगर आश्रय नहीं दिया होता, तो आधुनिक रंगपटल पर यह स्वरूप भरतनाट्यम का कहाँ आ पाता? मैसूर के राजदरबार की बड़ी समृद्ध परम्परा थी। वहाँ के कृष्णचन्द्र वोडेयार थे, वह स्वयं बड़े कवि थे। उनका एक प्रसिद्ध ग्रन्थ है– 'शृंगारलहरी' और उसमें राग नीलाम्बरी में जो साहित्य है, वह भरतनाट्यम नृत्य का सबसे अद्भुत खजाना मान जाता है। इन्हीं के दरबार में एक महान् देवदासी जेट्टीताईअम्मा थीं। जेट्टीताईअम्मा की परम्परा में आखिरी देवदासी हुईं, वैंकटलक्ष्मम्मा। ये हमारे गुरु प्रो. यू.एस. कृष्णराव एवं गुरु माँ चन्द्रभागा देवी की समकालीन थीं। इन्हीं लोगों ने मिलकर मैसूर स्कूल ऑफ भरतनाट्यम चलाया था।

राणी गुम्फा

इसी तरह बहुत सारे राजा–महाराजा थे, जिनका योगदान नृत्य को अविस्मरणीय है। अशोकमल्ल का 'नर्तन–निर्णय' हुआ या पन्द्रहवीं शताब्दी के सिंहभूपाल का 'लास्यरंजन'; ये सारे नृत्य के साहित्य के रूप में बेजोड़ माने जाते हैं। एक बात बड़ी अच्छी थी कि राजाओं को सामाजिक व्यवहार आता था और उन्हें कला की गहरे से तमीज़ थी। किसी महाराजा को आप कम ज्ञानी नहीं मान सकते। पुराने समयों में जायें, वहाँ अकबर के दरबार में तानसेन, मोहम्मदशाह रंगीले के यहाँ सदारंग अदारंग हुये। यह सब कला की उत्कृष्ट विभूतियाँ हैं। इस सन्दर्भ में एक बात खासी गौरतलब यह भी है कि देवदासियों पर जो आक्षेप लगता है कि वे सम्मानित स्त्रियाँ नहीं थीं, तो ऐसा कैसे हो सकता था। उनका राजदरबारों में सम्मान असाधारण बात थी। वे अपनी मर्यादा, वाणी व्यवहार से न सिर्फ महत्त्वपूर्ण हुईं, बल्कि अपने–अपने काल को उन्होंने समृद्ध भी किया। हाँ, एक चीज़ यह जरूर गड़बड़ थी, विशेषकर कला के सन्दर्भ में कि कुछ राजाओं ने देवदासियों पर मुग्ध होकर उनसे विवाह कर लिया। इसका एक मजेदार उदाहरण है। आजादी के पूर्व रामनाण के महाराजा ने अपने दरबार में उस समय की महत्त्वपूर्ण देवदासी जयलक्ष्मी का नृत्य देखा। वह बहुत सुन्दर थी। उसे मेरे गुरु के गुरु पं. श्री मीनाक्षी सुन्दरम् पिल्लै ने सिखाया था। महाराजा इस कदर रीझे कि उन्होंने उससे विवाह किया और अपनी चौथी रानी बनाया। रानी बनने के समय उसकी उम्र मात्र अट्ठारह वर्ष थी। ठीक है कि वह

रानी हो गयी, मगर डांस तो खत्म हो गया न। अब कला का तो अन्त हुआ। इस वजह से अक्सर यह भी हुआ कि राजदासी का सुन्दर होना, उसकी कला के लिए खतरा था।

मिश्र : गीत–गोविन्द में अष्टपदी गायन के लिए कुछ महत्त्वपूर्ण रागों का प्रयोग होता रहा है। मसलन– प्रथममंजरी, पटमंजरी, गुर्जरी, देशाख्य आदि राग। इसी प्रकार कुछ महत्त्वपूर्ण बन्दिशों के गायन एवं अभिनय के लिए कुछ दुर्लभ राग गाये–बजाये जाते रहे हैं। इनमें से प्रमुख रूप से राग गान्धारी बहार, देव गान्धार, गुनकली, चारुकेशी, वाचस्पति, किरवानी, हेमावती, सरस्वती आदि दुर्लभ रागों की श्रेणी में आ गये हैं। संगीत के लिए और नृत्य के लिए क्या यह एक आसन्न खतरा नहीं है कि इन रागों से निःसृत होने वाली परम्परा अपने आप खतरे में पड़ जायेगी, यदि इनका प्रदर्शन कम होगा और धीरे–धीरे बन्द होता जायेगा?

सोनल : (हँसती हैं)। यह बहुत सुन्दर आपने चेतावनी दी है। मैं खुद 'गीत–गोविन्द' भरतनाट्यम् में तो करती आई हूँ बचपन से। फिर जब ओडिसी में इसे सीखना शुरू किया, तो पता लगा कि कर्नाटक संगीत में बिलकुल अलग ही प्रथा है, इसके गायन की। 'कलाक्षेत्र' वाले जैसा गाते हैं। केरल के मन्दिरों में बिलकुल भिन्न प्रकार से यह गाया जाता है। अब दक्षिण में जो लोग इसे करते हैं, उनकी अलग परम्परा है और उत्तर वालों की दूसरी। मैं तो स्वयं उत्तर भारतीय हूँ और दक्षिण की विधा में नृत्य करती हूँ। बहुत शुरूआती दिनों में मैंने इसके आचार्यों से पूछना शुरू किया कि भाई जयदेव ने क्या गुनाह किया है कि उसके लिखो रागों को आप लोग नहीं गाते हैं। अगर आप गीत–गोविन्द को ध्यान से देखें, तो पायेंगे कि इसके अष्टपदियों के पहले ही राग का नाम दिया होता है कि अमुक राग में ही वह गाया जायेगा। जैसे–

'ललितवङ्गलतापरिशीलनकोमलमलयसमीरे' वाला पद 'वसन्तरागेण गीयते' दिया गया है। इसका मतलब हुआ कि इसे वसन्त राग में ही गाया जायेगा। इसी तरह अन्य सर्गों में विभिन्न राग दिये गये हैं। मसलन– 'वराडीरागेण गीयते', 'भैरवीरागेण गीचते', 'देशाख्यरागेण गीयते' आदि।

फिर कोई नर्तक कलाकार क्यों जयदेव के साथ ही इतनी ज्यादती कर लेता है? आप टैगोर का कोई भी गीत उनकी बनायी परिपाटी से अलग हटकर गायें, तो बंगाली आपको जीने नहीं देंगे। इसी तरह दक्षिण में त्यागराजा, दीक्षितर, श्यामशास्त्री आदि का संगीत है कि उसे कोई बदलकर नहीं गाता। जयदेव के सन्दर्भ में यह इसलिए होता होगा क्योंकि तेरहवीं शताब्दी में प्रचलित उनके बहुत सारे रागों को आज समझने वाले बहुत कम ही लोग बचे होंगे। हर श्लोक (अष्टपदी) का अपना संगीत है, उसका आरोहण, अवरोहण है। अब किसे चिन्ता है कि घण्टों–घण्टों बैठकर रियाज करे। जयदेव थोड़े ही पूछने आयेंगे कि भैय्या ये मेरे पद का क्या हश्र कर रहे हो। बहुत सारे राग अपने पूर्वज रागों को पीछे छोड़ देते हैं। अब आज लोग सोनल मानसिंह को पूछते हैं। ये सब भूल जाते हैं कि उनके दादा कभी गवर्नर थे, जिनका नाम मंगलदास पकवासा था। इसी तरह रागों के भी रिश्ते होते हैं। उनमें भी दादा, पौत्री, मित्र, सखा का भाव होता है। तो आज गुणक्रि पहले है, धानी पता नहीं कहाँ गया? अब जैसे कुमार गन्धर्व ने सिद्ध किया कि भाई मालवा का जो लोक संगीत है, उससे भी शास्त्रीयता अर्जित की जा सकती है। आज कबीर बिना कुमार गन्धर्व बेकार हैं। मेरे एक गुरु थे, जीवनपाणि जी, जो उड़िया के कवि भी थे। उनसे मैंने बहुत सारा शास्त्र सीखा। उनसे बहस के बाद यह पता चला कि जैसी जयदेव

गीतगोविन्द, काँगड़ा शैली

ने रागतालिका निर्धारित की है, उसी तरह अष्टपदियों पर नृत्य किया जाये। अब हुआ यह कि **'ललितलवङ्गलतापरिशीलनकोमलमलयसमीरे'** पर जब वसन्त राग लगाकर नृत्य किया, तो पूरी अष्टपदी खिल उठी। एक–एक शब्द पर 'ललित–लवङ्गलता' की तरह फूल खिल उठे। अब यह सारे राग आकाश से थोड़े ही टपके हैं। वाग्गेयकारों, शास्त्रज्ञों और संगीत आचार्यों ने जिस राग की चलन–बढ़त जिस तरह बतायी है, उसी तरह करने पर राग को अमरता मिलती है।

आप जो पूछ रहे हैं कि यह सारे राग लुप्त क्यों होते जा रहे हैं, इस बारे में मैं क्या निर्णय दूँ? मैं कौन होती हूँ यह कहने वाली कि अमुक राग को ही गाईये, बजाईये। देखिये, होता यह है कि सुनने वाले लोग जो सुनना चाहते हैं, कलाकार उसी को पहले चुनता है। अब अगर दर्शकों और श्रोताओं को भूपाली समझ में आ गयी या यमन को उसने पहचान लिया, तो बस यमन और भूपाली ही होने लगती है। तब जयदेव का 'रागेण गीयते' धरा रह जाता है और हम ही लोग उसमें परिवर्तन करके सुविधाजनक रागों को इस्तेमाल कर लेते हैं। सुनने वाला भी खुश कि चलो मालकौंस में सोनल का नृत्य देखा। अब उनको कौन बताये कि मालकौंस में तो करना आसान है मगर पटमञ्जरी, वराडी, गुणक्रि, पणमञ्जरी, देशाख्य आदि रागों में नाचना, समझाना बड़ा कठिन है। तो इस वजह से भी राग दुर्लभ हो जाते हैं। अभी कोई कलाकार भैरवी पर बात करने लगे, तो सुनने वाला समाज बड़ी तल्लीनता से सुनता है। मगर किरवानी, सरस्वती पर बतियाये, तो आधे श्रोता धीरे से खिसक लेते हैं। मगर यह होना चाहिये। रागों से डरकर कब तक हम भागेंगे? अब प्रथममञ्जरी, पटमञ्जरी, पणमञ्जरी राग इतने सुन्दर हैं कि इनका प्रदर्शन जरूर करना चाहिये। शास्त्रीय संगीत तो वैसे भी सबके मतलब की चीज़ नहीं है। फिर उसमें दुर्लभ चीज़ों का इस्तेमाल कर लिया जाये, तो हर्ज क्या है? आख़िर, यह शास्त्रीय संगीत है। शास्त्रीयता, विद्वत्ता तो इसके साथ जुड़ी ही हुई है। अक्सर मैंने उड़ीसा में वहाँ की स्त्रियों को लोकगीत गाते सुना है। मुझे बड़ा पसन्द आया। जब मैंने पूछा आप किस राग में गाती हैं, तो वे बताने में असमर्थ थीं। उन्होंने

बस इतना ही कहा कि बरसों से हमारे खानदान में शादी–ब्याह के मौके पर हम गाते रहे हैं, मगर राग बता पायें, यह जरा मुश्किल है। फिर मेरे आग्रह पर जब उन लोगों ने कुछ गाने फिर से गाये, तब मैंने पाया कि अधिकांश गीत प्रथममञ्जरी, हंसध्वनि, किरवानी, देशाख्य आदि में थे। अब इसका भान किसे होगा? इसकी पहचान कराया जाना भी बेहद जरूरी है। गीत परम्परा में मौजूद हैं। गाँव की भोली–भाली औरतें चूल्हा जलाने के साथ हंसध्वनि भी जानती हैं। आवश्यकता है, उन्हें इसकी पहचान कराने की। इसे ऐसे ही लुप्त होने देना, तो बड़ा खतरनाक है। दीक्षितर के बहुत सारे कीर्तनम् गान्धारी बहार, देवगन्धार आदि में हैं। मगर उसके गाने वाले इतने अनुशासित हैं कि इन रागों का मिटना और मिश्रित हो जाना मुश्किल है। वे देवगन्धार और गान्धारी बहार के लिए आपसे कोई समझौता नहीं करेंगे। कोई कलाकार कितना ही बड़ा क्यों न हो, त्यागराजा की कृति को वैसे ही गाता है, जैसा वह वर्णित है। एक बात और ध्यान देने की है कि पहले इन रागों को सारंगी, मृदंगम, नागस्वरम्, मंजीरे आदि पर गाया जाता था। अब हम लोग हारमोनियम पर इसे करते हैं। इसकी वजह से राग की शुद्धता प्रभावित होती है। राग की ग्राम, मूर्च्छना, जाति सभी हारमोनियम पर बदल जायेगी, जो पारम्परिक वाद्यों पर चलती थी। इस वजह से भी राग बदल जाते हैं। दुर्लभ और लुप्त होने के अलावा। जैसा कि पं. रविशंकर कहते हैं–

गीतगोविन्द, काँगड़ा शैली

"अरे यह गुणक्रि, धानी जैसा है।" गुणक्रि संगीत रत्नाकर का राग है और असम के बिहू में धानी की भरपूर छटा है।

रागों के साथ एक दिक्कत तब भी आती है, जब किसी कलाकार का कोई प्रदर्शन इतना मान्य हो जाये कि उसकी प्रस्तुति का राग 'सिग्नेचर राग' बन जाये। बालासरस्वती जी का सबसे प्रिय राग कल्याणी था। अब उनके अधिकांश प्रदर्शनों में कल्याणी ही कल्याणी दिखायी पड़ती थी। इसी तरह त्यागराजा के गुरु पुरन्दरदास जिन्होंने दास सम्प्रदाय (उडिपी) चलाया, उन्होंने भी रागों को बन्दिशों के आधार पर इतना सरल कर दिया कि शास्त्रीय रागों का चलन कम हो गया। फिर भी मुझे लगता है कि उत्तर भारत की तुलना में दक्षिण में इन रागों की शास्त्रीयता को आज भी तरजीह देते हैं।

त्रिभंगी कृष्ण–मुद्रा

मिश्र: फिर भी क्या आपको नहीं लगता कि बहुत सारी दुर्लभ चीज़ें इसी तरह लुप्त हो जायेंगी?

सोनल: हाँ। यह तो है। बहुत सारी चीज़ें लुप्त हो चुकी हैं। उड़ीसा प्रान्त की बहुत सारी परम्परा, मसलन–चम्पू, जणाणा, गीत, चोखी को हमने ही कभी नहीं देखा।

मिश्र: आप भरतनाट्यम की स्थापित नृत्यांगना रही हैं, फिर कौन से कारण रहे कि एक निश्चित अवधि के बाद आप ओडिसी की ओर मुड़ीं? क्या भरतनाट्यम और ओडिसी में कुछ ऐसे अन्तराल लक्षित किये जा सकते हैं, जिनके आधार पर कहा जा सके कि भरतनाट्यम से ओडिसी की ओर आना, कला के विकसित होने का प्रमाण है? या यह तन्त्रशास्त्र की तरह शरीर को एक प्रत्याहार से दूसरे प्रत्याहार में प्रतिष्ठित करने की कोई यौगिक क्रिया है?

सोनल: (हँसती हैं)। ये दूसरा वाक्य (शरीर को एक प्रत्याहार से दूसरे प्रत्याहार में प्रतिष्ठित करने की यौगिक क्रिया) बहुत ही सुन्दर है। वाह! यह कोई सुनिश्चित काल नहीं था, लेकिन यह पल मेरे भाग्य की विधि मान सकते हैं। जब मेरी मुलाकात एक उड़िया सज्जन (ललित

मानसिंह) से हुई और बाद में हम विवाह बन्धन में बँधे, तो मेरा उड़ीसा जाना हुआ। उनके पिता उड़िया के प्रख्यात कवि और रसिक थे। उनके गुरु केलूचरण महापात्र मित्र थे। मेरी नृत्य के प्रति आस्था देखते हुए मेरे ससुर डॉ. मायाधर मानसिंह ने केलू बाबू से कहा– "ऐ केलु! ऐ मोर बऊ सोनाल, तुमे ताकू नाच सिखइबो।" (ऐ केलू! ये मेरी बहू सोनाल है, तुम इसे नृत्य सिखाओ)। इसी के साथ मेरी ओडिसी नृत्य की दीक्षा शुरू हो गई। दोनों प्रकार के नृत्यों को सीखने के बाद आज मुझे लगता है कि बहुत सारे अंग–प्रत्यंग संचालन, मुद्रा, भाव, भंगिमा, लोच, रूप मुझे ठीक से समझ में आये। आज जब मैं 'द्विवर्णा' (भरतनाट्यम और ओडिसी का मिश्रित प्रयोग) करती हूँ, तो नृत्य के गणित को बखूबी अंजाम दे पाती हूँ। जब मैंने यह प्रयोग किया, तब मुझे यह समझ में आया था कि भरतनाट्यम का जो ज्यामितिक स्थापत्य (Geometrical-Architecture) है और ओडिसी की जो नक्काशी, जरी वाला महीन काम (filigree) है, उन दोनों की कहीं बड़ी सुन्दर संगति बनती है। इन दोनों के मिलने से जो नपा–तुला शरीर का दोलन है, उसकी वजह से एक विशिष्ट नृत्य स्थापत्य गढ़ा जा सकता है। मैंने 'द्विवर्णा' की कल्पना की और इसे ओडिसी और भरतनाट्यम की आर्केस्ट्रा के साथ बैठकर बनाया। इनमें सबसे पहले भरतनाट्यम के 'अलारिपु' (भरतनाट्यम का प्रथम चरण, जो मात्र दो मिनट के लिए होता है) से शुरुआत की। इसमें भरतनाट्यम की प्रचलित महत्त्वपूर्ण भंगिमाओं को दिखाया। फिर इसके बाद ओडिसी का स्थायी नृत्य किया। इसमें भरतनाट्यम का लम्बा नृत्य अभिनय भी संयोजित किया और साथ ही उड़ीसा का एक पुराना कालजयी काव्य लावण्यवती (उड़ीसा में दो सौ वर्ष पूर्व कवि सम्राट मयूरभंज के शासक, उपेन्द्रभंज द्वारा रचित) का वर्णन दिखाया। लावण्यवती के कथा–वर्णन के साथ ओडिसी नृत्य के चार चरणों को चार अलग–अलग बोलों में शैशवावस्था, किशोरावस्था, यौवनावस्था और नवविवाहिता अभिनीत किया। भरतनाट्यम का जो वर्णन प्रस्तुत किया, उसकी भी चार कण्डिकाएँ होती हैं, उसकी चर्चा की। रागों में यह काम किया कि लावण्यवती के प्रसंगों में 'आम्रपञ्चम',

‘प्रथममञरी’, ‘कर्णात्’ और ‘श्री’ रागों को भरतनाट्यम के लिए लिया। यह राग ‘श्री’, प्रचलित ‘श्री’ नहीं है, बल्कि संगीत रत्नाकर का ‘श्री’ राग है, जिसका कम उपयोग होता है। ओडिसी के लिए तिल्लाना और नटाङ्गी को जोड़ा। दोनों नृत्यों के संगीत रत्नाकर के इन रागों को एक के बाद एक इस तरह व्यवस्थित किया कि रागों की एक पूरी वेणी गूँथ उठी। जैसा बालों को दो फाँक में करके एक वेणी बनाते हैं। रागों के सन्दर्भ में भी ठीक यही प्रयोग किये। भरतनाट्यम में पदम लिया तथा ओडिसी के लिए अष्टपदी चुना। अब आप देखिये कि गीतगोविन्द की अष्टपदी ओडिसी में भी हो रही है और भरतनाट्यम में भी हो रही है। इस तरह द्विवर्णा का अस्तित्व उभरा। जिस तरह दो वर्ण मिलकर एक यौगिक वर्ण बनता है, उसी तरह भरतनाट्यम और ओडिसी मिलकर यह नृत्य–नाटिका बनी।

नटेश्वर शिव, तन्जौर बृहदीश्वर शिव मंदिर

योग–साधना में शिव और शक्ति को जोड़ना पड़ता है। पुरुष–प्रकृति को जोड़ना पड़ता है। ओडिसी से ही मुझे शक्ति मिली और भरतनाट्यम से मुझे पुरुष की प्रकृति का आस्वाद। स्वयं ओडिसी में ताण्डव है और लास्य भी। भरतनाट्यम में भी ताण्डव है, लास्य है। दोनों अपने–अपने रूप में सम्पूर्ण हैं। इस तरह कह सकते हैं कि तंत्र की तरह शरीर का योग यहाँ भी, एक वृत्त के अन्दर; फिर दूसरे वृत्त के अन्दर घूमता हुआ स्वयं को पूरा करता है।

मिश्र: आप इस बात से सहमत है कि यह नवप्रवर्तन (Innovation) आपकी अपनी कला का विकास है।

सोनल: बिल्कुल। इस बात से मैं पूर्णतः सहमत हूँ। कला को अच्छी तरह निभा जाना, एक कलाकार के लिए सबसे महत्त्वपूर्ण होता है। मगर, आत्मिक सन्तुष्टि तब मिलती है, जब कुछ ऐसा कर पायें कि लगे मैंने इस विधा में कुछ अतिरिक्त जोड़ा। अब दासीअट्टम को भरतनाट्यम के रूप में लाने में रुक्मिणी देवी और बालासरस्वती ने जितना किया है, वह ही आगे इतिहास में रह जायेगा। रुक्मिणी देवी कितना सुन्दर नाचती थीं या अपनी भाव–भंगिमाओं में अप्रतिम थीं, यह तो पुरानी बात

होगी। आगे का जो कलाकार आयेगा और अपनी स्वतंत्र पहचान बना सकेगा, उसके लिए यह जरूरी है कि रुक्मिणी देवी, बालासरस्वती, केलूचरण महापात्र, प्रोतिमा बेदी, माधवी मुद्‌गल, सोनल मानसिंह से आगे जाये। यही उसकी सही पहचान है। अगर, मैंने द्विवर्णा किया है, तो मुझे अत्यधिक खुशी तब होगी, जब कोई कलाकार नृत्य का इन्द्रधनुष बुने। मेरे पास दो रंग हैं, कोई चाहे तो इसे सात रंग का कर दे। हमने अपने जीवन से नृत्य के बहुत सारे पर्यायवाची निकाल दिये हैं। जैसे ताण्डवं, नटनं, नाट्यं, लास्यं, नृत्तं, नृत्तनं। इस बात की जरूरत है कि कलाकार और साधक इन सारे पर्यायवाचियों को अपने जीवन में उतारे और किसी भी परिभाषा में स्वयं को प्रतिष्ठित कर सके। मुझे संस्कृत की एक अर्द्धाली इस सन्दर्भ में बेहद पसन्द है– **'नृत्यप्रियो नृत्यनर्त्तो नर्तकः सर्वलालसः।'** इसका आशय है कि वन हू लव्स डांस, परफार्म्स डांस, इज द डांस, सच अ वन इज़ लव्ड बाई ऑल (वह जो नृत्य से प्रेम रखता है, नृत्य करता है, ऐसा नृत्य और नर्तक सबके द्वारा प्रिय होता है)।

मिश्र: अक्सर देखने में आता है कि भरतनाट्यम हो या मोहिनीअट्टम, ओडिसी नृत्य हो या कुचिपुड़ी का प्रदर्शन। अधिकांश नृत्य विधाओं में कुछ प्रसंग मिथक और इतिहास के ऐसे हैं, जिनका प्रयोग और प्रदर्शन अब एक रूढ़ि या परिपाटी की तरह होता चला आया है। उदाहरण के लिए– सीता स्वयंवर प्रसंग, दशावतार वर्णन, शिव ताण्डव, रावण–वध एवं कृष्ण–लीला के अन्यान्य प्रसंग आदि। इसके पीछे क्या कारण हैं? हमारे यहाँ उपनिषदों और अन्य महत्त्वपूर्ण वैदिक ग्रन्थों के कुछ ऐतिहासिक प्रसंग ऐसे भी हैं, जिनका प्रदर्शन संगीत एवं नृत्य के कलाकारों ने लगभग न के बराबर किया है, जबकि उनका प्रयोग प्रामाणिकता के साथ अन्य विधाओं मसलन लेखन एवं पेन्टिंग में होता रहा है। जैसे– कठोपनिषद् का नचिकेता–यम का संवाद। इस तरह के बहुत सारे प्रकरण ऐसे हैं या हो सकते हैं, जिनको नृत्य स्वीकार सकता था, मगर उसने ऐसा नहीं किया। इसकी क्या मुख्य वजह हो सकती है या ऐसा न करने के पीछे एक कलाकार की कौन सी धारणा काम करती है?

सोनल : धारणा तो ऐसी कुछ भी नहीं है, हाँ कारण ही हो सकता है। एक कारण तो यह कि जो प्रसंग आसानी से जन–मानस में बैठ एवं रच–बस गये हैं, उनका प्रयोग कलाकार आसानी से करते रहते हैं। ऐसे प्रसंगों के सन्दर्भ में एक महत्त्वपूर्ण बात यह सामने आती है कि उनके बहुत सारे वर्जन सदियों से गाये जाते रहे हैं। ज्यादातर कथा प्रसंगों में, जो एक आम आदमी को आसानी से ग्राह्य है, ऐसे भजन, कीर्तन सीधे नृत्य में प्रचलित रहते हैं। इनके प्रचलन में उन प्रसंगों का बार–बार दोहराया जाना आसानी से दर्शकों में कम्यूनिकेट करता है। यह कम्यूनिकेशन नृत्य परम्परा और दर्शकों के आपसी सम्बन्ध में एक 'लिंक' बनाता है। इस लिंक (जुड़ाव) के कारण कलाकार का भी एक कम्फर्ट–जोन बनता है। आर्टिस्ट को भी यह बात पता रहती है, जिसके कारण वह इन प्रचलित प्रसंगों को अपनी कला का कथानक बनाता है।

यहाँ मैं अपनी बात करती हूँ। मान लीजिए अहिल्या का प्रसंग है और वह भी वाल्मीकि रामायण वाला प्रसंग है; न कि तुलसी के रामचरितमानस का। यहाँ हमें इस चीज़ का ध्यान रखना पड़ता है कि कौन सा प्रसंग, किस ग्रन्थ से लिया जा रहा है। अब यह जो चयन है, वह एक बड़ा मुश्किल और श्रम–साध्य कार्य है। इस चयन में हम लोगों को जिस बात पर सर्वाधिक ध्यान देने की जरूरत रहती है, वह यही है कि एक आम कलाकार के लिए भी वह प्रसंग कितने मतलब का है। लेकिन इसके साथ ये बात भी महत्त्वपूर्ण हो जाती है कि कलाकार की अपनी समझ कितनी है। कलाकार का अपना ज्ञान, उसका नजरिया क्या है? और वह किस हद तक किसी दूसरे विद्वान् से सलाह लेने को तैयार है। इस सलाह में यह जरूरी हो जाता है कि उसने जिस कथा का चयन किया है, वह किस ढंग से रूपाकार लेगी, यदि वह उसमें अपना चिन्तन भी शामिल करता है।

इसके साथ एक बात यह भी ध्यान देने की है कि जब तक कोई कलाकार यूँ ही समय निकालकर थोड़ी देर के लिए रोज–रोज न बैठे, तो वह किसी नये प्रसंग या कथा को अपनी कला के प्रदर्शन के लिए सहजता

से निर्धारित नहीं कर पायेगा। अगर कलाकार हर दिन सिर्फ कार्यक्रम ही निपटाता रहे। हर नये दिन, एक नये प्रोग्राम की जुगाड़ में लगा हो और अपनी परम्परागत चीज़ों का सिर्फ रिहर्सल (अभ्यास) ही करता चला जाये, तो कुछ नया कर पाने के लिए उसके पास समय ही नहीं होगा। कला में हरदम लगे रहने से आन्तरिक ऊर्जा भी दिन–ब–दिन कम होती जाती है। उसमें एक गरिमा, शास्त्रीयता, चमक और ओज लाने के लिए हमारे शरीर और मन की तैयारी के साथ एक समयावधि का अवकाश भी चाहिए। आप ठहरकर सोचेंगे नहीं, तो अपने किये हुए पर विचार कैसे कर पायेंगे। तब तो नृत्य नहीं होगा– एक बहते हुए पानी की तरह, जो रूटीन की तरह हमारे घरों में हर रोज आता है, कला हो जायेगी। इन सब चीज़ों में फँसने से भी अक्सर कलाकार बचते और डरते हैं। नया करने के लिए शायद इसी कारण जल्दी तैयार नहीं होते। दूसरा महत्त्वपूर्ण कारण यह है कि हर व्यक्ति की अपनी एक विशिष्ट मानसिक बनावट होती है। उसकी पसन्द–नापसन्द का मामला होता है। तब अपनी इच्छा के बगैर कोई कलाकार इन प्रसंगों के अभिप्रायों (मेटाफर) को कैसे समझ पायेगा। जैसे राम के धनुष–भंग का प्रसंग है। अब इस मेटाफर में यह बात शुरू से ही स्पष्ट है कि राम ही धनुष उठायेंगे और बार–बार हर काल में वे ही धनुष को तोड़ेगें। यहाँ कोई असुर, देवता, दानव, गन्धर्व या राजा–महाराजा वह धनुष न उठा पायेगा, न ही उसकी प्रत्यंचा चढ़ा सकेगा। अब यह मेटाफर समझने के लिए और उसे राम के अर्थ में प्रदर्शित करने के लिए पूरा रामायण जानना जरूरी है। हमारे यहाँ बहुत सारे ऐसे प्रसंग हैं जिनको सही सन्दर्भों में यदि हम दर्शकों के आगे नहीं ले गये, तो वे उसे देखकर भी नज़रअन्दाज कर देगें। उनके लिए फिर कला का उतना महत्व नहीं रहेगा कि वे आसानी से उसमें हो रही प्रक्रिया को सही ढंग से खुद के लिए लोकेट कर सकें। जैसे हमारे यहाँ बन्दरों के मुँह वाले भगवान् हैं। हाथी के मुँह वाले भगवान् हैं। गरुड़ के ऊपर सवार भगवान् हैं और दस सिरों वाला एक प्रतापी मगर दम्भी राजा रावण है। हमारे देश की संस्कृति की यह अजीबोगरीब देन है कि यदि इन सन्दर्भों को हम ऐतिहासिक दृष्टि से, काल–क्रम की

अवधारणा से और सामाजिक धरातल पर भली–भाँति दर्शकों को न समझा सके, तो सारा नृत्य प्रदर्शन या कला की कोई बानगी सभी कुछ अटपटी होगी। मेरा ख्याल है कि यह जो ढेरों कथानक हैं, इन सब को अन्दर से समझना एवं इनके शब्दों के परे जाना बेहद जरूरी है। और इसलिए समझना जरूरी है कि हम यह देख पायें कि सदियों से ये क्यों इतने लोकप्रिय रहे हैं। इनमें कुछ–न–कुछ तो जरूर होगा। एक सोशल मैसेज (सामाजिक सन्देश) होगा, कुछ बात होगी, जिसके पत्ते खोलकर देखें कि यह ऐसे ही हज़ारों वर्षों से क्यों चले आ रहे हैं।

आपने जैसे कहा कि उपनिषद् या छान्दयोगपनिषद्, तो क्या है कि आम आदमी की समझ से यह सारे ग्रन्थ थोड़ा सा ऊपर उठ जाते हैं। और यह जो कला है, नृत्य और संगीत की दुनिया–वह आम आदमी के लिए पहले है। कारण यह कि जब तक इस कला के साथ ऑडियन्स (दर्शक) न हों, यह चलेगी नहीं। यह कला पेन्टिंग या राइटिंग की तरह नहीं है कि इसे घर पर बैठकर किया जा सके। क्योंकि एक तो आपको लिंक बनानी है अपने दर्शकों के साथ, दूसरा स्वयं की कला के साथ। और यह लिंक तो तभी बनेगी जब आपके दर्शक सामने हों, साथ ही आप कुछ ऐसा कर रहे हों जो कि वे आसानी से समझ पायें। यहाँ एक कुशल कलाकार यह कर सकता है कि पहले तो वह अपने दर्शकों के साथ कुछ प्रचलित प्रसंगों को लेकर एक लिंक, एक जुड़ाव, एक सहकार बनाये। बाद में जब वह जुड़ाव बन जाये, तब वह कलाकार यह कर सकता है कि एक–दो नये और अभिनव प्रसंगों को जोड़कर दर्शकों को एक नये बिन्दु पर लेकर चला जाये। यदि आप दर्शकों के साथ पहले ही सेतु नहीं बना पाते हैं और अपने प्रदर्शन के आरम्भ से ही अटपटी बातें करते हैं, तो ऑडियन्स तो आपके हाथ से निकल जायेगी। फिर आपका कुछ भी करना धरा रह जायेगा। तो यह एक बात बहुत ही साधारण समझ की है कि प्रदर्शनकारी कलाओं में कुछ भी नया करने से पहले कलाकार को यह देख लेना चाहिए कि वह जो कुछ भी नया करने जा रहा है, उससे पहले उसने अपनी कला द्वारा किसी निश्चित या तय प्रसंग को (जो जाहिर है कि परम्परा में लोकप्रिय रही हो) दर्शकों

के आगे रखकर उसके पसन्द–नापसन्द को ठीक तरह जान लिया है या नहीं। यह काम जो कलाकार नहीं करते वे अक्सर चूक जाते हैं। फिर एक श्रेणी उन कलाकारों की भी है, जो सिर्फ पैसा, चमक–दमक, अवॉर्ड्स, विदेश–यात्रायें एवं कार्यक्रमों की जोड़–तोड़ में जीवनभर लगे रहते हैं। ऐसे कलाकारों की तो कभी इस तरफ मुड़कर देखने की इच्छा भी नहीं होगी कि वे कुछ नये और चुनौतीपूर्ण प्रसंगों में हाथ आजमायें क्योंकि उनका काम तो कुछ रटी–रटायी चीज़ों के बल पर चल रहा है और बढ़िया चल रहा है। और सबसे अहम बात यह कि जो साधना है, आपकी एक तपस्या अपने काम को बेहतर ढंग से समाज के आगे लाने की, वह भीतर की जागृति (इनर इवोल्यूशन) पर निर्भर करती है। आपकी चेतना आपके अपने कर्मों के बारे में अक्सर बताती रहती है, राह दिखाती है। जिस कलाकार का ध्यान अपनी चेतना की तरफ नहीं है, तो फिर इन सारी बातों का कोई मतलब नहीं रह जाता।

मिश्र: आपकी बात से एक प्रश्न यह उभरता है कि दर्शकों के साथ जो यह सीधे जुड़ने की बात है– और जो विषय हैं, संवाद है, सिचुयेशन है– जिसमें एक कलाकार पड़कर अपने श्रोता या दर्शक के साथ संवाद करता है, वह कितना प्रासंगिक होगा। क्योंकि आप इस तथ्य की ओर भी इशारा कर रही हैं कि जो चीज़ें आप दिखा रही हैं या वे चीज़ें जो दर्शक देख रहा है, उसमें जितने से उसकी सन्तुष्टि सम्भव है, उतने का ही कला में प्रदर्शन होना चाहिए। मगर क्या आपको नहीं लगता कि बहुत सारी चीज़ें, सम्भावनायें और नयी जमीन ऐसी है जिसको प्रदर्शन में ढाला जा सकता है बिना इस बात का ध्यान किये कि दर्शक इससे अपना कितना जुड़ाव महसूस करेगा? हो सकता है इस अतिरिक्त श्रम से कुछ दर्शक या श्रोतागण अपनी मानसिक तैयारी को थोड़ा व्यापक करके नृत्य के उस आस्वाद तक पहुँच जायें, जिसे कलाकार ने रच दिया है।

सोनल: आपकी बात ठीक है। लेकिन इसके लिए एक सेतु बनाना जरूरी है। दर्शक का उस कान्टेक्स्ट (सन्दर्भ) में जाना जरूरी है, नहीं तो यह होगा कि कला कहीं जायेगी और उसका आस्वाद ग्रहण

करने वाले कहीं और। मान लीजिए मैं अयोध्या के रामायण मेले में कोई कार्यक्रम कर रही हूँ। वहाँ पर मैं रामायण के किसी प्रसंग को न लेकर यम–नचिकेता संवाद या कोई सम–सामयिक प्रसंग उठाती हूँ जिसका दर्शक यहाँ दिल्ली में कमानी ऑडिटोरियम में बैठा है, तो यह तो एक अटपटी बात होगी न। चित्रकूट के मेले और नागौर के मेले में प्रदर्शन से मुम्बई और दिल्ली के थियेटरों में प्रदर्शन में फर्क होगा। यह फर्क यदि मैंने पाटने की कोशिश की, तो बहुत हद तक सफल रहने के बावजूद भी दर्शकों के आस्वाद को वंचित कर दूँगी। मेरे कहने का मतलब इतना है कि किस जगह क्या करना है, जिसके चलते दर्शक आपके साथ एक सूत्र में बँधा रहे– यह जानना बेहद जरूरी है। पहले सेतु बनाओ, जिस पर चलकर आपका सहज दर्शक आपके पास आये, फिर आप उसकी उँगली पकडकर थोड़ा उसे ऊँचा ले जायें और ढेरों प्रयोगों को दिखायें; तभी आपका तादात्म्य दर्शकों से बना रहेगा और आपकी कला की ऊर्जा भी बची रहेगी।

नर्तकी, राणीगुम्फा

मिश्र: क्या आपको लगता है कि कला में खासकर– गायन और नृत्य, इन दो परम्परागत कलाओं से अलग हैं– मूर्तिकला, स्थापत्य, चित्रकला एवं लेखन। इन बाकी की कलाओं में एक प्रकार का एकालाप है। स्वयं से सम्वाद। लेखक है तो वह स्वयं में लिखे जा रहा है। यह अलग बात है कि उसके लिखते समय पाठक उसके साथ नहीं होते, लेकिन बाद में उसके प्रकाशित होने पर एक बड़ा व्यापक समाज उन्हें पढ़ता है। इसी तरह चित्रकार या शिल्पकार की भूमिका होती है, जब वे कुछ अपने एकान्त में रचते हैं। यह सब लोग अदृश्य ही उपस्थित रहते हैं, जबकि एक गायक या नर्तक कभी भी अदृश्य नहीं होता। उसकी अपनी गैदरिंग होती है। उसका दर्शकों के साथ होना हमेशा ही सजीव होता है। हर चीज़ लाइव होती है, जिसका कोई रिकॉर्डेड वर्जन नहीं होता। इस अर्थ में क्या आपको नहीं लगता कि कलाकारों की दुनिया, लेखकों एवं चित्रकारों की दुनिया से थोड़ी भिन्न, ऊँची और कठिन है।

सोनल: नहीं। ऊँची–नीची का कोई सवाल नहीं। कठिन भी, मैं तो नहीं कहूँगी। हाँ अलग है, थोड़ी चित्र–विचित्र है। संगीत से फिर नृत्य

अलग है। नृत्य से अन्य प्रदर्शन कलाएँ अलग। हाँ यह बात सही है कि यह दुनिया सजीव और क्षणभंगुर है। इफीमेरल है। एक तरीके से सिर्फ एक बार घटने वाली कि जो कुछ भी आपने कर दिया, तो कर दिया–बाद में उसका सार संक्षेपण, बयान या परिभाषा सम्भव नहीं। आपका पूरा शरीर समर्पित है और यदि आपकी हस्त–मुद्रा, भाव उस क्षण विशेष के लिए आ गये, तो आ गये नहीं तो वह शब्द चला गया। गाना चला गया। वो गीत, वो ताल, वो नाद, वो क्षण चला गया, फिर वह हमेशा के लिए चला गया। समझने की बात है, मैंने कई बड़े–बड़े गायकों के प्रोग्राम में भी यह देखा है कि यदि गाना चल रहा है और आपकी तान सही नहीं निकली या कि आप फिर से वो तान नहीं मिला पाये, तो संगीत आपको अतिरिक्त सहूलियत देता है उसे दोबारा रचने के लिए। जब तक आपका स्वर ठीक नहीं लगा, तब तक सारंगी वाले ने उठा लिया, तबले वाले ने उठा लिया और आपके संगतकार ने तानपूरे पर उठा लिया। फिर आपने आश्वस्त होकर दुबारा तान ली। इस बार का आपका प्रयास सटीक रहा और राग को सही व्याख्या मिल गयी। पीछे छूट गयी गलत तान का शास्त्रीय गायन में निषेध या नकार नहीं होता। कुल मिलाकर उपजी तान ही गायक की अपनी कला होती है, मगर नृत्य में ऐसा करना बहुत मुश्किल है। यदि आप नृत्य में चूक गये (नृत्य और अभिनय दोनो ही पक्षों में), तो उस क्षण को दुबारा पकड़ पाना लगभग असम्भव है। आप बेताली हो गये तो समझिये कि वहाँ नृत्य की मृत्यु निश्चित है। और अभिनय में भी यदि आपकी अन्दर की दुनिया, आपका अन्दर का ईश्वर बाहर प्रदर्शित नहीं हो पाया, तो आपका अभिनय सशक्त नहीं होगा। अभिनय सशक्त नहीं हुआ, तो आप जो कहना चाह रहे हैं, जो बताना चाह रहे हैं, जो इंगित करना चाह रहे हैं, अभिनय के द्वारा वह नहीं उभर पायेगा। तो दर्शक का मन लुभाना नहीं हो पायेगा। यह कुछ वैसे ही होगा कि आपने एक तीर तो चलाया, मगर वह तीर न दर्शकों को लगा और न उससे कुछ हुआ। नृत्य में यह स्थिति तलवार की धार पर चलने जैसी है क्योंकि नृत्य ही अकेली ऐसी एकमात्र विधा है, कला में जिसका कोई दूसरा उपकरण (इन्स्ट्रूमेन्ट) नहीं होता। यहाँ

शरीर ही आपके पास है, जो कि आपका इन्स्ट्रूमेन्ट बन जाता है। बाकी की कलाओं में मसलन वादन में इन्स्ट्रूमेन्ट अलग–अलग हैं। किसी के हाथ में सितार है, तो कोई सारंगी पकड़े हुए है। गायिकी में गायक के अतिरिक्त कई वादक अपने–अपने वाद्यों के द्वारा मौजूद हैं। मगर नृत्य अकेली ऐसी विधा है, जिसमें दर्शकों के सामने आप अपने पूरे शरीर के साथ उपस्थित हैं। यहाँ पूरा शरीर ही साधन है। और यह शरीर मतलब इन्स्ट्रूमेन्ट को सही रखना, ठीक रखना आपका काम है। जैसे आप एक वाद्य का सुर बाँधते हैं। सितार का कोई तार ठीक करते हैं, तानपूरे की जवारी कसते हैं और तबले की पूड़ी पर बेहतर आवाज़ पाने के लिए उसके बन्ध कसते हैं। इसी तरह एक नृत्यांगना को अपना पूरा शरीर बाँधना पड़ता है, जिससे वह कला की शर्तों पर खरी उतर सके। सुर बाँधने की तरह ही अंगों का बाँधना होता है। बिना इसके कला कहीं और जायेगी, शरीर कहीं और पड़ा मिलेगा। नृत्य की शर्तों पर कसा हुआ शरीर ही सही बोलेगा, तब जाकर उसमें से सुर–ताल, ठेका, छन्द, लय, विन्यास, हस्त–मुद्रा, भाव–भंगिमा ठीक–ठीक निकलेगी। नृत्य का काम क्षणिक है, पानी के बूँद सरीखा। एक बुदबुदा उठा, बुदबुदा बैठ गया और फिर वह पानी में विलीन हो बह गया।

हालाँकि आजकल तो संगीत में सुविधा इतनी ज्यादा हो गयी है कि आप उसके सीडीज, कैसेट्स देखकर आसानी से नृत्य की भंगिमाओं का अध्ययन कर सकते हैं। मगर यह अध्ययन मात्र अपनी कला या किसी दूसरे कलाकार की बेहतर अदायगी को देखकर समझने का जतन भर ही होगा। प्रत्यक्ष नृत्य, जो आपसे छूट गया, तो उसका न देखा जा सकना एक बड़ी हानि है दर्शक या कलाकार के लिए। नृत्य का जो सत्व है, वह छूट जाने पर आप उसके पीछे भागकर भी पकड़ नहीं सकते।

मिश्र: नृत्य का आस्वाद नहीं पकड़ सकते...

सोनल: जी। नृत्य का आस्वाद हमेशा नर्तक के साथ बने रहने के कारण ही सम्भव हो सकता है। आप देखिये कि शिव को हमारी परम्परा

में नटराज कहा गया है। उन्हें 'गीतराज', 'कविराज' या 'चित्रराज' नहीं कहा गया। जब हम भारतीय नृत्य की बात करते हैं, तो यह बात अपने में खासी महत्त्वपूर्ण हो जाती है कि हमारा शरीर उस पूरी कला के लिए एक उपकरण बन जाता है, जिस पर नृत्य होता है और जो नृत्य लीला के समय मन्दिर से लेकर पूरा ब्रह्माण्ड तक मान लिया जाता है। और इस प्रक्रिया में शरीर के साथ मन जुड़ जाता है, कहते हैं– ***'यतो हस्तः ततो दृष्टि, यतो दृष्टि ततो मनः, यतो मनः ततो भावः, यतो भावः ततो रसः। रसो वै सः।'*** यहाँ तक पहुँचना है। यहाँ तक पहुँचने के लिए आपको पूरा एक सूत्र बता दिया गया है कि यदि आपका अंग हिलेगा, तो वह तब हिलेगा, जब मन उसका संचालन करेगा। मन शरीर दोनों एक होगें और मन जब तक आपका सौष्ठव में नहीं हुआ, तब तक आपका सौष्ठवपूर्ण शरीर भी कोई भाव जागृत नहीं कर पायेगा।

कहने का आशय है कि आपका मन, शरीर को आज्ञा देता है और उस शरीर में जो भाव उठते हैं, उसकी परिणति 'रस' में होती है। सामने बैठे दर्शक को यही रसानुभूति होती है। दर्शक के रसास्वादन से लेकर पुनः अपने शरीर को उपकरण बनाकर उसे एक चक्र देने की क्रिया ही, नृत्य की प्रक्रिया है। इस चक्र में दर्शकों को भाँति–भाँति के रसों से अभिषिक्त करने के काम में ऋग्वेद से लेकर आधुनिकतम काव्य तक लिये जा सकते हैं। इन्हें हम लेते भी रहे हैं। नृत्य का साहित्य से जुड़ाव पुराने काल से रहा है। साहित्य के अलावा इसमें वादन और गायन दोनों प्रमुखता से मौजूद रहे हैं। वाद्य यन्त्र बजते हैं और गायन के द्वारा नृत्य के शब्द–बोल कहे जाते हैं। तो शब्दों का पूरा भावानुकरण है नृत्य में। इसकी कई परतें हैं और वह बहुत ज्यादा हैं। भावानुकरण भी इतनी चीज़ों के द्वारा होता है कि आप दुविधा में पड़ जायें। अब जैसे कि भौंहों का चालन है, नयनों का चालन है। आपके मुँह का, कदमों का। आपकी ग्रीवा का चालन है। आपकी पीठ का, दोनों हाथों का, हर एक उँगली का चालन है। आपकी कमर कहाँ लचकेगी, आपका वक्ष किस तरफ जायेगा– इन सब बातों का एक नर्तक को ध्यान रखना पड़ता है। जैसे ओडिसी में अकेले वक्ष का ही संचालन आपको दूर तक करना पड़ता

है। यहाँ वक्ष को जिस तरह मूव किया जायेगा, वह अन्य नृत्यों से भिन्न होगा। जैसे कृष्ण की मूर्ति को दर्शाने की भंगिमा करनी है, तो इस बात का परम्परा से ही ध्यान रखना होगा कि कृष्ण किस तरह से हमारे मनोमानस में प्रदर्शित हैं। अगर आपने कृष्ण को सीधा–सीधा डेपिक्ट कर दिया, तब तो वह कृष्ण ही नहीं हैं। कृष्ण तो किसी भी क्षण, किसी भी रूप में 'त्रिभंगी' ही दर्शाये जायेगें। नृत्य में भी कृष्ण की संरचना त्रिभंगी होगी। और इस उपक्रम में दिमाग में तुरन्त यह बात बैठानी होगी कि किस वक्त शरीर का कौन सा अंग, कहाँ मूव करेगा, जिससे कि दर्शकों को त्रिभंगी प्रतिमा के दर्शन हो सकें। घुटना कहाँ जायेगा, पैर किस तरह खड़े रहेंगे, पाँव ऐड़ी पर किस तरह अपना आकार लेगा– यह सब नृत्य की दुनिया में जाकर ही समझा जा सकता है। अभिनय में भी ये सारी बातें चलती हैं। और उसी का नृत्य में प्रदर्शन होता है। एक प्रकार से हम कह सकते हैं कि नृत्य में एक साथ, इतनी दिशाओं से, इतनी सारी बातें जुड़ जाती हैं कि आप पूरे दृश्य को उसके बगैर ठीक तरह समझ नहीं सकते हैं।

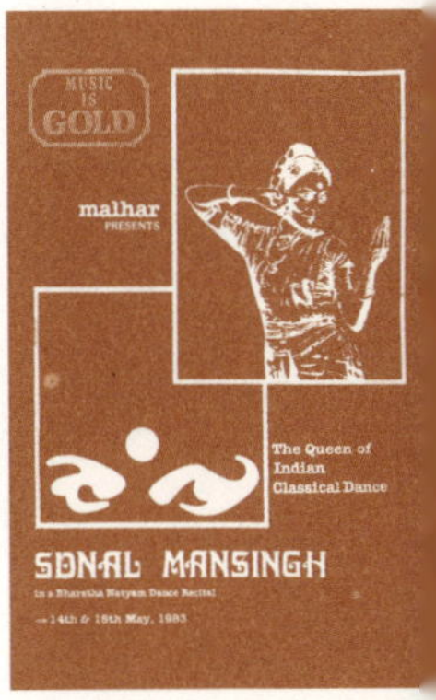

नृत्य के साथ एक बात और समझने की है कि कल्पना का स्वैर विहार किस तरह यहाँ खुलकर व्यक्त हो सकता है। मैं अपने नृत्य की बात करती हूँ। मै ज्यादातर नृत्य के लिए साहित्य का चयन स्वयं करती हूँ और अक्सर विद्वानों से उसके बारे में ढ़ेरों प्रश्न भी करती हूँ। इस वजह से मेरा चयन सही हो जाता है और उस चयन के बाद उसके सही पठन और चिन्तन पर विशेष ध्यान देती हूँ। जब तक आप किसी टेक्राट से उसका सही अर्थ निकाल न लें, तब तक उसके ऊपर कम्पोजिंग (विन्यास) नहीं करनी चाहिए। अक्सर कुछ पदों और साहित्य के राग और ताल नहीं दिये रहते। तब कलाकार की चुनौती और भी बढ़ जाती है कि वह उस रचना के अनुकूल सही राग और सही ताल का निर्धारण कर सके। और वह राग, ताल, पद, संगीत एवं अन्यान्य चीज़ें इस तरह आपके अन्दर घुलनी चाहिए कि एकाएक लगे कि इससे प्रासंगिक और श्रेष्ठ कोई दूसरी अन्विति कला के लिए नहीं है। यह घुलना मेंहदी की तरह होना चाहिए हथेली पर मेंहदी घुलकर जिस तरह अपना रंग दर्शाती

है। तो यह सारी चीज़ें, जो मंच पर प्रदर्शित होने के पहले की हैं, उसकी एक प्रक्रिया है। इससे गुजरकर ही एक बेहतर कला के दर्शन हो सकते हैं। इस प्रक्रिया में साहित्य, संगीत, चित्रकला, मूर्तिकला सभी कुछ है।

साक्षात् नृत्यांगना ही एक समय में चित्र बन जाती है और दूसरे क्षण एक मूर्ति। ए टाइप ऑफ मोबाइल पेन्टिंग। (एक तरह से चलता–फिरता चित्र)। ए टाइप ऑफ मोबाइल स्क्लपचर (एक तरह से चलता–फिरता स्थापत्य)। इसके बाद और भी बहुत सारी चीज़ें हैं, जो नृत्य को दृश्य में बदल देती हैं। मसलन हमारा जो पहनावा है। हमारे आभूषण और हमारा ऊपर से नीचे तक का शृंगार। कुण्डल कैसे हैं। हार किस तरह पहना है। हर एक गहने के अलग–अलग नाम हैं। वलय है, मणिवलय है। कटिमेखला है, नुपूर हैं। तो आप यह समझें कि भारतीय संस्कृति की एक जीवन्त मूर्ति आपके सामने आ गयी है। आप इसे ***'रसो वै स:'*** कहें या ***'सत्यम शिवम् सुन्दरम'***, नृत्य में सब कुछ परिभाषित होता रहता है। नृत्य हमारे यहाँ शाश्वत काल से चली आ रही अनेक धारणाओं को पूरे वैभव के साथ उजागर करता है। यह एक बहुत बड़ी बात है, जिसे आज के नये लोग समझ नहीं पा रहे हैं। हमारी परम्परा में नृत्य को क्यों इतना प्रधान स्थान दिया गया, इस पर ठहरकर सोचने की जरूरत है।

वाग्देवी

हमारे यहाँ शिव के ताण्डव की अवधारणा भी बेहद प्रभावी है। शिव नटराज हैं, वह ताण्डव करते हैं, कैलास के ऊपर। और हमारी महादेवी, उस नृत्य को देखती हैं। वह नृत्य–साम्राज्ञी हैं और ताण्डव की एकल प्रेक्षिका हैं। वह अकेले ही शिव का ताण्डव देखती हैं। कहते हैं– ***'लज्जा रम्भारी वन्दिता, रमा वाणी सेविता'***। एक तरफ सरस्वती वीणा बजा रही हैं, दूसरी तरफ लक्ष्मी चँवर डुला रही हैं। बीच में स्थित महादेवी दुर्गा नृत्य कर रही हैं। अब यह सारी जो भव्य कल्पनाएँ हैं, वह नृत्य से ही सम्बन्धित हैं। श्रीमदभागवत् में आप देखिये, जो रासलीला का वर्णन है– वह हर जगह निरन्तर चल रही है। आज तो बहुत सारे वैज्ञानिकों ने भी मान लिया है कि विश्व में या कि ब्रह्माण्ड में कोई ऐसा ज्ञात स्थान नहीं है, जो खाली हो। जहाँ खाली होने का भ्रम है, वहाँ भी अणु और

परमाणु की गतियाँ चल रही हैं। आप यदि शरीर का उदाहरण लें, तो पायेंगे कि यहाँ भी रक्त की रासलीला चल रही है, ऊपर से नीचे और नीचे से ऊपर की ओर। यदि आप हृदय को कृष्ण मान लें, तो देखेंगें कि आपकी जो साँस है; वह निरन्तर नृत्य कर रही है और पूरा नृत्य प्रवाह हृदय से परिशुद्ध होता हुआ अपनी गतियों में पूरे शरीर के चारों ओर आ–जा रहा है। यह जो सूक्ष्म से विराट् तक की यात्रा है, वही कलाओं में है। वही हमारी परम्परा और संस्कृति है। वही हमारा शरीर है। हमारे आपके साँसों में जो गतियाँ हैं, उससे प्राणायाम इसीलिये करवाते हैं, जिससे इस प्राण शक्ति को बूँद–बूँद ऊर्जा में परिवर्तित किया जा सके। आपके सन्तुलित और स्वस्थ साँस से ही शरीर नामक यन्त्र चलेगा, खून का दौरा होगा और यही दौरा शरीर की रासलीला है। यह दौरा या साँसों का उतार–चढ़ाव अगर बेताला हो गया, तो लीला गड़बड़ायेगी और हम लोग कहेंगे कि अमुक व्यक्ति बीमार हो गया। रासलीला में पैर ठिठकना नहीं चाहिए। पैर रूक गये, यात्रा अवरूद्ध हो गयी, तब रासलीला समाप्त और शरीर मर जायेगा। लीला के लिए, जीवन के लिए और नृत्य के लिए निरन्तरता और गति आवश्यक है।

मिश्र: आपने शरीर की संरचना और नृत्य को रासलीला के रूपक में अच्छा बाँधा है।

सोनल: यह तो है ही। मेरा कहने का भाव बस इतना ही है कि जीवन के प्रवाह की तरह ही कलाओं और नृत्य के जीवन को देखना चाहिए। विष्णुधर्मोत्तर की आपने एक कहानी सुनी होगी। विष्णु वर्मा नाम के राजा थे। वह अपने समय के कला पारखी और रस मर्मज्ञ माने जाते थे। उनके राज्य में एक बार शोर हुआ कि एक बहुत बड़े महात्मा आये हैं। राजा ने सुना तो उत्सुकतावश उनसे मिलने गये। महात्मा से मिलकर उनके मन में एकाएक विचार आया और पूछ बैठे कि महाराज मुझे मोक्ष का मार्ग बताइये। महात्मा ने सुना तो कहा कि क्या तू कोई कला जानता है। तब राजा ने कहा कि नहीं मैं उसका आस्वादक तो हूँ, मगर प्रत्यक्षतः नहीं जानता। तब उन्होंने कहा कि तू जा और पहले चित्रकला सीख, फिर मेरे पास आना। राजा बारह वर्षों तक चित्रकला सीखते

रहे और लौटकर जब आये, तब एक बहुत सुन्दर तस्वीर बनाकर उस महात्मा को अर्पित की। महात्मा ने कहा कि बहुत सुन्दर है। राजा बोले, अब मुझे वह महामंत्र बताइये। महात्मा ने कहा कि अब जाओ और मूर्तिकला सीखकर आओ। इस बार राजा फिर कुछ वर्षों बाद लौटे और एक अद्भुत मूर्ति उन्होंने महात्मा के चरणों में रख दी। राजा ने अधीर होकर कहा– गुरुजी अब बताइये मोक्ष का मार्ग। महात्मा बोले, तुम्हे संगीत सुनना आता है। कोई वाद्य–यन्त्र बजाते हो? कोई गीत गाते हो? राजा के निरूत्तर रहने पर उन्होंने आदेश दिया कि जाओ कुछ गाना या बजाना सीखकर आओ। बारह वर्षों बाद विष्णु वर्मा पुनः लौटे और उन्होंने वाद्ययन्त्र बजाकर थाप और ताल देते हुए सुन्दर पद गाया। फिर विनम्रतापूर्वक बोले कि महाराज अब तो कृपा करें और मोक्ष के रास्ते पर ले चलें। महात्मा इस बार उनसे बोले कि उठो और नृत्य करो। विष्णु वर्मा परेशान हो गये और कहने लगे मुझे नृत्य करना नहीं आता। महात्मा ने उनका ढाँढ़स बँधाते हुए कहा जाओ और नृत्य सीखकर मेरे पास आना। इस बार, बारह वर्ष बिताने के बाद जब राजा नृत्य सीखकर लौटे, तो साष्टांग महात्मा के चरणों पर लेट गये। उनके मन में कोई प्रश्न नहीं बचा। कलाओं की वर्षों तक गुजारी हुयी यात्रा में उनका मोक्ष पाने का भाव सन्तुष्ट हो गया। यह सिर्फ कहानी नहीं है। कला के जीवन में, हर कलाकार की प्रत्येक दिन एक नयी यात्रा शुरू होती है। वह विष्णु वर्मा की तरह है, जिसका जीवन हर नये दिन एक नयी त्वरा और नयी खोज के साथ आरम्भ होता है।

मिश्र: बिल्कुल नृत्य की तरह, अन्य कलाओं के स्थापत्य की तरह।

सोनल: यह अनुभव की बात है। विष्णुधर्मोत्तर आदि तो सिर्फ साधन हैं, उस अनुभूति को समझ पाने के उपकरण। जिसके ऊपर ईश्वर और गुरु की कृपा है, वह इस यात्रा में शामिल हो जाता है और उस विराट अनुभव को स्वानुभव बना लेता है।

मिश्र: ओडिसी और भरतनाट्यम को यह मकबूलियत हासिल है कि वहाँ जीवन के अन्यान्य प्रसंगों का चित्रण बेहद कुशलता से किया जाता है।

मसलन— प्रेम, ईर्ष्या, भय, क्रोध, विस्मय, श्रृंगार, वात्सल्य आदि। जीवन से अलग हटकर कुछ मान्यताएँ व शास्त्रीय पद ऐसे हैं, जिनका कलाओं में जिक्र तो बार–बार आता है, नृत्य विधायें इनसे स्वयं को अछूता नहीं मानतीं। फिर भी सहृदय या दर्शक को ऐसे पदों की अभिव्यक्ति लगभग नहीं दिखायी जाती। जैसे मोक्ष की दशा, कैवल्य की स्थिति, सोऽहम् की परिणति, पारलौकिक आनन्द की सीमा एवं अतीन्द्रीय सुख का बोध। ये सारे पद कला और कला की व्याख्या में खूब प्रयोग होते हैं। मगर यदि आप इनका प्रदर्शन करें, तो कौन से अंगहारों से इन्हें प्रदर्शित करेंगीं? वह कौन सी तकनीकी होगी, जो यह दर्शायेगी कि दर्शक मान लें कि हमें जो दिखाया जा रहा है— वह मोक्ष या कैवल्य है?

सोनल: हँसती हैं। (बहुत देर तक हँसती रहती हैं)।

मिश्र: आप हँस क्यों रही हैं?

सोनल: हँस इसलिये रही हूँ कि सवाल अच्छा नहीं है।

मिश्र: चलिए ठीक है, आप यही बोलिये कि सवाल खराब है। आप अपने तर्क दीजिए। भला क्यूँ खराब हुआ यह सवाल?

सोनल: (हँसते हुए) मेरा कहने का मतलब यह है कि खराब की कोई बात नहीं। सवाल ही अच्छा नहीं है। अच्छे से मेरा मतलब, मेरे अपने अनुभव क्षेत्र और नृत्य के किसी बिन्दु पर बात करना। अब यह बड़ी चालू सी बात है और मुझे हँसी इसलिये आ रही है कि मोक्ष–कैवल्य तक कहाँ मैं पहुँची हूँ, जो आपको बताऊँ? अब आप ही बताइये, कोई कलाकार, नृत्यांगना, लेखक, आपका मित्र या पड़ोसी यह दावा कर सकता है कि उसने मोक्ष को भोगा है। यह तो अवस्थाएँ हैं, जैसा कि हम अपनी परम्परा और शास्त्र ज्ञान के आधार पर मानते चले आये हैं। वह दिखायी कैसे जा सकती हैं? मेरे गुरु ने इतना देवत्त्व नहीं पाया कि वह यह अनुभव करते कि मोक्ष की दशा इस तरह होती है, और वह मुझे हू–ब–हू वैसा सिखाते। यह स्थितियाँ जो हमारे अपने अनुभव में ही नहीं हैं, उनका कला में प्रदर्शन कैसे होगा— मैं नहीं जानती।

हाँ, मगर आप जिस अतीन्द्रिय आनन्द और पारलौकिक सुख की बात कर रहे हैं, वह जरूर एक हद तक कला की दृष्टि से सोची जा सकती है। इन सब का प्रदर्शन भी रसास्वादन के स्तर पर विचार के काबिल हो सकता है। मैं आपको अपनी एक बात बताऊँ। इस बात को बारह–पन्द्रह वर्ष हो गये होंगे, जब पहली बार मुझे 'दशमहाविद्या' करने का विचार आया। मुझे लगा कि मेरे भीतर की प्रेरणा या भगवती मुझे स्वयं प्रेरित कर रही हैं कि तुम महाविद्याओं पर नृत्य करो। पहली बार जब कमानी में प्रस्तुति हुई, वह दिन आज भी मुझे याद है। आप बंकिम जी से पूछियेगा (नृत्य समूह के मुख्य गायक) कि क्या वातावरण उस दिन स्वतः ही बन गया था। मेरे कुछ मित्र बताते हैं कि दशमहाविद्या की प्रस्तुति के दौरान ढेरों लोगों की आँखों से आँसू बह रहे थे। मेरी एक मित्र शुचि बता रही थी कि उसे एकाएक महसूस हुआ कि उसकी मेरुदण्ड में अचानक झुरझुरी हुई है। पूरा कमानी खचाखच भरा हुआ था। मैं नृत्य करते वक्त यह पूरी तरह महसूस कर रही थी कि ऐसा सन्नाटा था, जिसे आप आसानी से चाकू से काट सकें। मेरे लाइटीशियन हरीश जैन जी मुझे बाद में बता रहे थे कि एक पल के लिए उन्हें लगा कि जैसे वो वहाँ हैं ही नहीं। जब मेरा नृत्य खत्म हुआ और ओमकार ध्वनि उच्चारित की गयी, तो पूरा कार्यक्रम समाप्त होने के पन्द्रह–बीस सेकेण्ड बाद तक कोई हिला नहीं, कोई ताली, कहीं कुछ नहीं। हरीश जैन ऐसे अभिभूत हो गये थे कि उन्होंने लाइट पाँच–सात सेकेण्ड बाद ही बन्द की। तानपूरा जब रूका और करीब आधा मिनट का समय बीता होगा, तब ओडियन्स में से तालियों की ध्वनि सुनाई दी। बाद में अधिकांश लोगों ने मुझे बताया कि वह समझ नहीं पाये कि ऐसा क्या हो गया कि वे सब कुछ देर के लिए स्तब्ध रह गये और ट्रांस (तुरीयावस्था) में चले गये। मेरा कहने का मतलब यह है कि ऐसा आनन्द, अतीन्द्रिय सुख महसूस करने के लिये यह भी देखना होगा कि उसका रेसीपियेन्ट (प्राप्त करने वाला) कौन है? आपने किस अवस्था में, कौन–सी मनोदशा में क्या बेहतर प्रदर्शित किया है कि दर्शकों को दो–चार सेकेण्ड के लिए ही आप उनकी भौतिक स्थिति से ऊपर उठा ले गये। और एक बात यहाँ यह भी गौर करने लायक है कि कोई भी कलाकार अपनी कला के

प्रदर्शन के पूर्व यह नहीं जानता होता कि वह जो कुछ करने जा रहा है, वह चीज़ कैसी बनेगी। अगर इस चीज़ पर हमारा वश चलता होता, तो हर एक छोटी–बड़ी प्रस्तुति में यह अपूर्व आनन्द रचा जा सकता है।

मिश्र : आपकी बात एक हद तक उचित भी है कि मोक्ष, कैवल्य या आनन्द को समझाया नहीं जा सकता और उसका गुण ग्रहण भी पात्रता के अनुरूप होता है।

सोनल : देखिये मोक्ष और कैवल्य तो अनुमान की दुनिया पर आधारित हैं। यह Sementics (निरुक्त) की बातें हैं। हाँ, सुख और आनन्द को अधिकतम स्तर तक महसूस किया जा सकता है। उसके लिए जद्दोजहद हो सकती है। और उसकी स्वानुभूति भी कलाकार के द्वारा सम्भव है। रही बात इन परिकल्पनाओं की, तो मैं तो यही उम्मीद करती हूँ कि कभी कला में विचरते हुए मेरा मोक्ष मुझे नसीब होगा। विभिन्न सम्प्रदायों के भक्तों को देखिए। वहाँ ज्ञान और भक्ति का मार्ग अलग–अलग है। ढेरों सम्प्रदाय हैं। नामदेव का वारकरी सम्प्रदाय है, चैतन्य का गौड़ीय और वल्लभाचार्य का पुष्टिमार्ग। मगर कहीं भी मोक्ष की महागाथा नहीं है। वहाँ, हर जगह तो यही माँगा गया है कि हे ईश्वर हमें तो जन्मों–जन्मान्तरों तक तपस्या, साधना और आराधना का वरदान दीजिए। वहाँ सेवा–भाव, सखा–भाव और दास–भाव मुख्य साधन हैं। कैवल्य की चाह की चर्चा कम से कम मेरे देखे नहीं आयी। मेरे लिए कैवल्य ज्ञान की दशा हो सकती है। अपनी कला में सम्पूर्णता को पाने की ललक कैवल्य की परिभाषा में आ सकता है। और संसार में, भक्ति और अन्य सोपानों में कुछ पाने से पहले तो भक्त के पास या शिष्य के पास सिर्फ मूर्खता ही रहती है। इस मूर्खता का लोप कुछ सीखने में होता है। इसी मूर्खता के कारण दुःख आता है, जो जन्म और मरण की दुनिया में फैला हुआ है।

फिर भी मैं इतना जरूर कहूँगी कि भगवती सबको अपनी–अपनी पात्रता के अनुरूप देती हैं। किसी की किसी से कोई स्पर्धा या तुलना जैसी कोई बात नहीं होती। सोनल मानसिंह का भीतरी आकार जितना बड़ा होगा, कला की उतनी दुनिया ही उसमें समायेगी, उससे ज्यादा नहीं।

हाँ आलसी और घमण्डी होने पर कम भले ही हो सकती है। मैं सारे धर्म ध्वजाधारकों से विनम्रतापूर्वक पूछना चाहती हूँ कि उन्हें किसने यह अधिकार दे दिया है, जो वे यह कहते–फिरते हैं कि उन्होंने मोक्ष को पा लिया है। केवल सफेद या भगवा पहन लेने से अगर आदमी को सही का ज्ञान हो जाये, तब तो इस पूरी दुनिया से बाकी के रंग ही खत्म हो जायेगें। किसने आपको यह समझा दिया है कि आप में देवत्त्व का वास है और आप सामान्य प्राणी से ऊपर हैं। यदि आप गौर से हिन्दुओं के महामण्डलेश्वरों, आचार्यों, तीर्थस्वामियों, गिरिआनन्दों की सभाओं की ओर देखें या चर्च के आर्कबिशप, कॉर्डिनल्स की ओर नज़रें दौड़ायें या फिर किसी मौलवी और मुल्ला की महफिल में जायें, तो वहाँ एक भी स्त्री आपको नहीं दिखेगी। यह कैसी विचित्रता है। यह अधिकार कि हमें सारे ज्ञान हासिल हैं, हम स्त्रियों से परे हैं और हमसे होकर गुजरना ईश्वर से मिलना है– सब बेकार की बातें हैं। इनकी एक मुट्ठी में मोक्ष और दूसरी मुट्ठी में कैवल्य है– ऐसे लोगों को मैं अज्ञानी मानती हूँ और उन्हें समझ नहीं पाती हूँ।

संगीतकारों का दरबार, राणीगुम्फा

यदि कुछ है, तो यह सृष्टि है। यह धरती लगातार चक्कर लगा रही है। नटराज शिव हैं। इट्स ऑल कॉन्सटेन्ट मोशन, कॉन्सटेन्ट डॉन्स, कॉन्सटेन्ट मूवमेन्ट, कॉन्सटेन्ट प्लेजर। (यह सब कुछ निरन्तर गति, निरन्तर नृत्य, निरन्तर चाल, निरन्तर आनन्द है) कोई चीज़ स्थिर नहीं है। हम हैं, बैठते हैं, खाते हैं, पीते हैं, चलते हैं सब कुछ वेग में है। सोते समय भी हमारी इन्द्रियाँ, नाड़ी, धमनियाँ, रक्त एवं साँसे चलती रहती हैं। हममें से किसी नृत्यांगना, गायक, चित्रकार, को कुछ भी ठहरा हुआ हासिल नहीं है। नृत्यांगना नृत्य कर रही है और यही उसका सत्य है। गायक गा रहा है और बस गाकर ही अमरत्व को प्राप्त होगा। इसी तरह चित्रकार और बाकी लोग हैं। यह जो अध्यात्म भाव है, वह सब अपने भीतर ही निहित है। जब आपने कैवल्य और मोक्ष की बात पूछी, तब मैने जानबूझकर यहाँ उन धार्मिक नेताओं की बात उठायी, जो बात–बात में पन्नों भर–भरकर अमर होने का विवरण देते रहते हैं। क्या मतलब है? जो पहुँच गया उस स्थिति तक, उसके लिए मुमुक्षत्व का कोई भाव

फिर व्याख्या करने योग्य नहीं रहता। मेरे गुरु थे स्वर्गीय पं. केलुचरण महापात्र। बालासरस्वती थीं। एम.एस. सुब्बुलक्ष्मी और गाँधीजी। इन सब का होना किसी देवता से कम नहीं था। मगर आप बताइये? इनमें से किसी ने इस बात का दावा किया कि उसने ईश्वर को पा लिया है। यह एक आत्मिक अनुभव है, जो कहे जाने से बढ़कर है।

मिश्र: बढ़िया बात है। गाँधी जी और एम.एस. सुब्बुलक्ष्मी के हवाले से आपने एक बेहतर और सार्थक बात कही है।

सोनल: मेरे कहने के आशय से आप सहमत हो रहे हैं, यह सुनकर अच्छा लग रहा है। मैं कोई धर्म विरोधी, संस्कृति विरोधी कलाकार नहीं हूँ। पर मुझे उस समय भारी खीझ होती है, जब मुझे पता लगता है कि धर्म के नाम पर शास्त्रों और ग्रन्थों में वर्णित परिकल्पनाओं को आजकल के धर्मगुरु जहाँ–तहाँ थोपते रहते हैं, जिसकी कोई प्रत्यक्ष जानकारी या अनुभव उन्हें नहीं है।

मिश्र: आपकी बात बिल्कुल सही है। आपने इस अर्थ में जो कुछ कहा उससे एक कलाकार ही नहीं, साधारण पढ़ा–लिखा इन्सान भी बखूबी वाकिफ है। मैनें मोक्ष और कैवल्य जैसी परिकल्पनाओं की बात भी इस कारण उठायी क्योंकि अधिकांश संगीतज्ञ एवं नृत्य के लोग अपनी कला–साधना में इसको प्रमुखता से तरजीह देते रहे हैं। वे अक्सर मेटाफिजिकल सैटीस्फेक्शन की बात करते हैं।

चलिए इस बात से आगे बढ़ते हैं....

नृत्य के सन्दर्भ में एक और चीज़ है, जो संगीत से जोड़कर देखने पर खासी विरोधाभासी लगती है। यह बात मैं भारत के लोक–संगीत को ध्यान में रखकर कह रहा हूँ। यहाँ का लोक–संगीत विविधवर्णी रहा है और अधिकांश अंचलों में प्रयोग होने वाली इसकी लोकधुनों का शास्त्रीय गायकों ने गम्भीरता से इस्तेमाल किया है। सिनेमा में भी लोक–धुनें हमेशा से ही मौजूद रही हैं, यह अलग बात है कि वहाँ ज्यादातर उनका विकृत उपयोग ही हो सका है। मगर नृत्य प्रदर्शनों में

लोक–संगीत लगभग खारिज रहा है या नदारद पाया जाता है। इसके पीछे क्या कारण हो सकता है?

सोनल : यह कहीं हमसे एक बड़ी चूक हो रही है, जो हमारी समझ में इस बात को नहीं ला पा रही कि शास्त्रीय–संगीत और लोक–संगीत में कोई अन्तर है। नाट्यशास्त्र में तो लोक–संगीत और शास्त्रीय–संगीत तथा लोक–नृत्य एवं शास्त्रीय–नृत्य एक साथ ही कवर हो चुका है और वह भी एक ही छप्पर के नीचे। मार्गी और देशी। और जैसे कि यह जो लोक–धर्मी, नाट्य–धर्मी वृत्ति है, यह एक वेणी की तरह आपस में गूँधी जाती है। दोनों जब मिलेंगे, तब जाकर एक सही संरचना होगी। लोकधर्मी और नाट्यधर्मी का मतलब आप समझते ही हैं। संगीत में यदि कुमार गन्धर्व मालवा की लोकधुनों को ले आये या भीमसेन जोशी ने अभंग वगैरह गाकर मराठी नाट्य संगीत को अपनी गायकी का एक प्रमुख आधार बनाया और पं. रविशंकर एवं उनके पहले के गुरुओं ने भटीयाली या पहाड़ी धुनें बजायीं, इन सब को आप क्या कहेंगे? क्या इनका संगीत शास्त्रीय संगीत नहीं माना जायेगा या इनके प्रयोगों को हम लोकधर्मी–वृत्ति से खारिज़ कर देंगे? यह जो एक सीमा–रेखा बनायी जाती है। एक गहरा निशान हमारे लोक और शास्त्र के बीच खींचा गया है, वह तो हमारी परम्परा में कभी मान्य ही नहीं रहा। हमें यह देखना होगा कि शास्त्र बना कैसे? उस वक्त जो प्रचलित आर्ट फार्म्स रहे होंगे, उनको देखकर ही शास्त्र रचा गया होगा। ऐसा नहीं है कि पहले शास्त्र लिख लिया गया, बाद में कलायें शुरू हुयीं। ऐसा तो हरगिज ही नहीं हुआ होगा। मन्दिर में बाहर अलंकरणों पर जो मूर्तिकला के नमूने अंकित किये गये होंगे, वह जब उनके उत्सवों में चलती हुई कला विधाओं को देखा गया होगा, तब ही उनको वहाँ से अंकन का आधार मिला होगा। यह नहीं कि पहले मन्दिर बने होंगे, उनके अलंकरणों पर मूर्तियाँ रच दी गयीं होगीं। और बाद में एक नृत्यांगना उन मूर्तियों को देख–देखकर नृत्य करना सीखी होगी।

अब हम यदि ओडिसी की ही बात करें, तो यह एक दिन में बन गयी विधा नहीं है। सन् 1959 में जब ओडिसी के लिए एक महत्त्वपूर्ण

'जयन्तिका' (विद्वानों एवं कला गुरुओं की एक बड़ी सभा, जिसमें कला और शास्त्र के विभिन्न पक्षों पर चर्चा होती थी) बैठी, तब उसमें इतने सारे श्रेष्ठ कला–गुरु लोग सम्मिलित हुए कि ओडिसी को किस तरह की दिशा दें। नृत्य का क्या फॉर्म लिया जाये, कौन सी मुद्रायें पारम्परिक ढंग से रखी जायें एवं कितना नव–प्रवर्तन हो– इस सब के विचार से वह 'जयन्तिका' बेहद महत्त्वपूर्ण मानी जाती है। उस समय महत्त्वपूर्ण कला–गुरु देबप्रसाद दास थे। वे गोटीपुअ थे। एक अखाड़ा पिला। उस समय कोई सखी नाच करता था पंजाब में, तो कोई गोटीपुअ विजयनगर राज्य में नृत्य करता था।

एक गोटीपुअ, अभिनय करते हुए

मिश्र: 'गोटीपुअ' एवं 'अखाड़ापिला' से आपका मतलब....

सोनल: मैं समझाती हूँ। यह मैं करीब दो सौ साल पहले की बात कर रही हूँ। उस समय जब हमारे समाज में ढेरों उथल–पुथल होना शुरू हुआ और देवदासी, राजदासी, सामान्यदासी एवं अलंकारदासी– ये सारी जो नृत्य करने वाली महिलाएँ थीं, उन पर अत्याचार और अपहरण जैसा जो कुछ भी हुआ होगा। तब उन कारणों से वे सब अपने–अपने घरों में दुबक गयीं। मन्दिरों से उनका नाता टूट गया। यह समय ऐसा था, जब रेडियो, टी.वी., सिनेमा जैसे साधन उपलब्ध नहीं थे। उस समय राय रामानन्द, जो दक्षिण में पुरी के महाराजा के मन्त्री थे, उन्हें एक विचार सूझा। यह शब्द 'अखाड़ा पिला' उसी समय से आया है। अखाड़ों में जो लड़के बचपन से रहते हैं। वहाँ दिनभर कुश्ती और दंगलों के लिए तैयार किये जाने के समय उनको ढेरों शारीरिक अभ्यास कराये जाते हैं। ऐसे में उनका शरीर सबल और अपने कायिक गठन में आकर्षक हो जाता है। राय रामानन्द को यह लगा कि यदि इन लड़कों को ही इन मन्दिरों एवं राजदरबारों में होने वाले नृत्यों के लिए विधिवत प्रशिक्षण देकर तैयार किया जाये, तो यह परम्परा बचायी जा सकती है। तब उस समय से उन बच्चों का चुनाव शुरू हुआ और यह ध्यान में रखा गया कि वे लड़के जो चुने जायें, उनकी न तो दाढ़ी आयी हो न ही उनकी आवाज़ उम्र के साथ फटी हो। उनके बाल लम्बे रखाये जाने लगे। इस तरह किशोरावस्था में एक युवती का आभास कराने वाले

ऐसे लड़कों की उनके अखाड़ों में नृत्य की तैयारी शुरू करवाई गयी। उन्हें शुरू–शुरू में उड़िया के सुन्दर पद, भजन, गाने वगैरह सिखाये गये। कुछ हल्की–फुल्की हस्तमुद्रायें, जो लोकधर्मी परम्परा में आती हैं, सिखायी जाने लगीं। फिर उनके केशों की वेणी बाँधकर, फूल लगाकर, चन्दन, तिलक वगैरह से सजाकर एक लड़की की वेशभूषा पहनाकर नचवाया जाता था। ये लोग राजा या जमींदार के घर कोई उत्सव है, उसमें जाते थे। किसी के यहाँ उपनयन है, तो ये लड़के वहाँ जाकर गाते थे। तो यह लड़की वेश में उनका नृत्य करना इस परम्परा को बचा ले गया। इन्हें ही 'गोटीपुअ' कहते थे। 'गोटी' मतलब 'एक', 'पुअ' यानी 'लड़का' अर्थात् एक लड़के का नृत्य। यही 'अखाड़ा–पिला' परम्परा थी, क्योंकि मतलब उनकी ट्रेंड बॉडी वहीं अखाड़ों से निकलकर आती थी। देबप्रसाद दास गोटीपुअ थे और ये ही इन्द्राणी रहमान के गुरु भी थे। तो यह परम्परा बनने में इन अखाड़ा पिला गुरुओं की बड़ी भूमिका है क्योंकि बाद में ये सब हमारी परम्परा में बड़े कला गुरु, नृत्य गुरु साबित हुए हैं।

रंगमहल की नायिका, पटना म्यूजियम

मिश्र: इसका मतलब यह हुआ कि मार्गी ओर देशी कलाओं के विकास में, खासकर नृत्य के सन्दर्भ में इन शुरूआती गुरुओं (गोटीपुअ एवं अखाड़ापिला) का योगदान रहा है। मतलब लड़कों से शुरू हुयी है यह परम्परा....

सोनल: नहीं लड़कों से नहीं शुरू हुयी। पहले तो देवदासियाँ ही नाचती थीं। उनके घर बैठ जाने या डरकर गुम हो जाने की एवज में एक निश्चित कालावधि में इन लड़कों से परम्परा को बचाये रखने के लिए काम लिया गया। इस अर्थ में इनका बड़ा योगदान है। आप यह भी कह सकते हैं कि ओडिसी के बनने में आज हम इस अखाड़ा पिला परम्परा को नज़रअन्दाज़ नहीं कर सकते। मगर इनसे अलग भी पंजाब का सखी नाच था। दक्षिण का सखी–नाच, जो दक्खिन–नाच कहलाता है वह था, जो गंजाम जिले से लगे हुए श्रीकाकुलम की देन है। यह वैसा ही नृत्य का वेश है, जैसे कुचिपुड़ी में कच्छे वाली साड़ी पहनकर और धोती बाँधकर किया जाता है। यह उस समय की मजबूरी थी क्योंकि

ढेरों प्रकार के सन्तरण (इन्वेजन) से भारतीय कलायें गुज़र रही थीं। एक और दिलचस्प बात थी। महारियों का नृत्य, जो देवदासियों की ही तरह था, उसमें 'गाऊणी–महारी' का नृत्य परम्परा में चला आया था। यह वह महारियाँ थीं, जो गर्भगृह में खड़ी रहकर भगवान् के सामने नृत्य करती थीं और उन्हें रिझाती थीं। इनका नृत्य राजगुरु भी नहीं देख सकता था। नृत्य के समय गर्भगृह का दरवाजा बन्द रहता था और सारे संगतिये गर्भगृह के बाहर खड़े होकर वाद्य बजाते थे। इसी तरह जो बाहर की महारियाँ थीं, वह मन्दिर के बाहर उस चौक में नृत्य करती थीं, जहाँ कीर्ति स्तम्भ होता है। उसका नृत्य सारे अर्चक, पूजक, यात्री एवं राजगुरु आदि देख सकते थे। यह देवदासियों और महारियों की प्रथा थी, पीछे अखाड़ा पिला और गोटीपुअ थे। इन सारी प्रथाओं से लेकर, इनके एलीमेन्ट्स को डालकर आज का ओडिसी नृत्य बना है और इसमें आज की परम्परा से भी गीति, नाट्य, रासलीला, शब्द–स्वर–पाट आदि जुड़े हैं। अब हम पूरी तरह कैसे कह सकते हैं ओडिसी कितना शास्त्रीय नृत्य है और कितना वह लोक से आया है।

मिश्र : इस तरह देखें तो लगता है कि यह लोकधर्मी वृत्ति का सुन्दर और प्राचीन उदाहरण है।

सोनल : हाँ एक हद तक यह लोकधर्मी अवश्य है। मगर बहुत सारी भंगिमायें और अंगहार तो भरत के नाट्य शास्त्र को ध्यान में रखकर ही रचे गये होंगे। महारियों की परम्परा को देखें तो यही लगता है। मगर पूरी तरह शास्त्रीय या लोक का कहना बहुत वाज़िब नहीं जान पड़ता। गुजरात के गरबा नृत्य को अक्सर लोग लोक–नृत्य कहते हैं। मगर नाट्य शास्त्र को यदि गौर से पढ़ें तो पायेंगे कि वहाँ दण्ड नृत्य और तरह–तरह के ताली नृत्य पहले से ही मौजूद हैं। गरबा को ताली या दण्ड नृत्य से कितना अलग करके देखा जायेगा? रही बात आज यह कहने की कि फलाँ नृत्य फोक डांस हैं, फलाँ नृत्य क्लासिकल– तो यह तो एक प्रकार से स्टिग्मा लगाना हुआ। यह हमने कहने का बस एक तरीका प्रचलित कर दिया है। एक तरीके से नाक, मुँह चढ़ाने का तरीका। एक प्रकार की हायारकी (उच्चताबोध), जो पश्चिम का बार–बार मुख देखने से हमारे भीतर आयी है।

इसमें कुछ हद तक संगीत नाटक अकादेमी भी जिम्मेदार है। 1953 में जब दिल्ली में संगीत नाटक अकादेमी की स्थापना हुयी, तो एक वर्ष बाद 1954 से उसने अपने अवॉर्ड भी देने शुरू कर दिये। अब जल्दबाजी में, जब पुरस्कार देने की प्रथा पड़ी तो यह भी समस्या सामने आयी होगी कि विभिन्न नृत्यों को किस श्रेणी में रखा जाये। इस काम में जो कटेगराइजेशन (वर्गीकरण) हुआ, तो उसमें भी बहुत सारे नृत्यों के साथ छेड़-छाड़ हुई, जिसका दर्द हम आज भी भोग रहे हैं। जो नृत्य शुद्ध शास्त्रीय थे, उनके साथ कुछ दिक्कत आयी, तो अधिकांश लोक-समूहों के नृत्यों को भी क्लॉसिकल के दर्जे में डाल दिया गया। इस कारण भी हमारे नृत्य के नये इतिहास में कुछ गड़बड़ियाँ हुयी हैं। अब आप मणिपुरी नृत्य को ही देख लीजिए। इस नृत्य को सभी मणिपुरी कहते हैं। यह मणिपुर के लोगों का, वहाँ के मैत्रेयी लोगों के अपने पुराने देवी-देवताओं एवं पितरों की पूजा का एक सामूहिक विधान है। इसमें उनके पुरोहितों, ऋषियों, गुरुओं की पूजा की मान्यता भी साथ-साथ जुड़ी हुयी है। इनका जो सर्प-नृत्य (पाफल) है, वह इन्हीं पितरों की पूजा से प्रेरित प्रतीक रूप में लिया गया है। यह सर्प-अक्षय नृत्य उसी का उदाहरण है। इसमें एक पूरा मण्डल बनता है, जिसमें साँप के मुँह में उसकी अपनी पूँछ रहती है। इस पूरे वलय या मण्डल के नृत्य को वहाँ के लोग अनेक स्वरूपों में नाचकर व्यक्त करते हैं। इस पुरानी परम्परा में, इस रीति-रिवाज़ की नृत्य-शैली में थोड़ा मिश्रण तब हुआ, जब चैतन्य महाप्रभु का वैष्णव सम्प्रदाय मणिपुर पहुँचा। चैतन्य के बाद शंकरदेव माधव जब असम गये, तब उनकी परम्परा का वहाँ के राजा ने विरोध किया। राजा के विरोध के फलस्वरूप वहाँ की प्रजा ने भी शंकरदेव की वैष्णव वृत्ति को नकार दिया। फिर भी थोड़ा-बहुत परिवर्तन उनकी परम्परा में आ ही गया, जिसने बाद में मणिपुरी नृत्य को भी बदला। आज की मणिपुरी में आप क्या देखेंगे कि वहाँ रासलीला हो रही है, वसन्त का नृत्य हो रहा है, महारास भी दिखेगा, राधा-विरह का प्रसंग भी आयेगा और जो उनके अपने पुराने नृत्य हैं, वह भी दिखेंगे। तो यह नृत्य पूरे एक समुदाय का नृत्य हो गया है। रास हमेशा समूह में होता है, तो मणिपुरी

भी अब ग्रुप में होने लगा है। अब इस मणिपुरी को आप क्या कहेंगे? लोक–नृत्य या शास्त्रीय–नृत्य? मणिपुरी के बनने में जिस पूजा, परम्परा, अनुष्ठान और वैष्णव मत का योग हुआ– वह सब लोक–समाज की देन है। मगर हैरानी की बात है कि 1953 में संगीत नाटक अकादेमी ने इसे क्लासिकल डिक्लेयर कर दिया।

मिश्र: लोक और शास्त्र के सन्दर्भ में आप कुचीपुड़ी के लिए क्या कहेंगी?

सोनल: वही बात इस पर भी लागू होती है। यह शास्त्रीय नृत्य विधा मानी जाती है। है भी। इसकी एक प्राचीन परम्परा रही है। फिर भी कुचिपुड़ी में, इसके इतिहास में लोक–समाज तो जुड़ता ही रहा है। यह मन्दिर के सामने बाहर के चबूतरों पर होता था। नगर के चौराहों पर होता था। सारे गाँव के लोग अपना काम छोड़कर उत्सव के लिए ट्रेंड किये जाते थे। वे अभ्यास निपुण लोग थे। भेष बदलकर कुचिपुड़ी का नृत्य करते थे। इसकी शास्त्रीयता में लोक रंग की अन्तर्धारा तो इसके जन्म से ही बहती चली आ रही है। मेरा अपना मानना है कि जन–साधारण की ऊर्जा, उसके विचार और उसकी कल्पना से ही हमारी नृत्य विधायें बनी होंगी। और उसके विकास में जो चीज़ सहायक हुई, वह उस समय के लोगों, ऋषियों, कलागुरुओं और विद्वानों की उसमें भागीदारी की वजह से हुयी होगी।

मिश्र: आपका नृत्य आपको कितना लोकधर्मी और कितना शास्त्रपरक होने की सहूलियत देता है।

सोनल: हमलोग नाट्यशास्त्र की बात करते हैं। अभिनय दर्पण की बात करते हैं। भरतमुनि और अभिनव गुप्त की बात करते हैं। बड़ी–बड़ी बातें करते हैं, मगर इन महान् लोगों के टेक्सट में मौजूद उस परिवर्तनशील आग्रह को स्वीकार नहीं करते, जो हमें अपनी परम्परा में कुछ बेहतर जोड़ने की प्रेरणा देती है। मैं अपनी बात बताऊँ तो आपको यह जानकर हँसी आयेगी कि मेरे ओडिसी के गुरुओं ने, पं. केलुचरण महापात्र और उनके गुरु पंकज चरणदास ने तो मुझे भरी सभा में फटकारा है। बहुत

क्रिटिसाइज किया है। मेरे बारे में अखबारों में काफी कुछ भला–बुरा लिखवाया गया। मगर मैं नहीं बदली, मैंने अपनी पद्धति, अपनी कल्पना को हमेशा नृत्य में वरीयता दी। मेरे खिलाफ यह कहा गया कि यह तो ओडिसी को नष्ट कर रही हैं। मैं चतुर हो गयी हूँ, होशियार हो गयी हूँ और बहक गयी हूँ। ढेर सारी अनर्गल और बे सिर–पैर की बातें।

पं. बिरजू महाराज

लेकिन जब मैं यहाँ पं. बिरजू महाराज जी के तोड़े–टुकड़े देखती हूँ। उनके द्वारा किए हुए पक्षियों के, हंस के, मयूर के, टुकड़े देखती हूँ तो मुझे लगता है कि क्या अद्भुत पण्डित जी कथक में जोड़ते रहे हैं, जिसका कोई भान इसके शुरूआती दिग्गजों को नहीं रहा होगा। एक बार मैंने कौए की एक मुद्रा का तोड़ा किया। उस वक्त खूब फटकार पड़ी। तब मैंने यही कहा कि कौए की जो मुद्रा मैंने बनायी है, वह कहाँ, किस ढंग से शास्त्र विरोधी है, आप मुझे बतायें। उसमें मेरा ऊपर का दक्षिण हाथ ताम्रचूड़ बता रहा था और बायाँ हाथ उसके नीचे अर्द्धपताका मुद्रा में उस कौए के पंखों को प्रदर्शित कर रहा था। आप कहीं से देखकर मुझे बता दें, कि यह ताल गलत है, राग गलत है, हस्तमुद्रा गलत है, यह जो अड़ऊ है, डांस है वह गलत है। नृत्य में संसार का कोई ऐसा विषय नहीं होता, जो आता न हो। उसमें किसी बात का निषेध नहीं है। भरतमुनि स्वयं लिखते हैं कि इसे अपनी–अपनी समझ से करो और आगे बढ़ाओ।

अभी हाल ही में मैने राजस्थानी लंगाओं के साथ लोक–संगीत का सुन्दर प्रयोग ओडिसी में किया है और वह बेहद लोकप्रिय हुआ। लंगा इसमें अपना गाना गा रहे हैं। इसी में मच्छेन्द्रनाथ का पद आता है, मीरा और कबीर का पद आता है। झूलेलाल का पद आता है और साथ ही लोकधुन भी बजती है। मैं क्यूँ इस बात से डरकर उस सुन्दर साहित्य का प्रयोग अपने नृत्य प्रदर्शन के लिए न करूँ, जो सौभाग्य से लोकधुन में रचा गया है। यही एक कलाकार के लिए महत्त्वपूर्ण होता है कि आप उस सुन्दर विचार को किस तरह अपने नृत्य में निखारते हैं। यदि हम अपने विचारों का लेन–देन छोड़ दें, तब तो नृत्य स्टैग्नैन्ट (जड़) हो जायेगा। अलग–अलग ढ़ेरों पाताल–गंगा, गरुण–गंगा, नन्द–गंगा,

भागीरथी, मन्दाकिनी, अलकनन्दा मिली होंगी, तब जाकर एक गंगा बनी है। इतनी पाँच, पचास, पाँच सौ नदियों का संगम, गंगा बन पाया है। ऐसे ही हजारों छोटे–बड़े विचार, देशी और मार्गी, नाट्यधर्मी और लोकधर्मी, फोक और मॉडर्न सब आपस में मिलकर हमारे जीवन्त नृत्य का अंग बने होंगे। कलाकार को भ्रमरवत होना पड़ेगा। जहाँ कहीं भी सुन्दर है, सरस है, समझ से परिपूर्ण है, उसको लेकर अपना बनाना होगा। जैसे एक भँवरा हर एक फूल से रस चूसकर, उसका शहद में रूपान्तरण अपने तरीके से करता है।

मिश्र: क्या कारण है कि हमारे यहाँ दक्षिण भारत की नृत्य विधाओं को, उत्तर भारत की नृत्य विधाओं की अपेक्षा अधिक सम्मान हासिल है। यहाँ उत्तर भारत में, कथक में पं. अच्छन महाराज, पं. लच्छू महाराज और पं. बिरजू महाराज जैसे मूर्धन्य हुए। बावजूद इसके कथक को वो स्थान नहीं मिला, जो भरतनाट्यम, ओडिसी या मोहिनी अट्टम को हासिल है।

सोनल: आपने यह बहुत ही अहम सवाल पूछा है। मगर मुझे लगता है कि अगर मैं कुछ कहूँगी तो इसका कुछ लोग अतिरिक्त अर्थ निकालेंगे, जिससे बाद में कटुता ही बढ़ेगी।

मिश्र: नहीं ऐसा नहीं है। यहाँ आपको केन्द्र में रखकर मैं कोई निर्णयात्मक उत्तर नहीं माँग रहा। कथक की सारी श्रेष्ठ अन्विति के बावजूद, वह दक्षिण भारतीय नृत्य परम्पराओं से पीछे ही गिनी जाती है। ऐसा लगभग सभी के देखने में आया है। उस दृष्टि से एक कलाकार के बतर्ज आप क्या सोचती हैं?

सोनल: मुझे आरम्भ में ही लगा कि आपने एक बेहद महत्त्वपूर्ण बात पूछ ली है। सीधे–सीधे देखने पर इसके पक्ष में दो बातें साफ तौर पर दिखायी पड़ती हैं। एक तो इसके कान्टेक्स्ट (सन्दर्भ) को लेकर, जिससे कथक उभरा है। दूसरा इसका कन्टेन्ट (सामग्री), जो कि बहुत पुराना नहीं है। हम जब इसके कान्टेक्स्ट की बात करते हैं, तो हमें यह ध्यान रखना चाहिए कि यह नृत्य विधा ओडिसी या भरतनाट्यम की तरह

हजारों साल पुरानी नहीं है। उनका हमारी संस्कृति के बनने में, मन्दिरों के, उपासना पद्धतियों के भारत में शुरू होने के साथ ही पदार्पण हो गया था। जबकि कथक का नाम लेने पर सीधे वाज़िद अली शाह और नवाबी दिनों की याद आती है, जो बमुश्किल डेढ़–दो सौ वर्ष ही पुराने हैं। यह सब जानते हैं कि उत्तर भारत में मुगलों के आने के साथ जो इस्लाम धर्म आया, उसमें मूर्ति पूजा का निषेध था। किसी देवता या मनुष्य मात्र के निरूपण का संस्कार वहाँ वर्जित था। मुगलों के साम्राज्य विस्तार के साथ उत्तर भारत में उनकी कला और शिल्पकारी का जो चलन प्रचलित हुआ, वह मुख्यतः ज्यामितिक (Geometrical) और कलात्मक (Caligraphic) थी। उनकी इस कला में कृष्ण लीला, रास लीला या किसी स्त्री–पुरुष के प्रसंग का निरूपण आ ही नहीं सकता था। आप यदि गौर से देखें, तो पायेंगे कि उनके समय की कला में मनुष्य नदारद हैं और सारी सुन्दरता पशु–पक्षियों, फूल–पत्तों और रेखाओं से बुनी गयी है। अब हम यह तो मान नहीं सकते कि उनके दरबारों में होने वाला संगीत भी पारंपरिक किस्म का होता रहा होगा। कहने का मतलब यह है कि जिस तरह अन्य कलाओं में मुगलों और नवाबों के आने से एक प्रकार का अमूर्त्तन विकसित हुआ, वही हाल तो बाद में नृत्य और संगीत का भी हुआ होगा। जिस तरह उनकी कला में एक गणितीय संयोजन था, वही संयोजन यहाँ नृत्य पर भी कमोबेश लागू हो गया होगा। आप कथक देखिए, तो वहाँ भी आसानी से हमें एक निश्चित अवकाश के साथ नृत्य की गति और कलाकार की लय समझ में आती है। वहाँ फास्ट करना, फिर और फास्ट करना, उसके बाद और फास्ट करते रहना– ऐसे ही चलता रहता है। चक्कर मारो और इतना चक्कर मारो कि उसमें शरीर की अपनी गतिज स्थिति पर नियंत्रण ही न रह जाये। ऊपर का शरीर भरतनाट्यम और ओडिसी की तरह यहाँ आपका साथ नहीं देता। आप कथक में भंगी नहीं बना सकते हैं, आपकी हस्तमुद्रा साथ नहीं देती है। तो जाहिर है कि एक निश्चित वेग और बार–बार दोहराव के द्वारा यह बिलकुल दूसरे किस्म की गढ़ी गयी नृत्य विधा ठहरती है। इस कारण भी लोग भरतनाट्यम आदि से इसकी तुलना करने लगते हैं।

दूसरी महत्त्वपूर्ण बात इसके कथानक और सामग्री पर बेस करती है। 'कथक' नाम इसका किस तरह पड़ा होगा, यह जानने की जरूरत है। हमारे यहाँ कथकिये, कथिक, कथावाचक, कथाकार मौजूद रहे हैं। आज भी हम देखते हैं कि हमारे यहाँ भागवत मेला होता है। हरिकथाकालक्षेपम् हैं। गुजरात के माणभट्ट हैं, जो संगीत गा–बजाकर कथा कहते हैं। इस तरह संगीत के माध्यम से कथा कहने वालों की पूरी परम्परा है भारत में। उस प्रथा से भी कथक कहीं न कहीं जुड़ता अवश्य होगा। उड़ीसा में ही पाला गायकों की एक अद्भुत परम्परा है। उनकी पूरी टोली, जो साथ में बजाती और कोरस में गाती है, 'पाड़िया' कहलाती है। इसमें जो मुख्य पाला गायक होता है, वह किसी कथा–वस्तु को लेकर उसको तमाम तरह से बड़ा करके श्रोताओं के आगे सुनाता है। यह बड़ा करके सुनाने की कला ही, पाला गायकी का महत्त्वपूर्ण अंग है। इसे मैं आपको इस तरह समझाती हूँ। मान लीजिए कि शकुन्तला का प्रसंग है। और शकुन्तला की सुन्दरता की चर्चा हो रही है। अब एक पाला गायक शकुन्तला के केशों का वर्णन इस तरह करेगा– 'तुम्हारे बाल बहुत सुन्दर हैं, तुम्हारे बाल नागिन जैसे हैं, तुम्हारे बाल बादलों की घनी घटा जैसे हैं, तुम्हारे बाल रात की कालिमा जैसे हैं, तुम्हारे बाल नीलम के रंगों की तरह हैं...' और क्या–क्या इसमें चमत्कार पैदा करने के लिए कहा जा सकता है, एक पाला गायक वह सब–कुछ यहाँ कहेगा। आप इसमें कितनी उत्प्रेक्षा, उपमा ला सकते हो, वह सब यहाँ चलेगा। पाला सिंगर यह सब वर्णन करते हुए खड़े होकर थोड़ा–बहुत नृत्य के स्टेप्स भी लेता है। आगे पीछे चलकर, थोड़ा कमर पर हाथ रखकर ठिठकता भी है। वह एक कथावाचक की भूमिका में होता है। उत्तर भारत में कथा–वाचकों की परम्परा में बहुत सारे लोग इस तरह की भंगिमायें, रामायण, महाभारत सुनाते हुए, पाला गायकों की तरह करते हैं। बहुत सारे कथा–वाचकों ने अपनी कथाओं को और अधिक सम्प्रेषणीय और जीवन्त बनाने के लिए कुछ अतिरिक्त नाटकीयता ओढ़ी होगी और नृत्य के टुकड़े दिखाते वक्त बोलों को पढ़ते हुए कुछ लाउड हुए होंगे। तो इनसे निकलकर जो कथक नाम पड़ा, उसमें इस कथा–वाचक परम्परा से भी कुछ–न–कुछ असर अवश्य आया होगा।

पं. बिरजू महाराज

कहने का मतलब यह है कि कथक का फार्म, जो अभी पिछली दो शताब्दियों में विकसित हुआ है, उसमें तीन चीज़ें प्रमुखता से मौजूद रही हैं— कथा–वाचक, कृष्ण–राधा की रासलीला व नवाबी दिनों का दरबार। वाज़िद अली शाह तो स्वयं कन्हैया बनकर कृष्ण–राधा प्रसंग

कृष्ण और गोपियाँ
बसोहली शैली

पर रहस करते ही थे। अब जरा यह देखें कि जब आप कोई नृत्य किसी के दरबार में करते हों, महफिल में करते हों, किसी मजलिस में करते हों, तो ऐसा सोचते हुए जिस महफिल की तस्वीर उभरती है, उसमें सैकड़ों लोग आपको चारों ओर से घेरे हुए बैठे हैं। इसमें कुछ पान चबा रहे हैं, कुछ ने आँखों में सुरमा–काजल लगाया हुआ है। चारों ओर से इत्र की खुशबू आ रही है, हाथों में मोगरे–जूही का गजरा बँधा हुआ है। अब इस दृश्य की परिकल्पना ही यह बताती है कि उस सभा में आने वाले लोगों में रसिकों के अलावा, कुछ अरसिक भी आ जायें, तो हैरानी की बात नहीं। कारण यह कि सबके लिए दरवाजे खुले थे, जो पैसा दे, वो अन्दर आये। ऐसे माहौल में जो नर्तकी है, वह गाती भी है, नाचती भी है और अपनी मुद्राओं द्वारा सबका मन भी लुभाती है। अब आप बताइये वह किस तरह सभी का मन लुभा पायेगी? और जो सबसे हैरानी की बात है, वह यह है कि दरबारों से निकलकर आने वाली इस चीज़ में कला की बात नहीं आयी, मन लुभाने की बात हो रही है। कला यहाँ पीछे हो गयी है।

मिश्र: आपके कहने का मतलब है कि कथक मात्र मनोरंजन का माध्यम था और कुछ नहीं?

सोनल: उस समय, जब दरबारों और महफिलों में यह नृत्य होता था, तब तो वह मनोरंजन से भी एक कदम आगे बढ़कर कुछ और ही था। इट इज मोर दैन इन्टरटेन्मेन्ट, इट हैड ए सरटेन सेक्सुअल कोनोटेशन ऑलसो। (यह मनोरंजन से कुछ ज्यादा था, इसका एक गम्भीर सेक्स जगाने वाला व्यवहार भी था) मगर आज का कथक, जिसमें पं. बिरजू महाराज जैसे महत्त्वपूर्ण कलाकार मौजूद हैं, वह बेहद आदर की विधा बन चुका है। इसमें उस तरह की चीज़ें जाती रही हैं, जो इसके निर्माण के समय रही होंगी। हालाँकि हर एक नृत्य में एक हद तक काम को जगाने की, उसके उद्दीपन की शक्ति होती है, क्योंकि हर एक नृत्य में शरीर मौजूद रहता है। फिर यह शरीर अगर स्त्री का हो, तो उद्दीपन आयेगा ही। शययद इसी कारण शुरूआत से ही नृत्य विधाओं के साथ एक सामाजिक बहिष्कार का भाव साथ में चला आया है। हमारे यहाँ यह कहकर प्रचलित कर दिया गया होगा कि नृत्य करना खराब चीज़ है, पाप है, कलंक है।

यह बहुत स्वाभाविक भी है। स्त्री के सजे–धजे शरीर को, उसके अंग–उपांगों की कम्पन को देखकर आदमी के मन में सहज ही काम–भाव जग सकता है। वह भीतर तक थर्रा देने वाली, मन को चंचल करने वाली स्थिति है। अब यदि आपका मन आपके हाथ में नहीं है, तो अपनी कमजोरी को नर्तकी के ऊपर क्यों डालते हैं? कथक के सन्दर्भ में तो यह जाहिर तौर पर स्पष्ट है कि महफिल में उसका सम्बन्ध इसी तरह का देखा जाता होगा। यहाँ ओडिसी या भरतनाट्यम की तरह मन्दिर और देवता से सेतु बनाने की बात नहीं है। एक फर्क है, और मेरा ख्याल है कि यह फर्क कथक के सन्दर्भ में बहुत स्थूल रूप से परिदृश्य पर दिखायी दे जाता है। यह बहुत कड़ी बात है शायद, जो मैने कही है। पर कहीं–न–कहीं तो इसे कहना ही पड़ेगा। हालाँकि पण्डित जी (पं. बिरजू महाराज) के प्रति मैं अनन्य श्रद्धा से भरी हुयी हूँ, मगर कथक की अपनी

परम्परा का विकास जिन कोणों से हुआ है, उसे हम नज़रअन्दाज़ नहीं कर सकते।

मिश्र: इस लिहाज़ से उसका थोड़ा कम गरिमामय होना और एक प्रकार की कैलीग्राफी के अर्थ में व्यक्त होना ही; क्या उसे ओडिसी या भरतनाट्यम की तुलना में कमतर बनाये हुए है।

सोनल: कमतर की बात नहीं है। यहाँ हम इस बात की चर्चा कर रहे हैं कि वह कौन से सामाजिक, राजनीतिक कारण होंगे, कुछ धार्मिक कारण भी; जिनके चलते कथक को कम सम्मान मिलता है। एक बड़ी बात जो ओडिसी और भरतनाट्यम या मोहिनी अट्टम आदि के सन्दर्भ में आती है, वह यह कि नाट्यशास्त्र में जिस समग्रता की अवधारणा का वर्णन है, वह इन नृत्यों में पूरी तरह बसा हुआ है। हमारे यहाँ शरीर के नख से शिख तक का वर्णन कलाओं में होता रहा है। फिर उसमें उसके अलग–अलग अंग–उपांगों को देखा–बरता जाता है। कलाओं में उसका हलन–चलन वर्णित है। फिर उसको नृत्य में और अभिनय में कैसे काम में लिया जाये, वह तरीका भी आपको विस्तार से बताया गया है। अब कथक में जैसे यह चलन हो गया कि भाई पैर का काम ज्यादा, उसमें हस्त मुद्राएँ एकदम कम। नाट्यशास्त्र के आधार पर हम अक्सर कहते हैं, अंग–भंगियाँ। इसमें समभंग, अभंग, त्रिभंग और अतिभंग आते हैं। कथक में ज्यादातर समभंग दशा ही रहती है। समभंग यानी दोनों घुटने बराबर सीधे जायेंगे। जैन तीर्थंकरों की अधिकांश मूर्तियाँ समभंग दशा में गढ़ी जाती हैं। अभंग में कोई एक घुटना थोड़ा मुड़ा हुआ होगा, जैसे राम धनुष लेकर खड़े होते हैं। त्रिभंग तो बहुत प्रचलित है ही। इसमें घुटना, कटि एवं ग्रीवा में थोड़ा–थोड़ा विचलन होगा, कृष्ण की मनोहारी मुद्रा त्रिभंगी स्वरूप का अनुपम उदाहरण हैं। अतिभंग मुद्रा को कभी भी नृत्य की शुरूआत में बताया नहीं जा सकता। यह किसी भी नृत्य के होने के दौरान ही घटित होती है। जैसे– नृत्य करते–करते एक शरीर जब दस–बीस हिस्सों में बँटता हुआ दिखायी पड़ता है, तब वह स्थिति अतिभंग है। कथक में सर्वाधिक समभंग का ही इस्तेमाल होता रहा है।

हाँ! कभी पं. बिरजू महाराज जैसे मूधर्न्य साधकों के यहाँ अभंग और त्रिभंग मुद्राएँ दिख जाती हैं। मगर यह अपवाद स्वरूप ही है। कहने का तात्पर्य बस इतना है कि हमारे यहाँ शास्त्रीय नृत्य की परिभाषा में जो ढेर सारे तत्त्व गिनाये गये, उसमें से अधिकांश का कथक में अभाव रहा है। इस कारण इसकी समग्रता में भी प्रभाव पड़ता है। इसलिए, जो यह कहा जाता है कि अमुक नृत्य देखकर एक वजनी चीज़ के दर्शन हुए, दुर्भाग्य से कथक में उसकी कमी खलती है।

एक बात और है, जो नवाबी समय की वेश–भूषा के कारण आती है। इससे भी फर्क पड़ता है क्योंकि यहाँ जो घेरदार अँगरखा है, चूड़ीदार है और ऊपर एक दुपट्टा वह भारत के सांस्कृतिक पहनावे से बहुत अलग है। अब इसके साथ एक श्रमसाध्य चीज़ यह जुड़ी हुई है कि यदि नर्तकी चक्कर न मारे, तो अँगरखे की खूबसूरती खिलकर दिखायी ही न देगी। कहने का मतलब यह है कि यहाँ अपने परिधान की सुन्दरता और कला दिखाने के लिए भी एक कलाकार को हिसाब–किताब लगाना पड़ता है।

तो कथक को लेकर जो संरचना बनी है, वह आज भी वैसी ही चल रही है। उसमें टुकड़ों पर जोर है। कथक का मतलब टुकड़े–टुकड़े–टुकड़े। पहले आप मंच पर आये, फिर बोले, फिर कुछ किया। अब एक टुकड़ा किया। फिर रूके, फिर बोले। फिर कुछ गाकर बताया। फिर एक छोटा सा कवित्त किया। कथक में ऐसा ही होता रहता है।

मिश्र: नृत्य के बीच में अन्तराल बढ़ जाता है।

सोनल: जी हाँ। वह गैप काफी दूर तक नज़र आता है। ज्यादातर लोग अपनी कम्पोजीशन्स, दो–दो, तीन–तीन मिनट की करते हैं। यह टुकड़ों में बँटा हुआ नृत्य है, जिसकी वजह से शृंखला नहीं बन पाती है। आप एक माला नहीं पिरो सकते हैं। अगर माला पिरोयेंगे भी, तो बीच–बीच में ढ़ेरों गैप पड़ जायेंगे। इस कारण देखने वाले दर्शक की आँखों को, उसके हृदय को छूने का, जो एक सिलसिला है वह टूटता–जुड़ता रहेगा। हालाँकि मैं पं. बिरजू महाराज की जबरदस्त प्रशंसक रही हूँ। मैंने बचपन

में रोशन कुमारी जी और दमयन्ती जोशी का अद्‌भुत कथक देखा है। वह सब तो अभिभूत करने वाला है। पं. गोपीकृष्ण और सितारा देवी का नृत्य अलग ढंग का था, वह काफी हद तक छूता भी था। मगर एक पूर्णतः के भाव में कथक सुन्दर होते हुए भी अपनी तकनीकी के चलते कहीं–कहीं हाथ से फिसल जाता है। आप भरतनाट्‌यम से तुलना करें, तो वहाँ पायेंगे कि उसका एक वर्णम् ही कम–से–कम तीस मिनट का होता है। उसकी पूरी प्रक्रिया और बनावट ऐसी है, लगता है जैसे किसी आभूषण में कलात्मकता के साथ नग जड़े हों। वह डांस कल्चर की एक शुद्ध परिपाटी है। इसमें पहली कण्डिका, पहली पंक्ति गायन की– उस पंक्ति को आप बार–बार अलग–अलग मनोधर्म, कल्पना और संचारी भाव से उजाकर करते हैं। फिर दूसरी पंक्ति, तीसरी पंक्ति और फिर इसी तरह आगे बात बढ़ती है। अन्त में जो चार–पाँच पंक्तियाँ हैं, उसमें अल्टरनेशन होता है। जब तीस–पैंतीस मिनट का वर्णम् समाप्त होता है, तब वह अपने दर्शक पर एक जबरदस्त प्रभाव छोड़ता है। लोक हठात् बैठे रह जाते हैं। ताली भी थोड़ा रूककर, देर से बजती है। अब वहाँ जो पदम होता है, वह एक विचार को लेकर बनता है। ओडिसी में भी जो नृत्य है, वह अष्टपदी पर आधारित है। यह अष्टपदी आठ मिनट का समय या पन्द्रह मिनट का समय लेकर एक पूरा सूत्र बनाती है। हालाँकि ओडिसी में वर्णम् का न होना उसकी खामी है। मगर कथक से तुलना करें तो अष्टपदियाँ, वर्णम्, पदम आदि प्रदर्शन के लिहाज़ से कुछ ज्यादा सफल रहते हैं।

कथक में यह ला पाना बहुत कठिन है इसी कारण वह जुड़ता नहीं है। शुरू से आखिरी तक बिखरा रहता है। अब उसमें जो आप गाम्भीर्य की चर्चा कर रहे हैं, वह गाम्भीर्य कैसे आयेगा? इस गम्भीरता का न होना ही शायद कथक को अन्य प्राचीन नृत्य पद्धतियों की तुलना में थोड़ा कम महत्त्व दिलाता है। अलग से देखने पर कथक की अपनी दुनिया परिपूर्ण नजर आती है। उसमें ढेरों महान् कलाकार हुए हैं, जिनमें कुछ की चर्चा मैंने आपसे की ही है। उनके कारण कथक को ज्यादा व्यापक मान्यता आज के समय में मिल पायी है।

मिश्र: अक्सर देखने में आता है कि नृत्य विधाओं में जिस कथानक और साहित्य को स्थान मिलता रहा है, वह मिथकीय और पौराणिक सन्दर्भों से चलकर आता है। उसमें भी कृष्ण–राधा का प्रसंग एक अनिवार्य शर्त की तरह मौजूद रहता है। एक कलाकार की दृष्टि से राधा के मानवीय चरित्र को आप किन कोणों से छूने का जतन करती हैं।

सोनल: जिस समय से यह शास्त्रीय नृत्य हमारी परम्परा का अंग बने हैं, उस वक्त पुराण, मिथक, उपनिषद् और सन्त साहित्य ही उपलब्ध रहे। फिर आपको यह नहीं भूलना चाहिए कि ज्यादातर नृत्य विधायें हमारी मन्दिर परम्परा का अंग रही हैं। दे आर द इम्पोर्टेन्ट इग्जाम्पुल्स ऑफ टेम्पल ऑर्ट। (वे मन्दिर कला के महत्त्वपूर्ण उदाहरण रहे हैं) रही बात राधा के सन्दर्भ में। इस बात में तो कोई शक या गुन्जाइश नहीं है कि ओडिसी या भरतनाट्यम के लिए प्रयुक्त होने वाली सर्वाधिक महत्त्वपूर्ण पुस्तक 'गीत–गोविन्द', राधा–कृष्ण के प्रणय और विरह पर आधारित है। राधा का प्रयोग तो अनिवार्य शर्त के रूप में होगा ही, इसमें कोई अन्य तर्क लगाना वाज़िब नहीं कि क्यों स्त्री पात्र इतनी प्रमुखता से यहाँ प्रयुक्त नहीं हो पायी है।

अब यह जो 'राधा' का नाम है, उसकी उत्पत्ति के अर्थ में काफी चर्चायें हैं। उन्हें कृष्ण की आह्लादनी शक्ति के रूप में माना जाता है। श्रीमद्भागवत में वृषभानु की एक लड़की का उल्लेख आता है, मगर उसमें राधा नाम कहीं नहीं मिलता। राधा एक अवधारणा है। प्रेम के साकार स्वरूप की अवधारणा। और प्रेम माधुर्य के बगैर सम्भव नहीं है। यह संयोग ही है कि नृत्य भी माधुर्य के बगैर अपूर्ण है और उसमें सर्वाधिक स्थापना प्रेम की ही रहती है। इस अवधारणा को लेकर चलने पर, कम से कम कलाओं की दुनिया में हम राधा को ठीक ढंग से समझ सकते हैं। इस स्वरूप को साकार करने के लिये फिर हमें पौराणिक और धार्मिक टेक्स्ट में जाना पड़ता है। राधा के स्वरूप को, आधुनिक समय में प्रासंगिक बनाने के लिये उसी प्रेम का आधार लेना पड़ता है, जो किसी भी काल में हमेशा नया और विचारणीय रहा है। मोटे तौर पर पुराने ग्रन्थों में प्रेम के चार स्वरूप बताये गये हैं। ये हैं– दास्य,

सख्य, वात्सल्य एवं माधुर्य। अब इसमें माधुर्य पराकाष्ठा पर है, जिसका प्रतीक कृष्ण और राधा हैं। दास्य में कुब्जा और कृष्ण का प्रसंग आता है, तो सख्य में अर्जुन और कृष्ण का या द्रोपदी और कृष्ण का प्रसंग। वात्सल्य प्रेम में हर जगह यशोदा एवं कृष्ण की छवि अंकित है। अब यह राधा का प्रवेश, जो जनमानस में बड़े व्यापक पैमाने पर हुआ है, उसकी शुरूआत सबसे पहले जयदेव के 'गीत–गोविन्द' से ही हमें मिलती है। उसके पहले उनकी झलक ही यत्र–तत्र दिखायी देती थी। मगर पहली बार जयदेव ने ही उनको कृष्ण के हृदय सिंहासन पर प्रतिष्ठित किया है। बाद में सोलहवीं शताब्दी तक आते–आते कृष्ण काव्य में राधा का उल्लेख बार–बार होने लगा। 'गीत–गोविन्द' केवल तीन पात्रों की लीला है, जिसमें कृष्ण एवं राधा से अलग एक सखी का जिक्र आता है।

मिश्र : 'गीत–गोविन्द' के आधार पर तो राधा, कृष्ण से भी ऊपर ठहरती हैं। वे उनको वहाँ महारासेश्वरी मानते हैं। यानी 'महारास' की अधिष्ठात्री।

पूरी रात चलने वाले नृत्य के अखण्ड उत्सव की प्रधान नायिका। वहाँ कृष्ण का चरित्र गौण है और राधा की अनन्यता, अभिभूत करने वाली। क्या इन्हीं कारणों से नृत्य में राधा को इतनी महत्ता दी जाती है?

सोनल : हाँ यही तो मैं कह रही हूँ कि गीत गोविन्द में राधा का कैरेक्टर इस तरह उभारा गया है कि कृष्ण उसमें नायक होते हुए भी उनके दासानुदास प्रतीत होते हैं। वे उनके विरह में पागल होते हैं, बिलख–बिलख कर रोते हैं, कल्पान्त करते हैं और अपनी माननी राधा को महारास के लिए मनाने का हर सम्भव जतन करते हैं। यह दृष्टान्त ही अपने में इतना सुन्दर है, कि इससे निकलकर आने वाले नृत्य में 'माधुर्य' का प्रभाव अपने चरम पर महसूस किया जा सकता है।

वे कलाओं में इतनी महत्ता अर्जित करती हैं कि तंत्रस्वरूपिणी बनकर कृष्ण पर शक्तिपात करती हैं।

यहाँ यह स्पष्ट करना बड़ा जरूरी लग रहा है कि जयदेव ने उस समय स्त्री पात्र को, एक देव पात्र से बड़ा बना दिया, जो कि सिर्फ तंत्र शास्त्र में ही चलता चला आया था। ऐसी दशा, जिसमें स्त्री का समावेश देवता के साथ होता है, हमारे यहाँ केवल देवदासियों की प्रथा में प्रचलित था। यह आश्चर्यजनक तथ्य है कि जयदेव की पत्नी पद्मावती, एक महारी थीं अर्थात एक देवदासी थीं। वे जयदेव की तंत्र साधना में उनकी भैरवी का भी कार्य करती थीं। गीत–गोविन्द के प्रथम सर्ग में उनके भैरवी होने का यह पद सामने आता है। पद है–

वाग्देवताचरितचित्रितचित्तसद्मा
पद्मावतीचरणचारणचक्रवर्ती।

श्रीवासुदेवरतिकेलिकथासमेतम्
एतं करोति जयदेवकविः प्रबन्धम्।।

शायद इसीलिये जयदेव ने 'गीत–गोविन्द' में कृष्ण से यह कहलवाया कि 'हे राधा मैं तुम्हारे चरणों में पड़ा हुआ हूँ, अपने चरण कमलों को मेरे सिर के ऊपर मण्डित कर दो।'

स्मरगरलखण्डनं मम शिरसि मण्डनं देहि पदपल्लवमुदारम्।
ज्वलति मयि दारुणो मदनकदनारुणो हरतु तदुपाहितविकारम्।।
प्रिये चारुशीले मुञ्च मयि मानमनिदानं।

यह शक्तिपात की जो क्रिया है, एक भैरवी, एक शक्ति से भरी हुई स्त्री की जो छवि है, वह जयदेव ने राधा की अंकित की है। राधा कभी

वियोगिनी नहीं रहीं। कम से कम संस्कृत वाङ्मय में तो इसका उल्लेख नहीं हुआ है। वह तो बाद में, जब पन्द्रहवीं शताब्दी के उत्तरार्द्ध में चैतन्य महाप्रभु आये और उन्होंने स्वयं को राधा स्वरूप माना, तब से कृष्ण के साथ राधा की मूर्तियाँ प्रतिष्ठित होने लगीं। यह सब कपोल कल्पित बातें नहीं है, इनका उत्स हमें अपनी परम्परा में जाकर मिलता है। दक्षिण में भी 'आण्डाल' की जो परिकल्पना है, वह राधा ही हैं। वे पेरीय आड़वार की बेटी थीं। कहीं–कहीं उन्हें फूलों से सुसज्जित देवी गोदाम्बा भी कहा जाता है। त्रिचुनापल्ली के पास कावेरी नदी में जो श्रीरंगम का द्वीप है, वहाँ रंगनाथ स्वामी का जो मन्दिर है, वह गोदाम्बा देवी और कृष्ण के परस्पर प्रेम का प्रतीक माना जाता है। गोदाम्बा या गोदा देवी या आण्डाल या राधा सभी कुछ कृष्ण की प्रेयसी के रूप में प्रतिष्ठित हैं। अब आप यह देखिये कि यह जो शास्त्र चर्चा है राधा की, उसको पूरे भारतवर्ष में परिक्रमा करके लौट आइये, तो एक ही चरित्र के रूप में आप पा लेगें।

गीतगोविन्द, काँगड़ा शैली

हमारी भारतीय कलाओं में, प्लूटॉनिक लव की चर्चा नहीं है, वहाँ देह एक बड़ा माध्यम है। पूरा व्यक्तित्व साक्षात उपस्थित है। दक्षिण में जनश्रुति भी रही है कि गोदा देवी ने अपने प्रियतम विष्णु की पत्नी बनकर उनका साथ दिया था। रंगनाथ स्वामी का जो मन्दिर है, उसमें उसी विष्णु प्रतिमा में राधा समा गयी थीं। नृत्य के लिये इससे बड़ा अवसर और कुछ नहीं है कि यहाँ हम प्रेम और माधुर्य को प्रतिष्ठित करने के लिये, सीधे शरीर को उपस्थित करते हैं। यह सहूलियत हमें सिर्फ राधा का चरित्र देता है, जो कभी प्रेयसी बनकर, कभी पत्नी बनकर, कभी नायिका बनकर, कभी तन्त्र की देवी बनकर कृष्ण के साथ सदेह उपस्थित रहती हैं। कृष्ण राधा के साहित्य में शरीर एक खुला साधन है। नृत्य में भी शरीर ही अकेले उपस्थित रहता है। इस कारण नृत्य और राधा का आपसी सामंजस्य बैठाया गया होगा।

राधा का श्रृंगार

मिश्र: इसका आशय यह हुआ कि राधा साहित्य और कलाओं में बेहद मॉडर्न और प्रोग्रेसिव कैरेक्टर के रूप में डेपिक्ट होती रही हैं। चूँकि नृत्य

एक विजुअल ऑर्ट है, अतः राधा के प्रयोग में यह सहूलियत रही होगी कि उनसे मनचाहे प्रसंगों के व्यवहार की छूट कलाकार ले लेते होंगे।

सोनल : यह तो है ही। राधा को इतने कोणों से देखा और परखा गया है, जिसकी मिसाल विश्व के किसी और साहित्य में ढूँढ पाना मुश्किल है। 'गीत–गोविन्द' की प्रणय–लीला और रति–सुख के विरह में डूबी हुयी अष्टपदियों को यदि हम थोड़ी देर के लिए भूल भी जायें, तो बहुत बाद में सूरदास के यहाँ बसन्त, होली और सावन के जितने पद मिलते हैं, उसमें आप शृंगार की प्रचुरता पाते हैं। नृत्य का यह एक बहुत बड़ा पक्ष है कि मनुष्य की लीला और उसकी क्रीड़ा को कलाओं में आरोपित करके देखा जाता है। इस मामले में, राधा की जो भी कल्पना की गयी है, वह नृत्य के लिये बहुत सुन्दर, मार्मिक, उदार, मधुरता से भरी हुई और गम्भीर टेक्स्ट आसानी से मुहैया कराती है। आप मिनियेचर पेन्टिंग्स को देखें, तो वहाँ भी राग–रागिनियों के निदर्शन के लिए जो भी दृश्य पायेंगे, उसमें राधा शिद्दत से मौजूद रहती हैं। कहीं आषाढ़ का बादल अपने पलंग पर उलटे लेटे हुए आश्चर्य से देखती हैं, कहीं सघन अमराई में चीत्कार कर रही हैं, तो कहीं दर्पण में अपना मुख देखते हुए शृंगार को मना कर रही हैं। राग–रागिनियों की इन पेन्टिंग्स को तथा उनमें राधा के चित्रण को देखकर, नृत्य की विधायें समद्ध ही हुयी हैं।

राग मालकौंस, गोलकुण्डा, सिरसा, 1725 ई.

प्रेम से अलग, उनसे सम्बन्धित भक्ति की भी अनेकों कहानियाँ हैं। पूर्ण समर्पण के अनेकों प्रसंग हैं। राधा को लेकर, सत्यभामा की कृष्ण से अनेकों बार जिरह है। मगर हर बार वो प्रेम, सम्पूर्णता और समर्पण की उच्चतम उदाहरण बनकर उभरती हैं। यही उनकी सबसे बड़ी शक्ति है। उनका कृष्ण के प्रति अनकन्डीशनल लव (सीमान्तों से परे प्रेम) का मामला, कलाओं और नृत्य की दुनिया को भी अनकन्डीशनल ढंग से सपोर्ट करता है।

मिश्र : कलाओं की दृष्टि से जब राधा की इतनी विस्तृत चर्चा हुयी है, तब यहीं कृष्ण की चर्चा भी बहुत प्रासंगिक हो जाती है कि किस तरह कृष्ण का चरित्र, उनका रूपक, उनका ऐतिहासिक महानायक भाव, नृत्य विधा को आलोकित करता रहा है।

सोनल: कृष्ण का विभिन्न कला रूपों में निदर्शन होता रहा है, यह सर्वविदित तथ्य है। फिर चाहे वह पेन्टिंग हो, मिनीयेचर हो, स्थापत्य हो, साहित्य हो या संगीत। नृत्य के संसार में यह काफी दिलचस्प बात है कि चाहे किसी भी स्कूल का डांस फार्म रहा हो, भरतनाट्यम, कुचिपुड़ी अथवा ओडिसी, मणिपुरी या कथक– सभी में कृष्ण की माजूदगी बहुत प्रमुखता से रही है। कृष्ण, कलाओं में विराट् तथा व्यापक सोच के प्रतीक हैं। उनके स्मरण से सौजन्य बढ़ता है। कृष्ण का मतलब सिर्फ क्रीड़ा करना, गोपिकाओं के साथ रास करना या प्रेयसी राधा के साथ आलिंगबद्ध होकर ब्रज में विहार करना ही नहीं है। वे योगेश्वर हैं– हमारे योग एवं क्षेम को वहन करते हैं। सत्य की रक्षा के लिए, जो महाभारत होता है, उसके साक्षी बनते हैं कृष्ण। वे जारा के तीर से घायल होकर अपना शरीर त्यागते हैं और कुरूप कुब्जा के साथ इसलिए विहार करते हैं, जिससे स्त्री के मान का सम्मान हो सके। कहने का मतलब यह है कि कृष्ण एक साथ अत्यन्त पारम्परिक और आधुनिक दोनों ही रूपों में सम्पन्न चरित्र ठहरते हैं। कलाओं की दुनिया से अलग, मिथकीय समाज में वे अकेले ऐसे व्यक्ति हैं, जिनका जीवन होली, सावन, झूला, नट्वरी नृत्य, सुदामा जैसे मित्र से अटूट प्रेम के प्रसंगों से भरा हुआ है। इन्हीं सब कारणों के चलते वे नृत्य के सर्वाधिक लोकप्रिय व प्रयोगशील देवता साबित होते हैं। उनके होने से, प्रदर्शनकारी कला विधाओं को अपार ऊर्जा मिलती है।

मिश्र: आप प्रसिद्ध उड़िया कवि सीताकान्त महापात्र की कृष्ण पर आधारित कविता 'जारा' पर ओडिसी में अत्यन्त सुघड़ एवं लालित्यपूर्ण प्रदर्शन करती रही हैं। कृष्ण पर कई कथाओं में बँटी ओडिसी की जो प्रस्तुति 'सर्चिंग फार के' शीर्षक से करती हैं, उसमें भी सीताकान्त महापात्र की यह कविता प्रमुखता से शामिल रही है। इस कविता पर ओडिसी करने का विचार कैसे आया? वे कौन से तत्त्व थे, जो 'जारा' को एक नृत्य विधा में व्यक्त होने का मार्ग प्रशस्त कर रहे थे।

सोनल : जब सीताकान्त बाबू यहाँ संस्कृति सचिव थे दिल्ली में, तब मैंने एक बार उसे दूरदर्शन के लिए किया था। उनकी कविता 'जारा' ले ली थी, मगर उसकी थीम को जस का तस रखते हुए नृत्य में नये ढंग से परिकल्पित किया था। 'जारा' करने से पहले मुझे इस बात का ख्याल अकसर आता रहता था कि हम लोग कृष्ण से सम्बन्धित साहित्य में, ज्यादा से ज्यादा बाललीला, रासलीला, गोवर्धन पर्वत प्रसंग, कालिया दमन, यशोदा के साथ उनके क्रीड़ा कौतुक व 'गीत गोविन्द' करते रहते हैं। मगर इस प्रसंग को भूल जाते हैं कि उनके जीवन में भी एक ऐसा समय आता है, जो उनके लौकिक जीवन का अन्तिम समय है।

एक तो श्रीमदभागवत के कृष्ण हैं, जो बाललीला, चीरहरण, माखन चोरी, रासलीला, प्रेमलीला और कालिया दमन करते हैं, तो दूसरे महाभारत के कृष्ण हैं, जो अर्जुन को सत्य और असत्य का भेद बताते हुए गीता का उपदेश देते हैं। मगर इन दोनों के बीच भी एक और कृष्ण हैं, जो मिथक, इतिहास, काव्य, संगीत, नृत्य और अन्य कलाओं के कृष्ण हैं। वे सोलह कला विभूषित हैं। मगर इसमें भी एक कृष्ण हैं, जो ऐतिहासिक कृष्ण हैं, और वह इतिहास से सन्दर्भित होते हैं। उनका आविर्भाव और मरण, जन्म स्थान और राज्य वगैरह इतिहास हमें बताता है। वे मनुष्य रूप हैं। मैं आपको बताती हूँ कि मैंने सोमनाथ में एक पीपल के वृक्ष का दर्शन किया है, जिसे भालतीर्थ कहते हैं। वह कार्बन डेटेड है और इस बात की पुष्टि करता है कि वह पाँच हज़ार साल पुराना है। कहा जाता है कि वहीं कृष्ण ने आकर समाधि ली थी। वे दुःखी थे। यह वह समय था, जब यादव आपस में लड़ने लगे थे और बलराम शेषावतार होकर पुनः समुद्र में लौट गये थे। वे उसी पीपल के पेड़ के नीचे, क्लान्त होकर अर्धसुप्त अवस्था में लेटे थे। वहीं आकर शबर का तीर उनके पैर के तलुवे में लगा। कृष्ण का रंग नील पदम की तरह था और उनके पैरों का तलुआ गुलाबी। शबर को दूर से यह लगा कि जिस गुलाबी तुलवे को वह देख रहा है, वह हिरण का मुख है। वह जब हिरन को लेने आया, तब देखता है कि वास्तव में वह हिरण नहीं, कौन है? इस क्षण का ज्यादा बयान नहीं मिलता। इस क्षण और वस्तुस्थिति का जिस तरह वर्णन सीताकान्त जी ने किया है, वह दुर्लभ है।

अब सीताकान्त जी की कविता यहीं से आरम्भ होती है– कृष्ण के पैरों में तीर लगा है और जारा खड़ा है ठीक उनके सामने, इस असमंजस में कि यह उसका तीर किसको आकर लगा है? क्या विडम्बना है जीवन की? सीताकान्त जी बहुत सुन्दर ढंग से जारा के भावचक्र को निरूपित करते हैं। जारा का शरीर विकट है, जिसमें पहाड़ जैसी देह है, आगे को निकली आग के गोले की तरह आँखें हैं, बर्बर खुले केश हैं। उसका धर्म ही है तीर और धनुष साथ में रखना और सही मौका पाकर शिकार करना। अब यहाँ जारा का बयान देखने लायक है। वह कहता है– 'मैं तुम्हें देख रहा हूँ, फिर भी नहीं देखना चाहता हूँ मैं तुमको जानता हूँ फिर भी नहीं जानना चाहता हूँ, तुम किसी भी नये स्वरूप में आओगे और छलना करते रहोगे। कभी तुम वामन बन गये, फिर त्रिविक्रम बन गये, हिरण्याकश्यप को मारना है, तो आधे सिंह आधे मानव बन गये। तुम तो युगों–युगों से छलना करते रहे हो हमारे साथ। लेकिन तुम्हारा जो मेघ वर्ण है, करुणा पूरित आँखें हैं, तुम्हारा कौस्तुभ मणि है और इतनी जो तुम्हारी कोमलता है– मैं उसे कहीं भी, किसी भी काल में पकड़ लूँगा, कभी नहीं भूलूँगा'। जारा फिर आगे कहता है– "मैं देख रहा हूँ कि तुम्हारे लिए कौन–कौन रो रहा है। यमुना का नील जल रो रहा है, गोवर्धन पर्वत रो रहा है, कदम्ब के फूल रो रहे हैं, वंशी की शून्यता रो रही है।" क्या सुन्दर बात है, वंशी की शून्यता की चर्चा। एक कवि से ही ऐसी संवेदनशील पंक्तियों की उम्मीद की जा सकती है, जो वंशी की निर्जनता को भी मार्मिक ढंग से पकड़ सके। इस तरह की बहुत सारी सुन्दर बातें इस प्रसंग में मिलती हैं। फिर जारा आगे कहता है– "कभी तुम पानी के अन्दर शेषशायी हो, तो कभी कुरुक्षेत्र में अर्जुन को उपदेश दे रहे हो। जब अक्रूर जैसे ज्ञानी का मतिभ्रम हो गया, तब मैं क्या हूँ? एक साधारण शबर ही न? तुच्छ शबर हूँ, मेरी क्या हैसियत है कि तुझे जान सकूँ? मगर मैं यहाँ एक विनती तुमसे करता हूँ कि युगों–युगों तक तुम्हें मेरे ही तीर से, अपने मायाजाल से मुक्ति मिलती रहे।"

अब इस एक बात से मेरी आँखों में आँसू भर आये। मुझे लगा सीताकान्त बाबू ने क्या बात कह दी है। इस एक बात पर, जब शबर कृष्ण को मुक्ति

देने की बात कहता है, मेरा मन हुआ कि सीताकान्त महापात्र के पैरों में नतमस्तक हो जाऊँ। (आनन्द से भरकर कहती हैं) क्या बात कही है! 'युगे–युगे, तुम्हें मेरे तीरों से अपनी छलना से, मायाजाल से, मुक्ति मिलती रहे हे कृष्ण!, हे कपटी, हे निष्ठुर, हे शिवसुन्दर! और युग–युग भर मैं तुम्हारे पैर अपनी छाती पर चाँपकर, अपनी छाती पर सुशोभित करके, अपनी छाती पर आसीन करके रोता रहूँ।'

यह भी क्या अज़ीब भक्ति है? जिसमें कोई राधा, रासलीला, गोपिकाओं का प्रेम, कुछ नहीं था। ऐसे कृष्ण को भी जानना जरूरी है। यह कृष्ण का एक अलग आयाम है। जिसने मुझे पूरी तरह झकझोर कर रख दिया था कि मैं उस प्रसंग को, किसी न किसी तरह अपनी प्रस्तुतियों में दर्ज करूँ। आखिर बात होती है कृष्ण तत्त्व की। यह कृष्ण तत्त्व क्या है? '*आकर्षयति इति कृष्णः*', सृष्टि का वह तत्त्व, जो आकर्षित करता रहता है, कृष्ण है। वह प्रत्येक पल आकर्षित करता है। हर एक में, एक क्षण के लिए जो भी आकर्षण उपजता है, वह कृष्ण तत्त्व है। हर एक में कहीं–न–कहीं कृष्ण छिपे बैठे हैं। तो यह जो पवित्र का, विराट का स्पन्दन खोजने की बात है, हमें कृष्ण में मिलती है। सीताकान्त महापात्र ऐसा सुन्दर विचार, अपनी कविता में ला पाये, तो यह उस कृष्ण की कृपा, उनके भीतर के कृष्ण तत्त्व की वजह से ही सम्भव हुआ होगा। मेरे लिये यही 'सर्चिंग फार के' है।

मिश्र: आपने ओडिसी नृत्य विधा में एकल नृत्य प्रस्तुति द्वारा ढ़ेरों नवाचार किये हैं, जिसके फलस्वरूप ओडिसी का अपना अभिनव थियेटर विकसित हुआ है। इनमें से अधिकांश प्रयोग सफल हुए हैं और कई नृत्य नाटिकाएँ कलाओं की दुनिया को नये ढंग से दर्शकों व आलोचकों के सामने लाती हैं। इस बारे में विस्तार से जानना चाहता हूँ।

सोनल: हमारे यहाँ कलाओं में लोकधर्मी और नाट्यधर्मी की अवधारणा से आप परिचित होंगे ही। इसी के साथ एक महत्त्वपूर्ण बात हमारी नृत्य परम्परा में अन्तरधारा की तरह यह बहती आयी है कि एकल नृत्य विधाओं (भरतनाट्यम, ओडिसी, मोहिनीअट्टम एवं कथक) में जो नृत्यांगना

सोलो डांसर है, वह नृत्य भी कर रही है और उसी क्षण नाट्य भी कर रही है। अर्थात् एक स्तर पर वह नृत्य करती है, तो दूसरे स्तर पर वह अभिनय पक्ष सम्भालती है। इस तरह लोकधर्मी एवं नाट्यधर्मी, देशी और मार्गी आपस में गुँधे हुए चलते हैं। राधा–कृष्ण के प्रसंगों में यह बात बहुत प्रमुखता से दिखायी पड़ती है। इसका मुझ पर गहरा असर हुआ था, व मैने यह तय किया था कि लोकधर्मी और नाट्यधर्मी को साथ लेकर मुझे ओडिसी में कुछ प्रयोग करने हैं। इसके अलावा मैं यह देखती थी कि ज्यादातर नृत्य की प्रस्तुति टुकड़ों में बँटी हुई होती थी, मतलब परफार्मेंस तय रहता था। जैसे, अगर आपको एक घण्टे का समय मिला है, तब उसमें थोड़ा सा पल्लवी करेंगी, कोई अष्टपदी पर नृत्य दिखायेंगी, एक उड़िया गाना कर देंगी और बाद में गम्भीरता दिखाने के लिए कोई पुराना पदम या तेलुगू पदम आदि का प्रदर्शन होगा।

कहने का मतलब यह है कि ऐसा एक चरित्र बना हुआ था, हमारी एकल नृत्य विधाओं के प्रदर्शन का– जिससे यह जाहिर होता था कि नृत्यांगना ने कितनी तैयारी की हुई है। और नृत्यांगना की कला में कितनी विविधता है। मगर यह सब किसी भी कलाकार के शुरूआती दिनों के लिए बेहतर होता है। उसके बाद जब कला में आपकी परिपक्वता आने लगती है, तब ऐसी प्रस्तुतियाँ भीतर से बहुत उत्साह नहीं जगा पाते। उस समय यही लगता है कि कुछ नया, चुनौती भरा और अपनी परम्परा की विरासत से निकलने वाला कुछ दुर्लभ किस्म का काम किया जाये। इसी सब उधेड़बुन में मेरा मन चल रहा था, जब ऐसी नृत्य नाटिकाओं का जन्म हुआ।

बचपन से मैंने हिन्दी, गुजराती वगैरह में ढ़ेरों पौराणिक कहानियाँ सुन रखी थीं। उसमें भी मुझे द्रौपदी का चरित्र बहुत सच्चा और अपना लगता था। बाद के दिनों में, मुझे लगने लगा था, जैसे–जैसे मैं मैच्योर होती जा रही हूँ– द्रौपदी की कहानी, उसके विचार, उसका जीवन, उसके दुख और हाहाकार मुझमें समाते जा रहे हैं। मैं स्वयं अपने जीवन में बहुत सारी तकलीफों में पड़ी हूँ। घर से लेकर बाहर तक, कई बार जीवन में लांछित होना पड़ा है। तो इन सब वजहों से मुझे द्रौपदी का चरित्र बहुत जस्टीफाइड लगता था। मेरी यह धारणा पुख्ता होती जा

रही थी कि समय भले ही बदल गया हो, मगर स्त्री के प्रति समाज का रवैया वही है, जो महाभारत काल में था। इन्हीं सब विचारों से गुजरते हुए मुझे एकाएक लगा कि मुझे द्रौपदी पर एक नृत्य नाटिका करनी है। और वह द्रौपदी भी वेदव्यास के चरित्र से अलग, सोनल मानसिंह की द्रौपदी होगी। आप आज भी एक आम इन्सान से यह पूछें कि भाई द्रौपदी के बारे में क्या जानते हो? तो, तपाक से यही उत्तर आयेगा कि अरे उसके तो पाँच पति थे, उसको भरी सभा में नंगा कर दिया गया था, या उसी की वजह से महाभारत का युद्ध हुआ। ऐसी सतही बातों और उसमें भी पर्याप्त व्यंग्यात्मक और हेय दृष्टिकोण के साथ, द्रौपदी अभी भी परिभाषित की जाती हैं। किसी के पास समय नहीं है कि यह झाँककर देख सके, कि वे कौन से सामाजिक, राजनीतिक कारण रहे होंगे, जिसने यज्ञ से पैदा होने वाली इतनी सबल स्त्री को, जीवन में अनेकों बार अग्नि परीक्षाओं में डाला हो। इस तरह से ढेरों उधेड़बुन में रहते हुए और अधिकांश द्रौपदी साहित्य पढ़ते हुए, मैंने पहली बार 1994 में द्रौपदी डांस ड्रामा किया।

मिश्र: आपने अभी कहा कि मैं ऐसी द्रौपदी की प्रस्तुति चाहती थी, जो वेदव्यास की न होकर, सोनल मानसिंह की हो। व्यास से अलग, आपकी द्रौपदी किन अर्थों में नयी अर्थसम्भवा स्त्री है?

सोनल: देखिये, एक स्तर पर हर एक कलाकार को अपना खुद का इतिहास लिखना पड़ता है। आप भी यदि लेखक हैं, तो कहीं न कहीं स्वयं को ऐसा बनाना पड़ेगा कि जो कुछ भी आप लिखें, वह आपके लेखक के अनुसार एक नया साहित्य विमर्श गढ़ने में सक्षम हो। सिर्फ बँधी–बँधायी लीक पर चलकर कुछ नया सृजन कर पायेंगे, ऐसा नहीं होगा। वह साहित्य की परम्परा में एक नयी किताब की तरह भले ही शुमार हो जाये, उससे पीढ़ियाँ प्रभावित होंगी या वह काम आप से अपना रचनात्मक हिसाब–किताब पूछेगा, तो ऐसा नहीं होगा। इसके लिये खुद ही कुँआ खोदना पड़ता है। सोनल मानसिंह कुछ करें। और वह बस इतना ही हो पाये कि यह सोनल मानसिंह के द्वारा किया गया एक नया कार्य है, फिर उसकी कोई महत्ता नहीं। वेदव्यास से अलग, मेरी अपनी

सोच, मेरा अपना ढंग और मेरी उस चरित्र को लेकर खुद की व्याख्या ही, द्रौपदी के प्रसंग के साथ न्याय कर पायेगी। इसे आप बड़बोलापन न मानकर, इस तरह देखें, यदि किशोरी अमोनकर यमन गायेंगी, तो वह किशोरी अमोनकर का ही यमन होगा। यद्यपि उस यमन में वही सात स्वर लगेंगे, वही तीव्र मध्यम लगेगा, लेकिन किशोरी अमोनकर का यमन, पं. जसराज या मालिनी राजुरकर के जैसा नहीं होगा। फर्क यहीं है और फर्क क्या है, यह अगर कोई कलाकार अपने जीवन में नहीं साध पाया, तो उसको कला की दुनिया में रहने से कोई फर्क नहीं पड़ेगा।

बात यही है कि अगर मैं किसी चीज़ को लेती हूँ, कोई कहानी, कोई पद या कोई प्रसंग– तो वह इतिहास की वस्तु न होकर, मेरा हो जाता है। जैसे– वेदव्यास की द्रौपदी मेरी द्रौपदी हो जाती हैं और जयदेव की राधा मेरी राधा। हालाँकि इस तरह का काम करने से पहले आपको उसके प्रामाणिक ग्रन्थों और सन्दर्भों को देखना पड़ता है। देखना भी चाहिए। मगर उसमें उस तत्त्व का समावेश भी जरूरी है, जिसके कारण वह प्रसंग आपका अपना बनता है। सोनल मानसिंह की काया में द्रौपदी की प्रस्तुति, सोनल मानसिंह को द्रौपदी बनकर करनी पड़ेगी। अब यह तभी होगा, जब द्रौपदी शरीर और मन से सोनल की काया में समा जाये।

मिश्र: आपकी इस बात से मैं पूर्णतया सहमत हूँ। आपकी इसी बात से मिलती–जुलती बात पं. कुमार गन्धर्व की कला के सन्दर्भ में अशोक वाजपेयी ने भी कही थी कि जो राग तिलक कामोद वह एक बार गा चुके हैं, उसी तरह दुबारा वह राग उनके यहाँ नहीं होगा, या दूसरे उस राग को कुमार गन्धर्व की तरह नहीं गायेंगे। जब कभी तिलक कामोद होगा, भले ही वह पं. कुमार गन्धर्व के यहाँ हो, वह नया होगा और कुमार जी भी नये होंगे। द्रौपदी इस अर्थ में कितनी नयी हैं और सोनल मानसिंह उनके अर्थ में कितनी प्राचीन?

सोनल: मेरे लिए द्रौपदी के चरित्र का मुख्य ढाँचा तो महाभारत से ही निकलकर आया है। याज्ञसेनी वाला स्वरूप, जिसमें उनका वर्ण श्यामा है और वे अग्नि से जन्मी हैं। वे साधारण माँ की कोख से नहीं आयी

हैं और अग्नि जैसा ताप लिये हुए उनका प्रखर चरित्र है। यह जो तप्त वर्ण और तम्बई (कॉपरी) चमक है, वह उनके प्रति कुछ हलचल पैदा करती है। जाहिर है कि उनका चरित्र जटिल है। वेदव्यास ने उनको तर्कशास्त्र प्रवीणा कहा है। अर्थात उनके पास एक दिमाग है, जो स्वयं का व्यक्तित्व निर्धारण करने में सक्षम है। महाभारत में वर्णित है कि उनके शरीर का सारा घाट अद्‌भुत था। उनकी आँखें नीलोत्पल दल जैसी थीं, पद्म जैसी शरीर से सुगन्ध तीन योजन महकती थी। उनका कटि और वक्ष प्रदेश किसी को भी मादक बनाने में सक्षम था। उस समय कई सुन्दरियाँ रही होंगी– दुर्योधन की पत्नी भानुमती, कर्ण की पत्नी ऋतुमती और कृष्ण की पत्नी सत्यभामा, सभी सुन्दरता की महान उदाहरण मानी जाती हैं। मगर कोई भी द्रौपदी के पाये का नहीं था। एक और सुन्दर बात द्रौपदी के सन्दर्भ में यह जाती है कि कोई साधारण व्यक्ति उनकी मित्रता और सख्य–भाव की परिधि में नहीं आता था, साक्षात वासुदेव कृष्ण ही उनके मित्र थे, सखा थे। उन दोनों का अनुपम सख्य भाव और आन्तरिक गम्भीरता देखने लायक है। मुझे तकलीफ होती है यह जानकर कि द्रौपदी की इतनी गरिमामय छवि के बावजूद, अक्सर लोग उसके चरित्र को बेरहमी से ट्रीट करते हैं। मैंने अपनी नाटिका में इन सारे भावों को सूक्ष्मता से पकड़ने की कोशिश की है। कितनी मैं सफल

द्रौपदी द्वारा युधिष्ठिर की प्रतीक्षा, आरण्यक–पर्व प्रसंग, महाभारत, ऐशियाटिक सोसायटी, मुम्बई।

रही, यह नहीं जानती हूँ। अलबत्ता इतना जरूर है कि द्रौपदी करने के बाद मुझे भीतर से बहुत अच्छा लगा था।

एक और मार्मिक प्रसंग है, जो द्रौपदी के जीवन में टर्निंग प्वाइन्ट की तरह आता है। जब अर्जुन उन्हें स्वयंवर के बाद लेकर घर लौटते हैं और युधिष्ठिर, भीतर बैठी कुन्ती से बताते हैं कि माँ, आओ देखो! हम क्या लाये हैं। तब उस समय कुन्ती का अन्दर से यह कहना कि '*भुङ्क्तेति समेत्य सर्वे*'। तो ऐसे ही द्रौपदी ने यह मान नहीं लिया होगा। कहने का मतलब यह है कि आप जरा सोचिये कि किसी स्त्री से यह कह दिया जाये कि आज से तुम्हें पाँच पुरुषों के साथ रहना है, उनके प्रति अपने मर्यादा का पालन करते हुए पतिव्रत धर्म निभाना है। उस समय उस औरत की मानसिकता कैसी हुई होगी। महाभारत का धर्मयुद्ध तो बाद में होगा, द्रौपदी को ऐसे जीवन में डालकर अधर्म की आधारशिला तो पहले ही रख दी गयी है। मैने इन विचारों को बहुत जीवन्त और लाउड ढंग से द्रौपदी में उठाया है।

द्रौपदी नृत्य नाटिका का अंश

मिश्र: द्रौपदी के जीवन में अनेकों प्रसंग हैं, जो बार–बार स्त्री की गरिमा के साथ खिलवाड़ करते नज़र आते हैं। कुन्ती द्वारा उनका पाँचों पाण्डवों में बाँटे जाने से लेकर चीरहरण और अन्त में अपने पुत्रों को गँवाने का प्रसंग बेहद मार्मिक हैं। शायद इन्हीं अवसरों में धर्मयुद्ध के बीज भी छिपे हुए हैं। क्या आपको ऐसा नहीं लगता कि एक स्त्री की गरिमा को पुनर्प्रतिष्ठित करने के लिए होने वाला महाभारत युद्ध इस बात का प्रतीकात्मक निदर्शन है कि संस्कृतियाँ अपने जन्म के लिए, किन मार्मिक अवसरों को चुनती हैं।

सोनल: यही तो आत्मा है 'महाभारत' की। आपकी बात बहुत सुन्दर है कि एक स्त्री की गरिमा की रक्षा के फलस्वरूप महाभारत का होना और फिर उसके बाद भारत की संस्कृति का नये ढंग से बनना, अपने आप में बहुत प्रासंगिक है। मेरा सारा जोर ही इस बात पर था कि मैं द्रौपदी को एक स्त्री के ऊहापोहों की परिधि से ऊपर उठाकर संस्कृति के मंच पर देख पाऊँ। आप कल्पना कीजिए कि इतनी सुन्दर नवयौवना स्त्री, जिसे अभी स्वयंवर में वरमाला पहनायी गयी है। वह उसी पुरुष के

पीछे संयत भाव से चलती हुई वन में अपने गन्तव्य तक पहुँचती है। इस लम्बे रास्ते में उसके मन में क्या–क्या भावनाएँ उठ रही होंगी। उसका स्वप्न, उसकी आकाँक्षा, उसके उमंग और उसका उल्लास–सभी कुछ अपने शिखर पर होंगे उस वक्त। ऐसे में, अचानक ही उसके जीवन में एक मोड़ ले आना, जो नैतिकता की कसौटी पर अत्यन्त घृणित है, कैसे हुआ होगा। युधिष्ठिर ने जाकर जब माँ से कहा है, तब माँ भविष्य को देख रही है। कोई भी माँ अपने बेटे का भाव समझती है। कुन्ती समझ गयी है कि युधिष्ठिर के मन में भारी ईर्ष्या है। अर्जुन से पूर्व भीम भी हिडिम्बा से ब्याह कर चुके हैं और अब अर्जुन को अत्यन्त रूपवती पत्नी मिल गयी है। कुन्ती ने भविष्य में होने वाली उलझनों को भाँप लिया है। इसी कारण उस अनैतिक मार्ग पर चलने के लिए द्रौपदी को अकेला खड़ा कर दिया है, जिसमें इस बात की पूरी गुन्जाइश है कि वह स्त्री आगे चलकर अपमान और अपार दुःख भोगेगी।

मिश्र: कुन्ती का चरित्र तो एक राजनैतिक चरित्र ही है। वह सत्ता के दाँव–पेचों को भली भाँति समझती हैं। इतनी मुश्किलों में, अकेली वही स्त्री पात्र है, जो पाण्डवों को सँभाल रही है और इस बात के लिए भी प्रयत्नशील है कि उसके बच्चों का अधिकार भविष्य में किस तरह वापस हासिल हो सके। उनके लिए द्रौपदी एक साधन भर है।

सोनल: सही है। यही कुन्जी है कुन्ती के चरित्र को खोलने की। जब उसने अन्दर से आवाज लगायी कि '*भुङ्क्तेति समेत्य सर्वे*'। तब इसकी अर्थध्वनि यही थी– सब लोग इकट्ठे होकर समान रूप से भोगो। यहाँ भोगने का आशय था। यह कितना घृणित हो सकता है, आज महाभारत के इतने हजार साल बीत जाने के बाद हम महसूस कर सकते हैं। और जब उसने बाहर आकर द्रौपदी को देखकर यह कहा होगा कि अरे मैं तो नहीं जानती थी कि अर्जुन अपनी पत्नी ब्याहकर लाये हैं, तब यह पूरी तरह एक राजनीतिक स्टेटमेन्ट था। वह जानती थीं और इस बात की भयावहता से भलीभाँति परिचित थीं कि पाँच जोड़ी आँखें लालच, लालसा और काम के वशीभूत होकर बार–बार द्रौपदी की ओर उठेंगीं। कुन्ती को डर था कि एक स्त्री के प्रति ही यदि पाँचों भाई

ईर्ष्यालु और लड़ने को आतुर हो गये, तब हस्तिनापुर के राज्य पाने के संघर्ष का क्या होगा। आप देखिये कि महाभारत में सिर्फ पुरुष पात्रों द्वारा ही राजनीति नहीं हुयी है, वहाँ स्त्रियाँ भी अपने प्रपंचों में कामयाब होती हैं। उस समय द्रौपदी की इनर–स्ट्रगल (आन्तरिक संघर्ष) के बारे में सोचकर सिहरन होती है। मैंने इन्हीं संकेतों को अपनी नाटिका में रेखांकित करने की कोशिश की है। नाटिका के आरम्भ में ही सभापर्व का जो दृश्य है, उसमें मैंने इन्हीं प्रश्नों को उठाया है। द्रौपदी पूछती है– सत्य क्या है, धर्म क्या है, आचरण क्या है, नैतिकता क्या है। यह एक बहुत ही जीवन्त दृश्य बना था। मुझे इस बात की खुशी है कि द्रौपदी करते हुए, उसके अधिकांश दृश्यों में अभिनय करते हुए, रचना का आस्वाद कई बार पकड़ा है।

मिश्र: द्रौपदी नृत्य नाटिका के सन्दर्भ में एक बात और पूछना चाहता हूँ कि इस निहायत पौराणिक और ऐतिहासिक चरित्र पर अभिनय प्रस्तुति के समय आपने नीलाभ जी से इसकी पटकथा लिखवायी और निर्देशन का जिम्मा अमाल अल्लाना को सौंपा। दोनों ही लोग, अपनी–अपनी रुचियों में प्रगतिशील तर्क से संचालित होते रहे हैं। उनकी अपनी एक व्यापक दृष्टि है। मगर वह कौन से कारण थे, जिसके चलते आपने अमाल जी को इसके निर्देशन की बागडोर सौंपी। बाद में कुछ वर्षों के अन्तराल पर आप फिर से परम्परागत कला की ओर लौटीं, और उस समय मणिपुरी के अप्रतिम कलाकार रतनथियम को इसके निर्देशन का जिम्मा सौंपा। अमाल अल्लाना से लेकर रतनथियम तक की यात्रा में सोनल मानसिंह की अपनी द्रौपदी का कितना वजूद बाकी रहा?

सोनल: द्रौपदी से सम्बन्धित कोरियोग्राफी का जितना पक्ष था, वह मैंने बखूबी सम्भाल लिया था। मगर मुझे थियेटर के ऐलीमेन्ट्स की जानकारी नहीं थी, जिसके लिए मैंने अमाल अल्लाना को कहा कि वे इसका निर्देशन सम्भालें। मंच की तकनीकी के बारे में, उसके दृश्य संयोजन के बारे में, मुझे कुछ भी ठीक से मालूम नहीं था। आज मुझे लगता है कि उस समय अमाल जी का चयन बेहद दुरूस्त था। उन्होंने अपनी पूरी ताकत से द्रौपदी को हर सम्भव नये रंग दिये। रही बात

राजसभा में
द्रौपदी का प्रश्न

नीलाभ की, तो उनके साथ बैठकर, पाँच–छह बैठकों में, उन्हें यह समझा पायी कि मैं महाभारत की द्रौपदी से अलग, स्वयं की द्रौपदी के लिए क्या चाहती हूँ। नीलाभ जी ने बहुत गम्भीरता के साथ मेरा साथ दिया था। उस नाटिका की सफलता की एक बड़ी बात यह भी थी, कि पटकथा पर खूब मेहनत के साथ काम हुआ था। अमाल जी के पति निसार अल्लाना ने सेट की डिजाइन और ध्वनि–प्रकाश व्यवस्था को सम्भाल लिया था। कुल मिलाकर यह सारा प्रोडक्शन बेहतर बन पड़ा था, सिवाय इस बात के कि निसार जी जो मैनीक्विन्स (दुकानों में सजा–धजा कर रखे जाने वाले पुतले) लाये थे, वह कॉन्सेप्ट, मुझे कुछ ज्यादा नहीं रुचा था। इस बारे में मैंने उन्हें अपनी असहमति जता भी दी थी। पर उनका तर्क था कि यह नंगे पुतले मेल एग्रेशन (पुरुष आक्रामकता) की प्रतीति करायेंगे।

मिश्र: उन पुतलों का मंच पर किस तरह संयोजन किया गया था?

सोनल: आठ पुतले थे। इनमें से पाँच पाण्डवों वाले और एक कृष्ण का। शेष दो पुतले ऐसे ही रख दिये गये थे, सभा दिखाने के लिये। उसमें कृष्ण का पुतला नीला और अर्जुन का सुनहरा रंगा गया था। अर्जुन का सुनहरा रंग दिखाने के पीछे तर्क यह था कि वह स्वयंवर में उपस्थित है, इस कारण उसका प्रभाव राजसी होना चाहिए। मगर मुझे यह कम जँचता था, जिसे बाद में रतनथियम वाले प्रोडक्शन में थोड़ा सुधारा गया।

मिश्र: इन पुतलों को लेकर कुछ शुद्धतावादियों ने आप पर आरोप भी लगाया था कि यहाँ नृत्य की गरिमा के साथ खिलवाड़ हुआ है।

सोनल: यह द्रौपदी वाले प्रसंग में एक कष्ट वाली बात थी। थियेटर के लोगों को वह बहुत ही जँचा था। उसमें अमाल अल्लाना के इस प्रयोग को बहुत सराहा गया था कि किस तरह एक पारम्परिक आख्यान में मॉर्डनिटी लायी जा सकती है। मगर संगीत और नृत्य के लोगों को वह काफी खराब लगा। कुछ लोगों ने अखबारों में जमकर बुराई की। खैर वह सब प्रसंग तो हुआ ही था। व्यक्तिगत स्तर पर मैं स्वयं पुतलों

के इस विचार के प्रति सहमत नहीं थी। बाद में अच्छा यह हुआ कि रतनथियम ने उसमें काफी सार्थक बदलाव किये।

मिश्र: वह बदलाव क्या थे?

सोनल: रतनथियम अमाल के प्रोडक्शन के करीब पाँच-छह वर्षों बाद जब द्रौपदी से जुड़े, तो पटकथा की मूल भावना को अक्षुण्ण रखते हुए उसमें उन्होंने नृत्य की वरीयता बढ़ा दी। सम्वादों को बेहद कम कर दिया। उनका तर्क था कि जब आप मुख्यतः नृत्य की कलाकार हैं, तब जितना भी नवाचार हो सकता है, वह नृत्य और संगीत के द्वारा होना चाहिए। उनके तर्क में वजन था, इस कारण हमने द्रौपदी को एक नये ढंग से संगीत और नृत्य पर आधारित कर दिया। रंगमंच के शिल्प की तराश, नृत्य नाटिका के गाम्भीर्य को बढ़ाने में की गयी, जो रतनथियम की अपनी खासियत रही है। सबसे ज्यादा सन्तुष्ट मैं इस बात से हुई थी कि वे सारे नंगे पुतले हटा दिये गये थे। रतन ने सिर्फ दो पुतले लिये, जिनमें से एक को कृष्ण बनाया और दूसरे को अर्जुन का स्वरूप दिया। वे परम्परा के प्रयोग से इतने गहरे जुड़े हुए हैं कि जब पुतलों को यह स्वरूप देना तय हुआ, तब कृष्ण के अनुरूप सुन्दर वस्त्रों से एक पुतला सजाया गया। उसे पूरा अंगवस्त्रम, गहने, जरी की धोती आदि पहनाई गयी। अर्जुन का पोशाक भी राजसी ढंग से सँवारा गया। अब, जब पूरी सभा में ध्वनि और प्रकाश के संयोजन के बीच यह दोनों पुतले खड़े हुए, तो उस मीडियम की अपनी दिव्यता एकाएक कई गुना बढ़ गयी। चीरहरण प्रसंग में जब साड़ियाँ मंच पर गिरनी शुरू हुयीं, तब उस क्षण संगीत, नृत्य, प्रकाश व्यवस्था और रतनथियम के निर्देशन ने उसमें वह गरिमा भर दी, जिसकी शिनाख़्त मैं करना चाहती थी। रतन के जुड़ने से द्रौपदी नाटिका को एक पूर्णता हासिल हुई।

मिश्र: परम्परागत कलाओं में प्रदर्शन के पहले एक स्थिति ऐसी होती है जिसमें पूर्वाभ्यास या पूर्वप्रस्तुति या पूर्वाभिनय का अवकाश होता है। ऐसी स्थिति में जब आप होती हैं, तो उस समय क्या करती हैं। मेरा आशय यह है कि प्रदर्शन करने जा रहे प्रसंग का स्मरण करती हैं, अपने किसी गुरु

या देवता की मानसिक अर्चा करती हैं, या कोई ऐसी मानसिक स्थिति भी होती है, जिसका कलाओं की दुनिया में कोई महत्त्व बनता हो।

सोनल: पूर्वाभ्यास तो हर चीज़ के लिए जरूरी है। यहाँ मैं पूर्वाभ्यास का अर्थ यही समझ रही हूँ, कि जो प्रस्तुति से पूर्व सीखा जाता है। मतलब कि वर्षों तक सीखना और फिर उसे सीखकर, बराबर रियाज़ करते रहना। रही बात कोई प्रस्तुति देने जाने के पूर्व के अभ्यास की, तो उस समय कथावस्तु, प्रसंग, संगीत, वेश–भूषा, गहने और संगतियों से तारतम्य की स्थिति– इन सब चीज़ों का ध्यान रखना पड़ता है। उसको लेकर कैसी तैयारी करनी है, यह हर एक कलाकार का देखने का अलग–अलग ढंग होता है। गुजराती में जिसे 'झपकारो' कहते हैं, मतलब आपके दिमाग में एक बिजली का कौंधना, वही 'झपकारो' की स्थिति बुद्धि और हृदय में पूर्वाभ्यास के समय होती है। आपको एक उदाहरण देना चाहूँगी। मेरे बड़े भाई और गुरु थे, स्व.जीवनपाणि जी। उनसे मेरी ओडिसी नृत्य को लेकर चर्चायें और वाक्युद्ध चलते रहते थे। वे अकेले ऐसे व्यक्ति थे, जिनसे मैं वाद–विवाद में इतनी दूर तक जा सकती थी, जहाँ से लौटकर हम दोनों को आपसी रिश्तों में कभी कोई दिक्कत नहीं हुई। वे विद्वान व्यक्ति थे और अपने मतों पर इस तरह दृढ़ रहते थे, कि कोई नया व्यक्ति उनसे जिरह करते हुए उन्हें कई बार गलत भी समझ बैठता था। यह प्रसंग, जिसमें हमारा वाद–विवाद हुआ, 'गीत गोविन्द' की एक अष्टपदी से सम्बन्धित था। इस अष्टपदी में यह वर्णित है कि कृष्ण देर से आने की क्षमा याचना राधा से करते हैं। वे देर से आये हैं। रात की जगह, भोर में सुबह पहुँचे हैं राधा के पास। और उनके शरीर पर वे सारे संकेत चिह्न हैं, जिनसे राधा को यह अनुमान हो जाये कि रात किसी और के पास बितायी है। राधा उनके देर से आने के प्रसंग को भाँप जाती हैं। वे कृष्ण से उलाहना देती हुयी कहती हैं कि माधव वहीं जाओ, जहाँ पर रात बितायी है, जिस स्त्री ने तुम्हारा दिल हर लिया है।

हरिहरि याहि माधव याहि केशव मा वद कैतववादं।
तामनुसर सरसीरुहलोचन या तव हरति विषादम्।।

कृष्ण और राधा
कांगड़ा शैली

अब यह अष्टपदी अपने में बहुत प्रख्यात रही है। इसमें कृष्ण जब राधा को मनाते हुए हारने लगते हैं। यह जान जाते हैं कि राधा इस तरह नहीं मानेगीं, तब आखिरी एक तीर छोड़ते हैं 'स्मरगरल' का। स्मर कामदेव का नाम भी है और स्मरण के सन्दर्भ में भी प्रयुक्त होता है। यह जो विष है स्मर का, जो मुझे स्मरण कराता है कि जब हम साथ थे, तब क्या शृंगार और आनन्द था। आज तुम मेरे सामने होते हुए भी मुझसे दूर हो। तब इसका जो जहर मेरे शरीर में फैल गया है, उसका सन्ताप, उसका उद्वेग, उसकी पीड़ा तभी खण्डित होगी, जब आप अपने चरण कमलों को मेरे सिर पर सुशोभित करेंगीं।

स्मरगरलखण्डनं मम शिरसि मण्डनं देहि पदपल्लवमुदारम्।
ज्वलति मयि दारुणो मदनकदनारुणो हरतु तदुपाहितविकारम्।।
प्रिये चारुशीले मुञ्च मयि मानमनिदानं।

अब इस अष्टपदी पर नृत्य करने में मुझे बहुत आनन्द आता था क्योंकि यह शक्तिपाद का जो विषय है, वह मुझे बहुत प्रेरित करता था। तन्त्र और आगम में इसका उल्लेख मिलता ही है। शंकराचार्य की 'सौन्दर्य लहरी' में भी इसकी चर्चा हुयी है। मगर जीवनपाणि जी थे, जो इस अष्टपदी की शक्तिपाद चर्चा से असहज महसूस करते थे। वे कहते थे कि कहीं कुछ गड़बड़ है, अन्यथा ऐसा जयदेव लिख नहीं सकते थे। मेरे उत्सुकतावश यह पूछने पर कि तन्त्र में तो यह बहुत आसानी से उपलब्ध है, फिर क्यों आप कृष्ण पर शक्तिपाद चर्चा से नाक–भौं सिकोड़ते हैं। उनका तर्क था कि कृष्ण तो परमात्मा हैं और राधा जीवात्मा हैं। जीवात्मा द्वारा परमात्मा पर शक्तिपाद कैसे सम्भव है। इस बात को लेकर हम दोनों में काफी वाद–विवाद हुआ। मैंने उनको बताया कि भरतनाट्यम के सारे वर्णम, पदम, जावणी, शब्दम् सभी जगह परमात्मा के विग्रह में स्त्री का लोप माना ही गया है। देवदासियाँ जीवात्मा हैं, मगर वे पारम्परिक रूप से देवता को अर्पित दासियाँ हैं। उस परम्परा में उस देवता की पत्नियाँ हैं। विद्यापति, चण्डीदास, कालिदास सभी ने शिव–पार्वती के रूप को पति–पत्नी के सम्वेत भाव में देखा है। फिर जयदेव ने यदि कृष्ण की प्रेयसी राधा को उनके समकक्ष मानकर शक्तिपात करा ही दिया, तो

इसमें हर्ज क्या है। सूफी साहित्य में तो यह परम्परा ही रही है कि सब कुछ स्त्री भाव से करेंगें। उनके यहाँ एक ही पुरुष है, बाकी सब स्त्रियाँ हैं। हमारे यहाँ रसिक और सखी सम्प्रदाय में ढ़ेरों पुरुष कवि ऐसे हुए, जिन्होंने स्वयं को राधा की सखी मानकर कृष्ण की अर्चा की है। मैं ढ़ेरों तर्क देती जा रही थी, मगर जीवनपाणि जी टस से मस न हुए। बाद में हम दोनों में यह तय हुआ कि जो भी मौजूद साहित्य है, जो भी परम्परा में वर्णित एग्जिस्टिंग एविडेन्स (मौजूद प्रमाण) है, उसको सारा का सारा देखने के बाद यह तय किया जायेगा कि जयदेव द्वारा वर्णित शक्तिपाद का प्रसंग कितना सही है। इसके बाद जीवनपाणि जी उस काम पर लग गये। करीब डेढ़–दो महीने के बाद उनका फोन रात में साढ़े ग्यारह बजे मेरे पास आया कि सोनल मिल गया, जो हम लोग ढूँढ रहे थे। बाद में उन्होंने यह ढूँढ ही निकाला कि जयदेव से पूर्व यह शक्तिपाद की परम्परा भारत में सातवीं शताब्दी से मौजूद थी। भारत से जो बुद्ध धर्म के अनुयायी सातवीं शताब्दी में पद्म सम्भव के साथ तिब्बत गये, वहाँ सिद्धों की परम्परा में यह प्रक्रिया प्रमुख रूप से प्रचलित थी। उन्हीं सिद्धों ने चर्यागीतों के माध्यम से इस प्रसंग को अपने कई पदों में रेखांकित किया है। जीवनपाणि जी ने उनमें से अधिकांश चर्यागीत हासिल कर लिये थे। उनमें से कई पद ऐसे हैं, जिनमें यह प्रसंग मिलता है। मैं स्वयं प्राकृत की एक चर्या करती हूँ, जिसमें स्त्री साध्य है और पुरुष साधक है। यहाँ स्त्री और पुरुष का डायरेक्ट अप्रोच है। लिखने वाले सिद्ध हैं, इतनी खुली हुई भाषा में उन्होंने शक्तिपाद की चर्चा की है, वह देखते ही बनती है। अब इसमें उनके राग भी वर्णित हैं, जैसे– शून्य महारी वाली चर्या राग वराणी में है। मैं यह चर्या करती भी हूँ। इसका पूरा आशय बस इतना है कि एक देवी सारी सृष्टि में मौजूद है और वह उन जगहों पर भी है, जहाँ कुछ भी नहीं है। वह आन्तरिक प्रेरणा का कारण है और अपनी प्रज्ञा से आलोकित, जिसने सहस्त्रार का भेद जान लिया है।

ऊँचा ऊँचा पावत तहिं
बसई सबरी बाळि
तीय धाऊ खाट पाड़िला सबरो
महासुहे सेज छाईली
सबरो भुजंग नैरामणि दारी
प्रेम्ह राति पुहाईली
हिय तांबूला महासुहे
कापूर खाई
सुन्नो नैरामणि कण्ठे लईया
महासुहे राति पुहाई

शबरी

(अर्थ है शबरी, शबर से कह रही है। यहाँ शबरी और शबर एक प्राचीन जनजाति से सम्बन्धित हैं और शबरी आत्मा या आत्मज्ञान का प्रतीक है और शबर, शरीर या पुरुष का। मैं शबरी (आत्मा या आत्मज्ञान), तुझ शबर (यानी शरीर या पुरुष) से कहती हूँ कि मैं यहाँ ऊपर पहाड़ पर (सहस्त्रार के मस्तक पर) चढ़ी बैठी हूँ, जिसे तू नहीं देख रहा। मगर मैं तुझे यहाँ ऊँचाई से देख रही हूँ। तीन धातुओं का पलंग यहाँ सेज बनाया हुआ रखा है, उसमें आओ और मेरे साथ महासुख में लेटो। अर्थात्, यह तीन धातु हैं– रूप, अरूप और काम। बौद्ध तन्त्र में 'महासुख' का अर्थ 'कैवल्य' या 'मोक्ष' होता है। मैंने महासुख के लिए अर्थात मोक्ष के ज्ञान के लिये, रूप, अरूप और काम की सेज बिछाई है। सबरो भुजंग का अर्थ है कि शरीर ही साँप की तरह है। साँप का एक अर्थ तंत्र में कुण्डलिनी से भी लिया जाता है, जो यहाँ जाग्रत नहीं है, उसे ज्ञान से जगाना है। नैरामणि दारी का अर्थ है कि जो आपके सारे बन्धनों का दारण करती है। आपके काम का दारण करती है अर्थात काम पिपासा को शान्त करती है। लौकिक अर्थ में दारी, वेश्या को भी कहते हैं। इस तरह वेश्या भी काम ज्वार को शान्त करती है। अर्थ यह होता है कि मोक्ष प्राप्ति के लिए, सारे शरीर का बन्धन त्यागकर सत्य रूप हो जाना अर्थात शबरी हो जाना अर्थात शबर और शबरी का एकमेव हो जाना। इस काम में रूप, अरूप और काम की सत्ता मिट जाती है और जब दोनों एक हो गये, तो प्रेम से अज्ञान की पूरी रात बिता दी है। यहाँ जो ज्ञान पैदा हुआ है, उसकी सुगन्ध बची हुयी है और कपूर की तरह अज्ञान जल गया है। प्रेम भरी रात आ गयी है। अर्थात् ज्ञान मिल गया है, मोक्ष प्राप्त हो गया है।)

बौद्ध तंत्र की महादेवी तारा

इसके बाद जीवनपाणि जी रोने लगे। मेरा भी मन भर आया। उन्होंने स्वीकारा कि हमारे यहाँ परम्परा में बहुत सारे प्रयोग ऐसे हुए, जिनमें स्त्री की शक्ति सर्वोपरि मानी गयी। और उसे उन स्थानों पर देवता के ऊपर रखा गया। शून्य महारी वाली चर्या के अतिरिक्त उन्हें ढेरों ऐसे प्राकृत के पद मिले, जहाँ स्त्री साध्य बनकर, पुरुष साधक की साधना धन्य करती है। अब वे सन्तुष्ट थे। उनका अन्तिम तर्क यही था कि भले ही यह वज्रयानों की परम्परा से निकलकर आया हो, भले ही यह सिद्धों की परम्परा में मिलता हो, मगर हमारे यहाँ यह संस्कृति का, तंत्र का और अध्यात्म का एक प्रमुख बिन्दु बना। तेरहवीं शताब्दी में अगर जयदेव राधा को एक तंत्रस्वरूपिणी स्त्री के रूप में प्रतिष्ठापित करते हैं, तो उससे कोई नुकसान नहीं होता, बल्कि कृष्ण का ही मान बढ़ता है। हम नृत्यांगनाओं को इस अर्थ में एक बेहतर अष्टपदी को, ज्यादा व्यापक अर्थों में नृत्य में प्रयोग करने का अवसर मिल पाता है।

स्व. श्री जीवनपाणि
उड़िया कवि एवं संगीत मर्मज्ञ

यह प्रसंग इसलिये मैंने आपको सुनाया, कि मैं यह बताना चाहती थी कि इस तरह एक–एक अष्टपदी, वर्णम, या पदम को लेकर, वर्षों नृत्य सीखने के बावजूद, अभ्यास में रखना पड़ता है। पूर्वाभ्यास सिर्फ इतनी सी ही बात नहीं है कि उसमें नृत्यांगना अपने नृत्य को सम्बोधित हो, बल्कि वह उस नृत्य के टेक्स्ट को भी जाँचने–परखने एवं हृदयंगम करने की नसीहत देता है। फिर जब किसी प्रसंग को आप कई कोणों से परख लेते हैं, तब आपकी ज़िम्मेदारी एकाएक कई गुना बढ़ जाती है। जैसे एक जनरल आयडिया यह लगाना पड़ता है कि सिद्धों की परम्परा क्या रही है, उसमें संगीत किस तरह का प्रयोग किया जा सकता है। इसमें राग और ताल किस तरह निर्धारित की जायेगी। शबरी प्रसंग को करते समय, नृत्यांगना किस तरह का अलंकरण करेगी, जिससे वह नृत्यांगना भी लगे और उसी क्षण तन्त्र करने वाली साधिका भी। ऐसे बहुत सारे अज्ञात रास्तों से गुजरकर अभ्यास निखरता रहता है। पूर्वाभ्यास मेरे लिए हमेशा, परम्परा में प्राप्त ज्ञान का चिन्तन–मनन रहा है। और मुझे लगता है कि इससे मेरा अनुभव संसार बड़ा ही हुआ है।

मिश्र : आपने पूर्वाभ्यास को बहुत सुन्दर ढंग से समझाया है। मगर एक बात फिर भी अनुत्तरित रह गयी है कि मंच पर जाने के ठीक पूर्व के समय की मानसिक तैयारी क्या होती है? उस दिन की नियति, खान–पान, परिधान किस तरह का होता है? पूर्वरंग में सोनल मानसिंह किस स्थिति में होती हैं?

सोनल : इस बात के जवाब में इतना ही कहूँगी, जब हम युवा होते हैं, तब तैयारी अलग होती है और इस उम्र में पहुँचकर तैयारी दूसरे किस्म की होती है। जब आप युवा होते हैं, उस समय यदि शाम का कार्यक्रम है– तब सुबह का नाश्ता, पेट भर लन्च भी ले लेते हैं। और आपकी यंग बॉडी सब कुछ पचा लेती है। मगर, उम्र के जिस दौर में हम लोग हैं, उसमें कार्यक्रम के दिन को बहुत गम्भीरता से लेते हैं। मेरे लिए वैसे भी कार्यक्रम का दिन हमेशा ही बहुत पवित्र दिन रहा है। उस दिन मैं किसी से मिलना–जुलना, हँसी–मजाक, बाहर जाना पसन्द नहीं करती। उस दिन मैं किसी भी तरह के व्यसन आदि से भी स्वयं को दूर रखती हूँ। मुझे वाइन पीना पसन्द है। मैं इस बात का हमेशा ध्यांन रखती हूँ कि जिस दिन मेरा कार्यक्रम है, उस दिन एवं उसके एक दिन पूर्व इस तरह की चीज़ को हाथ भी नहीं लगाती। आजकल तो मैं कार्यक्रमों के समय सिर्फ दोपहर में सूप ले लेती हूँ, दही वगैरह खा लिया या कोई फल ले लिया, इससे ज्यादा कुछ नहीं। इसके बाद कार्यक्रम के कुछ घण्टों पूर्व प्राणायाम किया। मंच पर जाने के समय उसकी व्यवस्था देखती हूँ जैसे– ध्वनि–प्रकाश व्यवस्था और मंच की सज्जा आदि। यह सब देखने के बाद ग्रीन रूम में चली जाती हूँ। इसके बाद मुझसे कोई मिल नहीं सकता है। न ही कोई मेरे इर्द–गिर्द शोर कर सकता है। एक तरह की विचित्रता है मेरे स्वभाव में, मगर मैं क्या करूँ, मैं ऐसी ही हूँ।

और जो आपने मंच पर कार्यक्रम के ठीक पहले की मानसिक स्थिति की बात कही है। वह बस इतनी ही रहती है कि एक धनुष को तैयार करके, उस पर डोरी चढ़ाकर उसका आरतर्ण खींचा है। अब तीर छूटने की देरी है और यह तीर स्टेज पर ही छूटता है। अब अगर इससे पहले

कोई आपका हाथ खींच ले, कन्धे थपथपाये या कुछ बात करे, तब तो इस बात की सम्भावना बढ़ जायेगी कि हाथ से छोड़ा गया तीर शायद सही निशाने पर नहीं बैठेगा। या हो सकता है वह मंच पर ही कहीं गुम हो जाये।

मिश्र: भरतनाट्यम के सन्दर्भ में एक बात अलग से ध्यान आकर्षित करती है कि वहाँ प्रयुक्त होने वाले साहित्य या भक्ति पदों में शास्त्र से अलग कोई नवाचार, प्रयोग, परिवर्तन लक्षित नहीं किया जा सकता। जैसे मुत्तुस्वामी दीक्षितर, त्यागराजा, श्याम शास्त्री एवं स्वाती तिरूनाल के पदों का दक्षिण भारतीय शास्त्रीय संगीत में प्रयोग हो, या भरतनाट्यम की प्रस्तुतियों में गायन– वह सब एक पारम्परिक रूप में ही निभता रहा है। उसकी एक निश्चित परिपाटी है कि त्यागराजा या दीक्षितर का पद उसी तरह गाया जायेगा, जिस तरह परम्परा में गाया गया है। जबकि ओडिसी में जयदेव के जो भी पद गाये जाते हैं, उनमें यह परम्परा रही कि अधिकांश कलाकारों ने अपने–अपने ढंग से नवाचार कर दिया। ओडिसी में जयदेव के साथ प्रयोग करके, कुछ नया हासिल किया जाता है और भरतनाट्यम में दक्षिण भारत के भक्तिपद, जस का तस चले आते हैं। ऐसा क्यों है? इस विरोधाभास के पीछे क्या कारण रहे हैं?

सोनल: इसमें विरोधाभास जैसी कोई बात नहीं है। मैं आपके इस बात से पूर्णतया सहमत हूँ कि ओडिसी में प्रयुक्त होने वाला जयदेव का 'गीत गोविन्द', कलाकारों द्वारा बार–बार नये ढंग से बरता गया है। भरतनाट्यम की बात दूसरी है। मैं उसे स्पष्ट करती हूँ। पहले विरोधाभास की बात करते हैं। ओडिसी उड़ीसा से निकली, जो भारत के पूर्वांचल की कला है, जबकि भरतनाट्यम मूल रूप से दक्षिण में उपजी है। कर्नाटक, आन्ध्र और तमिलनाडु इसके प्रमुख केन्द्र रहे हैं। दक्षिण भारत के संगीत की जब हम बात करते हैं, तब उसका आशय कर्नाटक संगीत से हो जाता है। जिस संगीत का मतलब है कि वह कर्नाटक में पिछले पाँच सौ वर्ष पूर्व गुरु पुरन्दर दास द्वारा आरम्भ हुआ था। इस परम्परा में ही त्यागराजा, श्यामशास्त्री और दीक्षितर की त्रिपुटी आती है। स्वाति तिरुनाल और धर्मपुरी सुब्राया बहुत बाद में जाकर इस परम्परा

से जुड़ते हैं। अब यहाँ ध्यान देने वाला तथ्य यह है कि इन लोगों से मिलकर जो परम्परा बनी, उसमें इन मूर्धन्य लोगों ने यह तय किया कि रागों की जो अवधारणा है, उसी में संगीत गाया जायेगा। कहने का तात्पर्य यह है कि इन लोगों ने यह लिख दिया कि इस राग में ही इस कृति को गाया जायेगा। और इसके साथ सबसे वैज्ञानिक पक्ष यह जोड़ा कि उस राग निर्धारण के साथ इन्होंने उस राग की नोटेशन (स्वरलिपि) लिख दी। अब, जब पद–राग और ताल के साथ, स्वरलिपि के द्वारा व्यक्त हुआ; तब इस बात की गुंजाइश ही खत्म हो गयी कि उस पद को किसी और राग में ले जाकर स्वरलिपि दी जाये। बाद में यह रुढ़ि बना और अब तो पूरी आस्था व श्रद्धा के साथ यह चीज़ें जस की तस गायी जा रही हैं। जैसे त्यागराजा का पद है– '*रा रा सीता रमणी मनोहर*', यह बसन्त मुखारी राग में है। अब आप इसको उसी तरह गायेंगे, जिस तरह बसन्त मुखारी इसके चलन का मार्ग प्रशस्त करती है। दक्षिण भारतीय लोग परम्परा को लेकर थोड़े सख्त रहे हैं, इस कारण भी जो मूल ढाँचा त्यागराजा दे गये हैं, उसमें कोई कलाकार फेर–बदल करने की हिम्मत ही नहीं करता। ज्यादा से ज्यादा प्रयोग यह हो सकता है कि उस पद का परम्परागत ढंग से इस्तेमाल करते हुए आप उसमें थोड़ा सा 'मनोधर्म', 'संचारी' आदि ले आयें। मगर ढाँचा नहीं बदल सकते। इसी तरह दीक्षितर और श्यामशास्त्री का भी हाल है। कहने का मतलब यह है कि कर्नाटक संगीत के सख्त परम्परागत रवैये के चलते वहाँ आपको कोई नवाचार या परिवर्तन दिखाई नहीं देता। इसी कारण भरतनाट्यम के कलाकार भी उन पदों को पारम्परिक अर्थों में ही लेते हैं। फिर चाहे वह धर्मपुरी सुब्राय के जावड़ी पदम हों या दीक्षितर के भक्ति पद। यह रीति बंगाल में भी चलती है, वहाँ शान्ति निकेतन में और हर जगह, गुरुदेव का 'रवीन्द्र संगीत' हू–ब–हू गाया जायेगा। वहाँ फेरबदल नामुमकिन है।

जयदेव की बात अलग है। ओडिसी में जयदेव का 'गीत गोविन्द' ही प्रधान टेक्स्ट माना गया है। जयदेव ने एक व्यावहारिक पक्ष अपने पदों के साथ यह रखा कि उन्होंने विभिन्न प्रसंगों में यह लिखा कि अमुक

अष्टपदी इस राग में गायी जायेगी। उन्होंने अष्टपदियों के साथ नोटेशन्स नहीं डाली। उनकी स्वरलिपियाँ नहीं बनाई। तो गाये जाने का मतलब यह है कि मैं जयदेव, यह जो पद लिख रहा हूँ, इसमें बसन्त ऋतु का वर्णन है और कृष्ण क्रीड़ा कर रहे हैं। मुझे लगता है कि इस अष्टपदी का गायन बसन्त राग में ही उचित रहेगा। अब उन्होंने आपको एक सूत्र दे दिया कि बसन्त राग के आधार पर इस अष्टपदी का प्रयोग करिये। मगर उन्होंने आपको एक सहूलियत भी दी कि यदि वह आपको किसी अन्य राग में उपयुक्त लगती है, तो उसमें गाइये। आप बसन्त न लेकर बहार या केदार का प्रयोग कर लें। यह हुआ भी। दक्षिण से बिल्कुल भिन्न, उड़ीसा में इस बात की परम्परा मिलती है कि उड़िया लोगों ने जयदेव से कितनी छूट ली है। इस अर्थ में, ओडिसी के साथ यह सौभाग्य रहा कि अष्टपदियों में कुछ नवाचार सम्भव हो गये। स्वरलिपियों के अभाव में, गुरु लोगों ने अपने मन मुताबिक स्वरलिपियाँ गढ़ लीं। हालाँकि बहुत सी सुन्दर अष्टपदियाँ ऐसी हैं, दुर्भाग्य से, जिनमें अपने मन से लगाये गये राग बेहतर साबित नहीं हुए। अब शब्दों का छन्द सात मात्रा में जा रहा है और आप चार मात्रा में गा रहे हैं, तब कैसे गायन और पद की संगति बैठेगी? इसमें जो मात्रा का ध्वंस होगा, उससे अष्टपदी का लालित्य उभरकर सामने नहीं आयेगा। इसलिये मुझे लगता है कि हम सभी लोगों ने जयदेव के साथ कुछ ज्यादा ही छूट ले ली है, जबकि दक्षिण के लोगों के साथ ऐसा सोचा भी नहीं जा सकता।

मिश्र: इस लिहाज़ से जयदेव में ज्यादा इनोवेशन (नवाचार) सम्भव है?

सोनल: इनोवेशन तो कहीं भी सम्भव हो सकता है। जयदेव के मामले में तो यह इनोवेशन से ज्यादा कन्फ्यूजन की स्थिति है। लोगों ने गौर नहीं किया कि कवि ने जो राग लिखे हैं, उनका इस्तेमाल हू-ब-हू करें, तो कैसा लगेगा। हो सकता है वैसा करने पर अष्टपदी का सौन्दर्य, पूरी तरह निखर आयेगा, जैसा वह जयदेव द्वारा वर्णित है। अपने मनचाहे ढंग से करने पर यह शिथिलता तो आती ही है कि कई बार कुछ अष्टपदियाँ अपने शब्दों का सौन्दर्य, भाव, लालित्य प्रसंगोचित व्यक्त नहीं कर पातीं।

मिश्र: रुक्मिणी देवी अरुण्डेल की ढेरों देन ऐसी है, जिसने भरतनाट्यम में ऐतिहासिक परिवर्तन सम्भव किये। उन्होंने 'कलाक्षेत्र' बनाया, जिसमें ढेरों महत्त्वपूर्ण कलाकार पैदा हुए। उन्होंने श्रृंगार की जगह पर भक्ति को वरीयता दी, जिससे आज का भरतनाट्यम सम्भव हुआ। भरतनाट्यम की लोकप्रियता, उसकी प्रासंगिकता एवं उसमें परिवर्तन का प्रगतिशील आग्रह, क्या रुक्मिणी देवी अरुण्डेल की वजह से आया है?

गीत गोविन्द के रचयिता जयदेव

सोनल: आपके प्रश्न की कई परतें हैं। इसके कई हिस्सों से मैं सहमत हूँ। जैसे कि सर्वाधिक महत्त्व की बात रुक्मिणी देवी अरुण्डेल के सन्दर्भ में यह जाती है कि उन्होंने 'कलाक्षेत्र' बनाकर भारत ही नहीं, बल्कि समूचे संसार के आगे इस बात का उदाहरण रख दिया कि लोग आकर देखें कि भारतीय नृत्य परम्परा क्या चीज़ होती है। उसमें से सीखकर भरतनाट्यम की दुनिया के लोग बाद में बहुत प्रसिद्ध हुए, इसमें कोई दो राय नहीं है। जैसे कमला लक्ष्मण और मृणालिनी साराभाई। मगर पूरी तरह रिबेलियन या भविष्य को पहले से ही भाँप लेने वाली महान किरदार के रूप में हम रुक्मिणी देवी को शुरू में नहीं पाते। यदि हम उनका इतिहास पलटकर देखें, तो पता लगता है कि पहले वह अन्ना पावलोवा के पास बैले सीखने पहुँच जाती हैं। वहाँ से पावलोवा की सलाह के चलते रुक्मिणी देवी, भारत लौटती हैं, जब वे कहती हैं कि तुम बैले सीखकर क्या करोगी? तुम्हारे अपने ही देश में इतनी सुन्दर कलाएँ हैं, उनको जाकर ढूँढ़ो। उनका पता लगाओ, उनको बाहर निकालकर दुनिया के सामने लाओ। यह बात ही रुक्मिणी देवी के जीवन में प्रस्थान बिन्दु बनी, जिसका बाद में इतना व्यापक असर हुआ कि एक प्रकार से भरतनाट्यम की पूरी परम्परा ही नये ढंग से सामने आयी। यह बात स्वीकारने में मुझे कोई संकोच नहीं है कि अंग्रेजों ने जिस देवदासी परम्परा को बन्द करके, भरतनाट्यम को लगभग समाप्त ही कर दिया था, भारत में उसे री–इन्वेन्ट रुक्मिणी देवी ने ही किया। रही बात श्रेय की, वह तो उनको बहुत मिलता ही है। मगर इसका अधिकतम श्रेय मेरे लिहाज़ से अन्ना पावलोवा को ही जाना चाहिए। अन्ना के बाद, रुक्मिणी देवी को श्रेय मिलना वाज़िब है। उनके व्यक्तित्व की सबसे उल्लेखनीय

रुक्मिणी देवी अरुण्डेल

बात यह रही कि उन्होंने सिर्फ भरतनाट्यम के कलागुरुओं को एकत्र करके 'कलाक्षेत्र' ही नहीं बनाया, बल्कि स्वयं भरतनाट्यम सीखा। उनके द्वारा एक मोड़ भरतनाट्यम में यह भी आया कि जो देवदासियाँ उस समय शृंगार–भक्ति युक्त नृत्य करती थीं, उसमें उन्होंने बदलाव किये। शृंगार भक्तिप्रधान परम्परा में बालासरस्वती जी अप्रतिम हैं। रुक्मिणी देवी ने शृंगार भक्ति की परिपाटी को बदलकर, भक्ति–शृंगार के रास्ते पर डाला। बाद में उसमें से शृंगार भी उड़ा दिया और सिर्फ भक्ति ही बची रही।

मिश्र: 'शारदा एक्ट' (अंग्रेजों द्वारा लाया गया देवदासी एक्ट, जिसके अनुसार मन्दिरों में या अन्य सार्वजनिक स्थानों पर देवदासी प्रथा समाप्त की गयी और इसी के साथ उनका मन्दिरों में नृत्य करना प्रतिबन्धित हुआ) के आने के बाद, जब देवदासी परम्परा ही समाप्त होने के कगार पर पहुँची, तब क्या भरतनाट्यम ने अपने प्रति कोई विचलन या परिवर्तन के संकेत महसूस किये?

सोनल: कोई चीज़ नष्ट नहीं होती है। एक स्तर तक लुप्त भी नहीं होती। हाँ यह जरूर है उसके विवरण, व्यवहार और तरीके अवश्य बदल जाते हैं। नाट्यशास्त्र में जब नृत्य विधाओं की चर्चा हुई, तब उसमें यह ही नहीं था कि इन नृत्य की विधाओं में देवदासियाँ ही अकेले नृत्य करेंगी। हाँ, यह अवश्य हुआ होगा कि देवदासी एक्ट के पास होने के बाद, उस परम्परा में बहुत सारे परिवर्तन हुए होंगे। लेकिन एक हद तक, परिवर्तन तो समाज का अंग रहा है। पहले राजा–महाराजा थे, वह गये। फिर अंग्रेज आये, उनका भी जाना हुआ। स्वाधीनता की लड़ाई लड़ी गयी, तो आजादी के बाद धीरे–धीरे गाँधीवादी और स्वतंत्रता सेनानी खत्म हुए। इसी तरह कला की दुनिया में भी उतार–चढ़ाव हुआ होगा। भरतनाट्यम में भी अगर कोई परिवर्तन उस समय से लक्षित किया जाता है, तो यह कोई आश्चर्य की बात नहीं है। यह तय नहीं हुआ था कि कोई नृत्यांगना जब नृत्य करेगी, तब वह देवदासियों की तरह ही होगा। यह अलग बात है कि उस परिपाटी को बचाये रखने के फेर में बाद में 'देवदासी पदम' भी होने लगे। कहने का मतलब यह है कि

जीवन है, तब उसमें परिवर्तन होगा ही। वह नृत्य के समाज में हुआ, यह बड़ी स्वाभाविक बात है।

मिश्र: मेरे पूछने का तात्पर्य यह है कि देवदासियों के पास अपने जीवन का जो अन्धकार और दर्द था। इस परम्परा को निभाने की जो मजबूरी और रुढ़ि थी, वह उनकी कला में, उनके नृत्य शिल्प में भी झलकती होगी। यह परम्परा समाप्त होने पर, जो चीज़ लुप्त हुई– वह आज की नयी लड़कियों को भरतनाट्यम सीखते हुए भी पता नहीं है, जो अच्छे पढ़े–लिखे अंग्रेजी माहौल से आती हैं। उनके लिए तो यह सारी बात अब सिर्फ इतिहास या लीजेन्ड की चीज़ हो गयी है।

सोनल: हाँ, यह तो ठीक है। हर शताब्दी का अपना समय होता है, जिसमें नयी पीढ़ी, बिल्कुल नये तरीके से अपना इतिहास रचती है। अंग्रेजी माहौल से निकलकर आने वाली लड़कियों के लिये तो देवदासियों की कथा एक लीजेण्ड ही रहेगी हमेशा। और उनकी बात तो जाने दीजिए, हमारे ही समय में, जब मैनें भरतनाट्यम सीखना शुरू किया था, तब मुझे क्या मालूम था कि वाकई में एक देवदासी का दर्द क्या होता है। मैं एक सम्पन्न पढ़े–लिखे गाँधीवादी परिवार में जन्मी थी, जहाँ किसी भी तरह की रुढ़ि की चर्चा का कोई प्रश्न ही न था। एक लीजेण्ड के सहारे से इस बात को कहूँ तो कृष्ण के महारास में सौराष्ट्र की ही ज्यादातर स्त्रियाँ शामिल रही होंगी, या पूरे भारतवर्ष से गोपिकाएँ यात्रा करके कृष्ण के पास पहुँचती होंगी, कौन जानता है? गोकुल और ब्रज ही कृष्ण के अभाव में दुःखी होता होगा, यह जरूरी नहीं है।

एक देवदासी राज्य आश्रित होती थी, राजा आश्रित होती थी, मन्दिर आश्रित होती थी और पुजारी आश्रित होती थी। कहने का मतलब यह है कि वह कई परतों में अपना एक जीवन जीती थी। कैसे कोई आज की स्त्री, उस दर्द को महसूस कर पायेगी? उन्हें 'नित्य सुमंगली', 'नित्य कल्याणी' कहा जाता था, जिनका मंगल अवसरों पर दिखना कल्याणप्रद था। मगर अपने में यह देखना कितना विरोधाभासी है कि दूसरों के लिए कल्याण की कामना रचने वाली इन स्त्रियों का, खुद का जीवन कितना अन्धकारमय था। अगर

कोई आज की नृत्यांगना उन स्त्रियों के दर्द का, अपनी नृत्य कला में थोड़ा भी अनुवाद कर सके, तो वह बात बहुत महत्त्व की होगी। एक प्रकार से उनके प्रति आदर भाव से भी भरी होगी।

मिश्र: कहने का मतलब यह है कि देवदासियों के प्रति पूरी सम्वेदना व हमदर्दी रखने के बावजूद हमने कहीं–न–कहीं परम्परा में विचलन पैदा किया है?

सोनल: सेंध लगाई है। यह सेंध परम्परा से ज्यादा, समय ने लगायी है। अगर भारतीय समाज अंग्रेजों का गुलाम नहीं होता, तो हो सकता है, किसी और तरह का नवजागरण इस देश में हुआ होता। कला की दृष्टि से भले ही, देवदासियों का समाप्त होना, थोड़ा अखरने वाला रहा हो। मगर इस बात से कौन इनकार करेगा कि स्वतंत्रता प्राप्ति के साथ हमने देवदासियों को भी सामाजिक रूप से स्वतंत्र किया। यह एक बड़ी बात है। उनकी आजादी, कहीं न कहीं कला के जीवन से बड़ी चीज़ है। और इसका एक व्यावहारिक पक्ष यह उभरा कि बाद में भरतनाट्यम आम आदमी को सुलभ हो गया। देवदासियों के जो विशिष्ट पदम वगैरह थे, जावणी पदम थे, वह सब आम आदमी के देखने की चीज़ बन गये। यह एक तरह से अच्छा ही हुआ। इस नृत्य परम्परा ने, आजादी के साथ अपना एक विराट् स्वरूप पकड़ लिया।

मिश्र: यह मात्र संयोग है या कोई परम्परा कि भरतनाट्यम जैसी नृत्य विधा में ज्यादातर गुरु पुरुष हुए। एक महान परम्परा रही है गुरुओं की, जिसमें पंडनल्लूर मीनाक्षी सुन्दरम् पिल्लै, चोकलिंगम् पिल्लै, कण्डपा पिल्लै और प्रो. यू.एस. कृष्णराव जैसे व्यक्ति रहे हैं। इस बारे में आपका क्या मत है।

सोनल: (हँसती हैं) अब सन्तुलन आ गया है। आज स्त्री गुरु ज्यादा हैं। पहले जैसी स्थिति आज नहीं है। वह तो ऐसा इसलिए हुआ कि देवदासियाँ, स्त्रियाँ होती थीं। वे मन्दिर में जब नृत्य करती थीं, तो साथ में नट्टुवांगम (वह व्यक्ति या संगीतकार, जो मंजीरा को एक विशेष ताल में बजाता है, नट्टुवांगम करना कहते हैं, और उस व्यक्ति को नट्वनार

कहा जाता है) करने वाले, वायलिन बजाने वाले, बाँसुरी बजाने वाले, मृदंग बजाने वाले सभी पुरुष थे। वे ही सीधे देवदासियों के सम्पर्क में थे, जिन्होंने भरतनाट्यम को बहुत नज़दीक से जन्म लेते और बनते देखा था। यह एक ऐतिहासिक तथ्य है, इसीलिये वे लोग बाद में बड़े कलागुरु बन सके।

केलुचरण महापात्र जी, ओडिसी में बड़े गुरु बने, तो उनकी कहानी दूसरी है। वे एक अखाड़ापिला थे और उड़ीसा में रासलीलाओं में भाग लेते थे। अन्नपूर्णा नाटक मण्डली में परदा खींचने का काम भी उन्होंने किया है। भरतनाट्यम या ओडिसी के लिए कोई ऐतिहासिक सत्यता परखने की जरूरत नहीं। बात बस इतनी ही है कि नट्टुवांगम करने वाले, या शोलूकट्टू (भरतनाट्यम में बोल बनाने की विधा, शोलू तमिल का शब्द है, जिसका अर्थ है बोल और कट्टू का अर्थ है कहना। ओडिसी में इसके लिये उकुट्ट शब्द प्रचलित है, जबकि कथक में बोल बनाना कहते हैं।), करने वाले, या वायलिन बजाने वाले चूँकि देवदासियों की कलाओं के सर्वाधिक समीप रहे हैं, उसी वजह से उन्होंने इन नृत्य की बारीकियों को गहराई से आत्मसात किया है।

रु केलुचरण महापात्र के साथ सोनल

मिश्र: नट्टुवांगम करना या शोलूकट्टू करना, इस चीज़ को आप विस्तार से बतायें।

सोनल: यह सारे पद शास्त्रीय पद हैं, भरतनाट्यम के ग्रामर के शब्द, जिनको जाने बगैर ठीक से भरतनाट्यम नहीं जाना जा सकता। मैं उस चीज़ को कोरियोग्राफी के अर्थ में समझाने का प्रयास करती हूँ। नट्टुवांगम करना, मंजीरा को एक विशेष प्रकार से बजाना है, जिससे नृत्य के समय उस मंजीरे से एक विशेष प्रकार की ध्वनि निकलती है। बजाने वाला यानी नट्वनार, नीचे बायें हाथ में मंजीरे की बड़ी परिधि वाला हिस्सा पकड़ता है और उसे एक विशेष प्रकार के तालम् में ऊपरी दाहिने हाथ से, छोटी परिधि वाला हिस्सा पकड़े हुए बजाता है। शोलूकट्टू तमिल का शब्द है, जिसका अर्थ है बोल बनाना। कथक में यह बोल बनाना ही कहा जाता है। इसी तरह भरतनाट्यम नृत्य की छोटी–छोटी

इकाइयों (डान्स–पैटर्न) को अड़ऊ कहते हैं। इसके लिए दूसरा शब्द आप अंगहार भी प्रयोग कर सकते हैं। अब मैं इसको एक उदाहरण के तौर पर बताती हूँ। भरतनाट्यम की परिपाटी में एक प्रसंग होता है जतीस्वरम् का। सामान्यत: यह अलारिपु के बाद की जाती है। अब यह जतीस्वरम्, रूपक ताल में है। दक्षिण में रूपक ताल तीन मात्राओं में चलता है। अब मान लीजिये रूपक ताल में गाना हो रहा है, राग कल्याणी में। (गाकर बताती हैं) अब यह गाना चल रहा है। अब मेरे हाथ में जैसे कि ताड़म है, यानि कि जो मंजीरा है, उसे नट्वनार बजाता है। अब ताड़म इस गीत के साथ इस तरह चलेगा (बजाकर दिखाती हैं)। यह एक प्रकार से गणित से मिलता–जुलता शास्त्र है।

बहुत लोगों को नट्वांगम की स्थिति स्पष्ट नहीं होने की वजह से, खासकर उत्तर भारत में सुनते हुए थोड़ा अटपटा लगता है। दक्षिण भारत की ताल वगैरह यदि आप नहीं सीखेंगे, तो प्रदर्शन के समय थोड़ा अटपटा अवश्य लगेगा। ये जो सूक्ष्मता है, कई परतों की ज्यामिति है, वह भरतनाट्यम की खासियत है। हर एक विधा की ऊर्जा क्या है, उसको जानना बहुत जरूरी है। अगर यह नहीं आया, तब आपकी सारी गणित गड़बड़ा जायेगी। हमारे यहाँ बहुत लोगों ने दक्षिण भारत के मिज़ाज़ को पूर्णतया आत्मसात करने के लिए वहाँ की ग्रामर सीखी भी है। पं. रविशंकर और पं. हरिप्रसाद चौरसिया जैसे मूर्धन्य इन सूक्ष्मताओं से भलीभाँति परिचित हैं।

मिश्र: आपने भरतनाट्यम के साथ ओडिसी नृत्य को भी अपनी कला के प्रदर्शन में केन्द्रीयता उपलब्ध कराई है। परस्पर दो विपरीत प्रदर्शनकारी कलाओं में सिद्धहस्त होने के बाद क्या आप दोनों कलाओं के बीच कोई साम्य या मिलन बिन्दु पाती हैं, जिनसे इन कलाओं में आपकी यात्रा सुगम बनी हुई है। या कि कोई ऐसा प्रस्थान बिन्दु किसी एक कला में लक्षित किया हो, जिससे गुजरकर दूसरी में आसानी से पहुँचा जा सकता हो।

सोनल: ललित मानसिंह के साथ विवाह के बाद जब मैं अपने सास–श्वसुर से मिलने कटक गयी, तभी मेरी ओडिसी की दीक्षा शुरू

हो गयी थी। उसके पहले मैनें बचपन से ही भरतनाट्यम सीखना शुरू कर दिया था, दादाजी के सहयोग से, जिसकी विस्तृत चर्चा मैं आपसे पहले कर चुकी हूँ। बाद में जब मेरे श्वसुर ने मुझसे पूछा कि सीखना है, तब मैंने हाँ कह दिया। इस तरह मेरी ओडिसी की दीक्षा शुरू हुयी थी। उस समय मेरे दिमाग में इस तरह के दार्शनिक प्रश्न नहीं थे कि मैं क्यों ओडिसी या भरतनाट्यम में आईं हूँ। सीखने का मन था, तो सीखना शुरू कर दिया। नृत्य करते–करते बहुत दिनों बाद यह समझ में आया कि भरतनाट्यम और ओडिसी कमोबेश सहायक नृत्य विधायें हैं। भरतनाट्यम में ढ़ेरों क्रिया–कलाप हैं, अंग–भंगियाँ हैं। नृत्य चलन हैं, पद चलन हैं, जो सारे मिलकर एक भौमितिक स्थापत्य रचते हैं। जबकि ओडिसी में सब कुछ संकेतों के माध्यम से है। उसमें एक तरह का पच्चीकारी भाव है, उसमें सुमधुर गान है और लालित्य है। दोनों ही विधाओं में दो–दो स्तर माने गये हैं। पहले दैवीय और लौकिक, फिर उसमें मन्दिर और राज्य। फिर इन दोनों में विशिष्ट और सामान्य जन। इसी तरह दोनों में ही गुरु मर्यादायें और वाक्य मर्यादायें हैं। दोनों में ही साधना की परम्परा बनी हुई है। यदि हम गौर करें तो पाते हैं कि ओडिसी और भरतनाट्यम उन दो सगी बहनों की तरह हैं, जिनका विवाह दो अलग–अलग दिशाओं में हो गया है और जिनको एक साथ देखने पर एक फैमिली रिजेम्बलेन्स (पारिवारिक साम्यता) दिखाई देती है। इस कारण मैं ओडिसी और भरतनाट्यम को एक साथ साध पायी। लेकिन मैं यहाँ यह भी जोड़ना चाहूँगी कि कम–से–कम मैं दो अलग–अलग परिवेशों की नृत्य विधाओं को एक साथ जोड़ न पाती। मुझसे यह नहीं हो सकता था कि मैं भरतनाट्यम और कथक या कथक और ओडिसी को जोड़ती।

मिश्र: इधर कुछ वर्षों से आप ओडिसी ही कर रही हैं?

सोनल: हाँ यह सही है। नब्बे के बाद से तो मेरा जोर ओडिसी पर ही रहा है। मैं टीम वर्क में विश्वास करती हूँ। भरतनाट्यम का जो मेरा ग्रुप था, धीरे–धीरे वह बिखर गया। कुछ सीनियर म्यूजिशियन्स थे मेरे साथ, जिनमें से अधिकांश दिवंगत हो गये। आजकल भरतनाट्यम में जो भी सहयोगी मिलते हैं, वह घूम–घूमकर दिल्ली में चार–पाँच जगह

सिखाते हैं, इस कारण उनके साथ मेरी संगति ठीक ढंग से बैठ नहीं रही थी। दक्षिण से बार–बार संगीतकारों को बुलवाना, बहुत व्यावहारिक नहीं रह गया था। वहाँ भी भरतनाट्यम के लिए समर्पित पूर्णकालिक म्यूजिशियन्स नहीं मिलते। उनमें से अधिकांश दिन में नौकरी करते हैं, कोई बैंक में है, कोई स्कूल में पढ़ा रहा है। शाम को वे लोग भरतनाट्यम की ट्यूशन लेते हैं। इस तरह कोई टीम नहीं बन पा रही थी। और सिर्फ प्रोग्राम पाने के लिए मैं एक काम चलाऊ टीम बनाकर, उसमें दो–चार रिहर्सल करके स्टेज पर चली जाऊँ, यह मुझे गँवारा नहीं था। फिर इस तरह प्रोग्राम हासिल करने की मुझे कोई जरूरत भी नहीं रह गयी है। जब तक मेरा मन नहीं भरता, मैं कोई काम नहीं करती। यह बात मुझे ज्यादा सन्तोष देती है कि मैंने जितने दिनों तक भरतनाट्यम किया, वह सब पूरी तैयारी और साधना के साथ किया था। स्वयं की प्रसन्नता के लिये किया था। आज, मेरा ओडिसी का समूह, पूर्णतया मेरे साथ ही जुड़ा हुआ है। मेरे संगीतकार पूर्णकालिक ढंग से प्रतिदिन मुझे अभ्यास कराते हैं। इससे कुछ नया करने में मदद मिलती है। इसीलिये ओडिसी कर रही हूँ। यह बात जरूर है कि अपनी शिष्याओं को ओडिसी के अतिरिक्त भरतनाट्यम भी सिखा रही हूँ।

मिश्र: एक्सपेरीमेन्ट की दृष्टि से आपकी नृत्य नाटिका 'आज की पंचकन्या' एक नये ढंग से समकालीन समय में स्त्री की स्थिति का आँकलन करती है। मगर आपने उसमें नये तत्त्व डालने में या नये समय की पाँच महत्त्वपूर्ण स्त्रियों को लेने में भी मिथक की पाँच कन्याओं की कथाओं का रूपक लिया है। इस नृत्य नाटिका के सन्दर्भ में आपका क्या कहना है? पंचकन्याओं से अलग कोई और शीर्षक या धरातल आपको नहीं सूझा?

सोनल: ऐसी बात नहीं है। पूर्व में चूँकि मैंने मिथक की पाँच कन्याओं को लेकर एक नृत्य नाटिका बनायी थी, इस कारण उसके प्रदर्शन के कुछ वर्षों बाद मुझे लगा कि अपने समय की भी पाँच स्त्रियों की बात होनी चाहिए। तो पहला कारण यह रहा कि पूर्व में पंचकन्या करने की वजह से नयी नृत्य नाटिका का नामकरण 'आज की पंचकन्या' करना

कहीं पिछले से जोड़ता था, एक लिंक बनाता था। दूसरा कारण यह था कि 'पंचकन्या' शब्द जुड़ने से फौरन ही आपके दिमाग में पाँच विलक्षण औरतों की बात सामने आती है। कोई सात या आठ स्त्रियों की बात नहीं होती। परम्परा में जो चीज़ मिलती है, उसका अपने ढंग से पुनर्पाठ करने या कोई अतिरिक्त अर्थ निकालने के लिए कलाकार या आम आदमी स्वतंत्र है। पंचकन्या का आधार लेने के पीछे यही कारण थे। फिर संगीत और नृत्य की दुनिया में आप पूर्वज परम्परा को बिल्कुल से नजरअन्दाज़ नहीं कर सकते। यहाँ सप्तपर्णी, सप्तरंग, नवरस, नवग्रह, इन्द्रधनुष, जैसे रूपक लेना, उस परम्परा से स्वयं को कहीं न कहीं जोड़कर देखना भी होता है। इन वजहों से, आज की पंचकन्या का कथानक मुझे सूझा। इस नृत्य नाटिका की पटकथा मैंने अशोक चक्रधर से लिखवायी थी, हालाँकि विचार मेरे ही थे। मगर मुझे लगा कि वे पटकथा से न्याय नहीं कर पाये हैं, तब उस क्षण मैंने उसे स्वयं लिखा और सुधारा था। यह आज की पंचकन्यायें थीं– भिकाई जी कामा (कुछ लोग भीकाजी कामा कहते हैं), जिन्होंने 1922 में पहली बार तिरंगा फहराया था और लोगों से यह आह्वान किया था कि आओ हमसे जुड़ो व आजादी की लड़ाई में शामिल हो। दूसरी कन्या मैनें कस्तूरबा गाँधी को लिया था। कुछ मेरे गाँधीवादी संस्कार थे, कुछ मुझे हमेशा यह लगता था कि इतिहास में उनके साथ अन्याय हुआ है। गाँधी जी ने स्वयं का ब्रह्मचर्य एक दिन उन पर अचानक थोप दिया था, जिसे उन्होंने सारी उम्र चुप रहकर गुजार दिया। उनके लिए मैंने कुछ पंक्तियाँ स्वयं लिखी थी, आपको सुनाती हूँ–

एक महक कस्तूरी की सी
थी वही कस्तूरबा
न्यायमूर्ति सरलवृत्ति
थी वही कस्तूरबा

तीसरी कन्या सरोजनी नायडू और चौथी के लिए इन्दिरा गाँधी को चुना था। इन चारों स्त्रियों की मैंने मशहूर पेन्टर जय झरोटिया से पेन्टिंग बनवायी थी, जिन्हें मंच पर सजाया गया था। पाँचवी कन्या उसमें अज्ञात

थी। वह एक रहस्य थी। उसके लिए मैंने एक खुला हुआ मार्ग छोड़ दिया था कि वह कुछ भी हो सकती है। वह भारत की कोई भी स्त्री हो सकती है या वह भारत की हर एक स्त्री हो सकती है। उसके लिए अशोक चक्रधर ने एक कविता लिखी थी, जिस पर मैंने अभिनय भी किया था, वह कविता है—

आज की पंचकन्या, नृत्य नाटिका का दृश्य

मैं यहाँ हूँ वहाँ हूँ
वैसे तो करोड़ों में कहाँ हूँ
मैं सोनल हूँ मैं सलमा हूँ
मैं जौली हूँ मैं मौली हूँ
मैं हुस्ना हूँ मैं ज्ञानो हूँ
मैं राधा राम प्यारी हूँ
मैं वतन की एक नारी हूँ

तो कुछ इस तरह से पाँचवीं कन्या का किरदार बनाया था, जो आज की कन्या है। अब, जब पलटकर मैं इस नृत्य नाटिका की ओर देखती हूँ, तब मुझे लगता है कि एक बहुत ही सकारात्मक सोच के साथ यह प्रस्तुति हुयी थी। आज भी मुझे लगता है कि भारत की हर एक नारी में कुछ पॉजिटिव–प्वांइट्स मौजूद हैं, जिनका सही इस्तेमाल यदि वह कर सके, तो स्वयं को एक सशक्त स्त्री में बदल सकती है।

मिश्र: भरतनाट्यम और ओडिसी के अलंकरण, गहनों, वस्त्रों एवं श‍ृंगार की चर्चा रह गयी है। इन वस्त्राभूषणों के बारे में भी विस्तार से बतायें। यदि इनका कोई प्रतीकात्मक अर्थ होता है, तो उनका आशय भी जानना चाहूँगा।

सोनल: कलाओं में कोई भी चीज़ बिना आशय के नहीं प्रयुक्त होती। इसी कारण उसमें प्रयुक्त होने वाला साहित्य, संगीत सभी कुछ उपमाओं, उत्प्रेक्षाओं, प्रतीकों एवं संकेतों के माध्यम से आता है। फिर अलंकरण इनसे कैसे दूर रह सकता है। सबसे पहले भरतनाट्यम के अलंकारों की चर्चा करती हूँ। यहाँ प्रयुक्त होने वाली चीज़ें, परम्परा से आती हैं क्योंकि भरतनाट्यम स्वयं एक प्राचीन पारम्परिक कला है। गहनों की चर्चा यहाँ मैं विशेषकर नृत्यांगना के सन्दर्भ में कर रही हूँ। पूरे स्त्री देह

को अलंकारों के साथ भरतनाट्यम में प्रकृति और मनुष्य के सहमेल के प्रतीक के रूप में दर्शाया जाता है। सिर पर माँग के दोनों तरफ सूर्य और चन्द्र के आकार के गहने पहने जाते हैं। यह दृश्यमान प्रकृति का सीधा निरूपण है कि सूर्य और चन्द्र प्रत्यक्ष देवता के रूप में हमारी आँखों के सामने विद्यमान रहते हैं। यह दोनों गहने पारम्परिक ढंग से माणिक और सोने के बने होते हैं। माँग के बीचोबीच से सोने और माणिक की एक माँगटीका पहनी जाती है, जिसे **चुट्टी** कहते हैं और जो काले घने बादलों के बीच में बिजली की तरह चमकती है। इसके बाद बालों में एक गोल आकार का अलंकार डाला जाता है, जिसे **राखुड़ी** कहते हैं। राखुड़ी यह दर्शाती है कि पृथ्वी गोल है। अकसर उसमें **नागफणा** भी जुड़ा रहता है अर्थात उस गोल राखुड़ी में नाग लगा रहता है, जिसका तात्पर्य यह होता है कि इस समूची पृथ्वी को शेषनाग अपने फण के ऊपर धारण किये हुए है। यह भी माणिक और सोने का बना होता है।

इसके बाद चोटी का अलंकार होता है, जिसे **जड़भंगार** कहते हैं। जड़ का अर्थ चोटी और भंगार का अर्थ शृंगार होता है। पूरी चोटी में माणिक और सोने के छोटे–छोटे गोल आभूषण गूँथे जाते हैं। सोने और माणिक के जड़भंगार की अनुपस्थिति में यह फूलों से सजाया जाता है। इसके बाद कानों का अलंकरण होता है, जो तीन चीज़ों से मिलकर बनता है। पहला हिस्सा **तोड़ू** कहलाता है, जो बाहरी कान के धरातल से सटा हुआ रहता है। बाद में बीच का हिस्सा **झुमकी** होता है, जो कान की लौ से बहुत सुन्दर कभी गोल, कभी पिंजड़ेनुमा, कभी वत्तुर्लाकार लटकता रहता है। अन्त में **माटल** होता है, जो झुमकी और तोड़ू को सम्भालता है। गहनों की भाषा में इसे **कनौती** भी कहते हैं। यह पूरा कानों का शृंगार सोने में ही बनता है, उसमें रत्नों की जड़त नृत्यांगना अपने पसन्द का रख सकती है। मगर व्यवहार में माणिक और हीरे के ही जड़त चलते हैं। गले में छोटे–छोटे दानों की एक पतली माला पहनी जाती है, जिसके मध्य में कमल के आकार की लॉकेट लटकती है, इसे **अड्डिग्गे** कहते हैं। यह प्रकृति के साम्राज्य का निरूपण है, जहाँ छोटे–छोटे असंख्य फूलों के बीच कमल खिला रहता है। इसी तरह

गले में एक **काशी माला** पहनी जाती है। काशी का एक अर्थ प्रकाश या चमक से भी है। यह काशी माला नृत्यांगना को चमक एवं प्रकाश प्रदान करने के रूपक के तौर पर पहनायी जाती है। यह माला सोने के सिक्कों की बनी होती है। और इसके अलावा एक लम्बी माला मोतियों की पहनी जाती है, जिसके बीच में **पदकम** होता है। यह पदकम आम्र के आकार का या उल्टे खिले हुए कमल के आकार का होता है। इसके अलावा दोनों भुजाओं में गणित की अंग्रेजी संख्या आठ (8) की आकृति का बाजू बन्द पहना जाता है, जिसे **वंकी** कहते हैं। इसके अलावा हाथों में चूड़ियाँ होती हैं। उंगलियों में अंगूठियाँ पहनी जाती हैं, जिन्हें **नेणी** कहते हैं। कमर में **उड्डियानम** पहनते हैं। कमर को अन्दर साँस खींचकर रोकने की यौगिक क्रिया उड्डियानबन्ध कहलाती है, वहीं यह गहना पहना जाता है। सिल्क के जरी वाले (सोने एवं चाँदी के तारों से सजे) सुन्दर वस्त्र पहने जाते हैं और पैरों में नुपूर होता है। यह परम्परा मन्दिर में जन्मी थी और वहीं से राज दरबारों तक पहुँची थी। भरतनाट्यम् में इस तरह के अलंकरण का अर्थ ही माना जाता था कि दुनिया में जो सबसे सुन्दर कन्या, सुन्दर अलंकार, सुन्दर वस्त्राभूषण, सुन्दर फूल–फल मौजूद हैं, वह सब देवता को अर्पित होंगे। चूँकि एक देवदासी देवता को अर्पित होती थी, इसलिए उसे सर्वाधिक सुन्दर अलंकरणों से सजाया जाता था। देवता के बाद प्राचीन काल में सबसे पवित्र सत्ता राजा की मानी गयी। इसीलिए मन्दिरों से निकलकर जब यह राजदरबार पहुँची, तो उसी तरह का अलंकरण वहाँ भी मौजूद रहा।

ओडिसी के अलंकरण, भरतनाट्यम से भिन्न हैं। वहाँ महारियाँ होती थीं जो जगन्नाथ के मन्दिर में नृत्य करती थीं। महारी, महर शब्द से उत्पन्न हुआ है, जिसका वर्णन सूर्य गायत्री में मिलता है। हमारे सूर्य गायत्री में जो सप्तलोकों की चर्चा है, उसमें महर बीच में आने वाला चौथा लोक है। यह सात लोक हैं– भू, भुवः, स्वः, महर, जन, तप एवं सत्य। जब हम सूर्य गायत्री पढ़ते हैं, तब यह स्पष्ट होता है कि उस सविता का सूर्य वरण करने लायक है, जो भू, भुवः एवं स्वः लोक में प्रकाशित है।

इससे ऊपर के लोकों का सूर्य, हमारा सूर्य नहीं है। इनसे ऊपर महर लोक में कहते हैं कि अप्सरा, किन्नर, गन्धर्व आदि निवास करते हैं। यह महारियाँ इसी महर लोक से निकलकर आयी हैं, ऐसा माना जाता है। चूँकि ये महारियाँ पुराने समयों में राज दरबार एवं मन्दिर आश्रित थीं, इस कारण उनके गहने सोने के बने होते थे और वे खूब सुसज्जित जरी वाली बनारसी साड़ियाँ पहनती थीं। उसके ऊपर गोटे व किमखाब का ब्लाउज़ पहना जाता था। चूँकि वह साड़ियाँ अकसर चौदह यार्ड की होती थीं, अतः आज उसे देखकर हँसी आती है। आज जिस तरह हम लोग पैर खोलकर नृत्य करते हैं, वे स्त्रियाँ इन कपड़ों में ऐसा नहीं कर पायी होंगी। ऐसा अलंकरण इस कारण भी रहा होगा कि उस समय उनका ओडिसी नृत्य ज्यादातर अभिनय प्रधान था।

आज की ओडिसी में, बहुत कुछ नव प्रवर्तन हो गया है। आज बनारसी साड़ियाँ वर्जित हो गयी हैं। उड़ीसा की बनी हुयी— उनके अपने शिल्प की सिल्क साड़ियाँ, जिन पर उड़ीसा की **इकट कला** (विशेष प्रकार के बुनावट वाली कला) की विशेष छाप होती है, पहनी जाती हैं। इस बात का खास ध्यान रखा जाता है कि उनमें जरी न हो। आज आभूषण चाँदी के पहने जाते हैं। मेरा यह ख्याल है कि आम परिवार या कुटुम्ब की कोई लड़की यदि नृत्य करेगी, तो वह सोने के गहने कहाँ से लायेगी। शायद इसी कारण ओडिसी में बाद में सोने के गहने वर्जित हुए होंगे। हालाँकि केलु बाबू के समय में जब मैनें ओडिसी शुरू की थी, तब तक यह प्रचलन था कि गले तक सोने के गहने पहने जायेंगे, बाकी शरीर में चाँदी के। अब तो नख से शिख तक चाँदी का ही सब कुछ पहना जाता है। सिर में चूड़ामणि की तरह, एक लम्बा कुतुबमीनार सरीखा एक गहना पहना जाता है, जिसे **ताहिया** कहते हैं। इसको पहनने के पीछे यह कारण है कि जगन्नाथ मन्दिर में भगवान जगन्नाथ, सुभद्रा एवं बलभद्र की प्रतिमा के सिर पर यही अलंकरण मौजूद है। इसका प्रतीकात्मक अर्थ यह है कि आपके शरीर में ईश्वर का वास है। ओडिसी में जूड़े के शृंगार को **खोसा** कहते हैं। बाजूबन्द, **ताई–त** कहलाता है। कान में कुण्डल, माँग में टीका एवं हाथों में चूड़ियाँ पहनी जाती हैं। यह चूड़ियाँ यहाँ **बड़या** कहलाती हैं। कमर में बाँधने का जो अलंकार होता

है, उसे **बेंगपटिया** कहते हैं। उड़िया में बेंग का अर्थ मेढ़क के मुख से होता है। यह बेंगपटिया, दो–तीन पंक्तियों में मेढ़क के मुख की आकृति की, छोटे–छोटे गोल अलंकरणों से बनती है। यह तीनों पंक्तियाँ एक पट्टेनुमा शक्ल में बँधी होती हैं, जिसे कमर में बाँधा जाता है। आप उसे क्षुद्रघण्टिका जैसी चीज़ समझ सकते हैं। तो ओडिसी में कुल यही शृंगार होता है। सबसे सुन्दर और सार्थक बात इन नृत्य विधाओं के अलंकरणों की यह है कि उनका एक सांस्कृतिक अभिप्राय होता है, जिसे समझना बेहद जरूरी है। और जिसके साथ, नृत्य की व्याख्या अपना अर्थ गाम्भीर्य ग्रहण करती है।

मिश्र : कला समाज में इस धारणा को व्यापक मान्यता व सम्मान मिलता रहा है कि नृत्य को पूर्णता तब मिलती है, जब वह सीधे नटराज शिव से जुड़ती है। शिव के इस नटराज स्वरूप की व्याख्या को आप नृत्य कला के सन्दर्भ में कितना प्रासंगिक, समकालीन और महत्त्वपूर्ण मानती हैं।

सोनल : इस बात में कोई शक नहीं है कि नृत्य– कला के सन्दर्भ में परम्परा और शास्त्र से जो ढेरों परिकल्पनाएँ व्यवहार में स्वीकारी जाती हैं, उनमें शिव का नटराज स्वरूप काफी महत्त्वपूर्ण है। नृत्य को दिव्यता की पराकाष्ठा तक पहुँचाने एवं उसका सामान्य जीवन से सम्बन्ध जोड़ने के अर्थ में इस विचार की प्रासंगिकता, मेरे लिहाज से भारतीय नृत्य कला में हमेशा रहेगी। उसका कारण मैं आपको बताती हूँ कि क्यों हर एक नृत्यांगना के लिए हजारों युगों से चले आ रहे नटराज के प्रतीक का अर्थ जानना जरूरी है। शिव जब नृत्यरत होते हैं, तब वह नटराज कहलाते हैं और यह पृथ्वी भी अपने अक्ष पर लगातार एक लय में चक्कर लगाती रहती है। नटराज और सृष्टि के एक लय में चलने और उनके आपस में विलय में जो संगीत, नृत्य और पारस्परिकता है, उसके अर्थगाम्भीर्य को थोड़ा ठहरकर पढ़ने की आवश्यकता है।

नटराज के स्वरूप पर आप यदि गौर करें तो पायेंगे कि उनके जो चार हाथ दिखाये जाते हैं, उनमें ऊपर वाले दाहिने हाथ में डमरू है,

जो नाद का प्रतीक है। यह कहा जाता है कि इस सृष्टि में सबसे पहले नाद आया अर्थात् सबसे पहले स्पन्दन हुआ और तरंगे प्रवाहित होना शुरू हुयीं, जिससे परमाणु और अणु बने। इसके अलावा ऊपर के बायें हाथ में अग्नि है, जो प्रकाश देती है। अग्नि का अर्थ ही है अज्ञान रूपी अन्धकार दूर करके प्रकाश पैदा करना। उसी के माध्यम से पहले–पहल संसार आलोकित हुआ है। नीचे का बायाँ हाथ करीहस्त मुद्रा में वक्ष को चीरता हुआ नीचे की ओर एक बिन्दु पर केन्द्रित होता है, जहाँ नीचे का दाहिना पाँव हैं। यदि आप उस पाँव और हाथ के मिलनबिन्दु की ओर ध्यान दें, तो पायेगें कि उसी दाहिने पाँव के नीचे एक छोटा सा क्लान्त व्यक्ति लेटा हुआ है, जो ऊपर की ओर देख रहा है। इस व्यक्ति के मेरूदण्ड पर नटराज ने अपना दायाँ पाँव रखा हुआ है। इस व्यक्ति को 'अपस्मार–पुरुष' कहा जाता है, जो अविद्या या अज्ञान का प्रतीक है। तमिल भाषा में इसे 'मुयलगन्' कहते हैं। शिव का उसके स्पाइन पर पाँव रखना एक प्रकार से उस अज्ञानी पुरुष की सुषुम्ना, इड़ा व पिंगला पर पाँव रखना है। और यह देखना प्रीतिकर है कि वह अपस्मार पुरुष ऊपर की ओर शिव को नाराज़गी में नहीं, बल्कि बड़े कृतकृत्य भाव से देख रहा है, अहोभाव से देख रहा है। इसका अर्थ यह है कि मनुष्य की अविद्या का नाश नटराज शिव उसकी सुषुम्ना को जागृत करके (सहस्त्रार भेदकर) करते हैं। नटराज का नीचे का दाहिना हाथ अभय मुद्रा में है, जो यह व्यक्त करता है कि कहीं भी सृष्टि में किसी भी चीज़, घटना या क्षण से डरने की जरूरत नहीं है। बायाँ पाँव एक अद्‌भुत मुद्रा में उठा हुआ है, जो यह ध्वनित करता है कि साक्षात् रुद्र शिव ने पूरी सृष्टि को अपने पैरों पर उठाया हुआ है।

मेरी स्वयं की भी मान्यता यही है कि जब कभी नटराज का यह पैर नीचे आयेगा, तब वह क्षण युग परिवर्तन का, कल्प परिवर्तन का संकेत होगा। नटराज के इस रूपाकर में उनके बाल और वस्त्र उड़ते हुए दिखायी देते हैं। जटाजूट में बैठी गंगा जी का भी प्रवाह गतिशील दिखता है और अंगवस्त्रम् दोनों छोरों की ओर उड़ रहे होते हैं। नटराज के शरीर पर लिपटे हुए भुजंग भी आपको एक विशेष प्रकार के मूवमेण्ट (गति) में

नृत्यरत शिव, पहाड़ी मिनियेचर, चम्बा, सिरसा, 1780–90 ई.

मिलेंगे। यह सारा कुछ एक प्रभावलय में, अग्नि शिखाओं के वृत्त के अन्दर दर्शाया जाता है, जिसका आशय है कि अज्ञान के अन्धकार को दूर करके पूरी सृष्टि जिस क्षण आलोकित हुई, जिस क्षण वजूद में आयी, उस क्षण का यह नृत्य है। नटराज का नृत्य और उनकी परिकल्पना का अर्थ ही यह है कि सृष्टि का प्रादुर्भाव नृत्य से हुआ है।

नृत्य करते–करते, भ्रमरी में एक क्षण ऐसा आता है जब आप देखेंगे कि समस्त गतिशीलता के बाद भी उसके भीतर एक ऐसा क्षण होता है, जो स्थिर और चैतन्य है। आप अक्सर नृत्य समारोहों में किसी महान या सधे हुए कलाकार को नृत्य करते हुए जब देखते हैं, तब पाते हैं कि वे ही कलाकार त्रिभंग, अतिभंग करते हुए, अचानक ही एक सुन्दर भाव–भंगिमा में कहीं ठहर जाते हैं। विश्रान्ति ले लेते हैं, जैसे वहाँ पर आपने उन्हें एक क्षण के लिये गढ़ दिया हो– यही नटराज का क्षण है, यही नटराज होने की स्थिति है और यही नृत्य की पूर्णता का संकेत है। इस अर्थ में प्रकृति के समस्त क्रियाकलापों के केन्द्र में स्थित, जो शान्त और स्थिर अवस्था है या एक बिन्दु है; वही नटराज की अवस्था है।

मिश्र: भक्तिकाल में ज्यादातर संत और भक्त कवियों के सन्दर्भ में एक तथ्य यह भी प्राप्त होता है कि उनमें से अधिकांश नर्तक भी थे। अपने पद गायन के समय वे मन्दिरों में या भक्त समुदाय के मध्य नृत्य करते थे। जैसे चैतन्य महाप्रभु और मीरा। क्या आपको लगता है इन भक्तों का नृत्य केवल आत्मविभोर होकर स्वयं से संदर्भित था, भक्ति का भावनाप्रधान अतिरेकी प्रदर्शन था या उसका कोई शास्त्रीय रूप भी बनता है?

सोनल: (हँसते हुए) मैं जरूर उस वक्त उन लोगों के बीच उपस्थित रही हूँगीं, मगर इस जन्म में मुझे वह याद नहीं है। (थोड़ा गंभीर होकर) वह जो भी रहा हो, मगर यहाँ मैं इतना अवश्य कहूँगी कि आज भी जब हम लोग नृत्य करते हुए तन्मय हो जाते हैं, तब उस क्षण इस बात का भान नहीं रहता कि हमारे पैर शास्त्रीय नृत्य के प्रभाव में पड़ रहे हैं, घुँघरू बज रहे हैं, अमुक मुद्रा हो रही है अथवा नहीं। और यहाँ मुझे

लगता है कि दर्शक भी इस बात से अछूते रहते हैं कि कलाकार उस परिस्थिति में पड़कर कितना शास्त्रीय ढंग से नाच रहा है और कितना वह आत्मविभोर होकर झूम रहा है। मुझे नृत्य के सन्दर्भ में बस यही बात सबसे ज्यादा प्रेरणास्पद लगती है कि जो कुछ भी हम उस क्षण कर रहे होते हैं– वही सत्य है और वही शास्त्र है।

मिश्र: नृत्य के संसार में रति–कामदेव का प्रसंग ऐसा है, जिसकी चर्चा और उपयोग के बगैर यह कला सम्पूर्ण नहीं मानी जाती। रति और कामदेव की इस कलात्मक और मिथकीय अवधारणा में ऐसे कौन से तत्त्व हैं, जिनसे इस कला को परिपूर्णता मिलती है।

सोनल: बेहद सुन्दर बात आपने पूछी है। नृत्य कला में रति और कामदेव का जिक्र मात्र एक प्रसंग न होकर अवधारणा है। यह अवधारणा भी उसी तरह की है, जिस तरह राधा और कृष्ण की माधुर्य लीला का 'गीत–गोविन्द' प्रसंग या शिव का नटराज स्वरूप और ताण्डव माने जाते हैं। रति–कामदेव अवधारणा में सर्वप्रथम रति आती है, जिसका अर्थ है– 'क्रीड़ा' और रति–क्रीड़ा को जन्म देने वाला 'काम' कहलाता है। मैंने अपनी 'मुक्ति' नृत्य संरचना में यही बात इस अर्थ में कही है कि 'क्रीड़ा जहाँ, सृष्टि वहाँ।' अब एक दिलचस्प बात इस सन्दर्भ में यह है कि काम को अनंग क्यों माना गया अर्थात् जो रति को जन्म देता है वह बिना किसी अंग के है। जहाँ दैहिक सत्ता में वासना और लालसा खत्म होती है, वहीं काम का साम्राज्य शुरू होता है। यह देखना खासा दिलचस्प है कि जो अनंग बन गया, उसे आइकोनोग्राफी (मूर्तिविद्या) ने अंग दिये। अब यदि आप कामदेव के स्वरूप का ध्यान करें तो पायेंगे कि उनके हाथ में इक्षु (ईख या गन्ना) का धनुष है और उस धनुष में भ्रमरों की प्रत्यंचा है। पाँच फूलों के पंचबाण हैं, जो हर एक ऋतु के द्योतक हैं। यह मनोहारी ऋतुचक्र ही काम को जागृत करने वाला उद्दीपक है, जो मदन का बाण बनता है। कामदेव का वाहन है– तोता। तोता प्रकृति का द्योतक माना जाता है और इसे ज्ञान का प्रतीक भी शास्त्रों में लिया गया है। स्वयं शुकदेव जी महाज्ञानी माने गये हैं। यह तोता जहाँ एक ओर कामदेव का वाहन है, वहीं यह भगवती मीनाक्षी या महाविद्या मातंगी

के एक हाथ में रहता है। तंत्रशास्त्र में वर्णित है कि वीणा बजाती हुई मातंगी वेद पढ़ते हुए तोते का मधुर शब्द सुन रही हैं। रति और कामदेव के माध्यम से प्रकृति की यह इच्छा व्यक्त होती है कि मेरे साम्राज्य में काम का रस बहता रहे, क्रीड़ा होती रहे और मैं स्वयं प्रकृति, निरन्तर बनी रहूँ। मेरा अस्तित्त्व शाश्वत काल तक बना रहे।

पंचफूलों के बाण धारण किए हुए कामदेव

मिश्र : आपके जवाब से एकाएक यह बात ध्यान में आती है कि कामदेव की आईकोनोग्राफी (मूर्तिविद्या) का मूल या उद्गम स्वयं भगवती में निहित है, क्योंकि दस महाविद्याओं में श्रीविद्या या महात्रिपुरसुन्दरी की जो अवधारणा है, उसमें भी वे 'इक्षु–कोदण्ड' (ईख का धनुष) और पंचफूलों या पंचतत्त्वों का बाण लिये हुए दर्शायी जाती हैं। क्या कामदेव और श्रीविद्या, कलाओं के किसी बिन्दु पर एक साथ खड़े नजर आते हैं?

भगवती–मुद्रा

सोनल : (प्रसन्न होते हुए) आपने बहुत सूक्ष्म बात पकड़ी है। शंकराचार्य जी की 'सौन्दर्यलहरी' यदि आप कभी देखें, तो पायेगें कि वहाँ भी जयदेव के 'गीत–गोविन्द' की तरह ही शक्तिपात की क्रिया आती है। प्रसंग है कि शिव बहुत दुबके हुए, भयभीत, महात्रिपुरसुन्दरी के सामने हाजिर होते हैं। भगवती महात्रिपुरसुन्दरी शिव पर एक बेधक दृष्टि डालती हैं, जो उनके सामने हाथ जोड़े हुए सिर नवाये खड़े हैं। महादेवी अपने पैरों से शिव के मस्तक पर प्रहार करती हैं। उस क्षण महादेवी की कटिमेखला पर सज्जित 'कनककांचिदामा' (सोने के मोतियों की लड़ियाँ) झनक उठती हैं और लगता है कि वह झनकार शिव की यह दशा देखकर, उनके द्वारा भस्म किये हुए अनंग का हास्य हो। 'सौन्दर्यलहरी' और तंत्र दोनों यह बात प्रतिपादित करते हैं कि भगवती श्रीविद्या के लिए रति और कामदेव दोनों अत्यन्त प्रिय हैं और उनकी शृंगारिक सत्ता के लिये माँ स्वयं रूद्र से भी रूठ जाती हैं। यह एक सुन्दर मिथकीय अवधारणा है, जो स्वयं शृंगार की सत्ता का महत्त्व कहीं–न–कहीं प्रतिपादित करती है। नृत्य में इसी कारण रति कामदेव की अवधारणात्मक सत्ता अप्रत्यक्ष रूप से विद्यमान रहती है– शृंगार के रूप में, लालित्य के रूप में और प्रेम के उदात्तीकरण के रूप में। इसीलिये हमारे यहाँ नृत्य–शास्त्र में शृंगार–रस की उपस्थिति को 'रसराज' कहा गया है।

देवी–दुर्गा
राघवगढ़ मिनियेचर,
सिरसा, 1750 ई.

मिश्र : नृत्य–कला में रूप सज्जा आवश्यक मानी जाती है। कलाकार द्वारा नृत्य में यह व्यक्त भी होता है कि वह अपना रूप सज्जा करना चाहता है, मगर यह सज्जा आवरण का कार्य करती है और नैसर्गिक सौन्दर्य को ढँक देती है। क्या नृत्य शास्त्र में नैसर्गिक सौन्दर्य का निषेध है— यह निष्कर्ष हम मान लें, क्योंकि ऊपरी सज्जा, भीतरी सौन्दर्य को छुपा लेती है।

सोनल : ऐसा नहीं है। जब हम सज्जा या अलंकार की बात करते हैं, तो किसी चीज़ को अलंकृत करते हैं, मतलब उसका सौन्दर्य बढ़ाने का जतन करते हैं। शृंगार, जो शब्द है, उसकी व्युत्पत्ति देखें तो वह शृंग से निकलकर आती है— जिसका अर्थ है 'शिखर' या 'हाईयेस्ट पीक'। इसलिये शृंगार में किसी के रूप और सौन्दर्य का विस्तार उस ऊँचाई तक किया जाता है कि उसकी नैसर्गिक सुन्दरता भी अपने शिखर पर दिखाई पड़े। जैसे हिमालय की चोटी है और वह हिम से आच्छादित है, तब उसका शृंग उस समय सर्वश्रेष्ठ दिखेगा, जब उस चोटी पर

प्रातःकालीन सूर्य की किरणें पड़ें। अब यह हिम से आच्छादित हिमालय अपने में सुन्दर है ही, मगर उसमें सूर्य जब अपनी रश्मियों से शृंगार करता है और वह चोटी सुनहले शिखर के रूप में चमक उठती है, तब वह दृश्य अद्वितीय होता है। एक नृत्यांगना का शृंगार भी नृत्य में इसी अर्थ में लेना चाहिए कि उसकी आन्तरिक और बाह्य सज्जा को एक सीमा तक विस्तार दिया गया है। इसी कारण नाट्यशास्त्र में, कामसूत्र में और अन्य कला–विषयक ग्रन्थों में रूप–सज्जा को महत्ता दी गयी।

आप जो कह रहे हैं कि नैसर्गिक सौन्दर्य ढँक जाता है, तो वह तो आज के फूहड़ मेकअप से होता होगा। जिस समय इस प्रकार के शृंगार की अवधारणा रखी गयी थी– उस काल में शृंगार का अर्थ मेकअप नहीं था। उस समय नर्तकी के शृंगार का अर्थ था– चन्दन, केसर और अंगराग से शरीर को सजाना। आँखों में काजल डालना और पान से होंठों को लाल रंगना। बालों और वेणियों को ऋतुओं के क्रम में फूलों से सज्जित करना। यह शृंगार मुझे नहीं लगता कि किसी प्रकार से प्राकृतिक सौन्दर्य का निषेध करता है। हाँ इस बात से मैं आपसे जरूर सहमत हूँ कि आज कल प्रचलन में जो चेहरे की लिपाई–पुताई होती है, वह शृंगार नहीं है– वह अतिश्योक्ति अलंकार की अति है।

मिश्र: कलाकार का सबसे बड़ा कर्त्तव्य?

सोनल: गुरु और ईश्वर के प्रति हमेशा आभारी होना चाहिए। आजकल सहृदयता का भाव समाप्त हो गया है। एक कलाकार सहज रहे, दूसरों के प्रति सहृदय हो और जो कुछ भी मिला है, उसके प्रति कृतज्ञता बोध हो, तब शायद वह पारम्परिक अर्थों में सच्चा कलाकार है। भले ही वह व्यावहारिक स्तर पर कम सफल हो या कम चर्चित।

मिश्र: एक कलाकार के लिए उसके जीवन में सबसे महत्त्व की चीज़ क्या होती है?

सोनल: उसका एकान्त।

अभंग

नृत्य में देह दीपशिखा है– निर्धूम, प्राचीन और अर्वाचीन के कगार पर ठिठकी हुई सी, पर दोनों को रौशन करती हुयी, अपनी झिलमिल में उसके अन्तरालों को अगर तिरोहित न भी कर सके, तो ओझल करती हुई।

— अशोक वाजपेयी

('समय से बाहर' से)

कला,
समाज,
राजनीति
एवं
साहित्य–संवाद

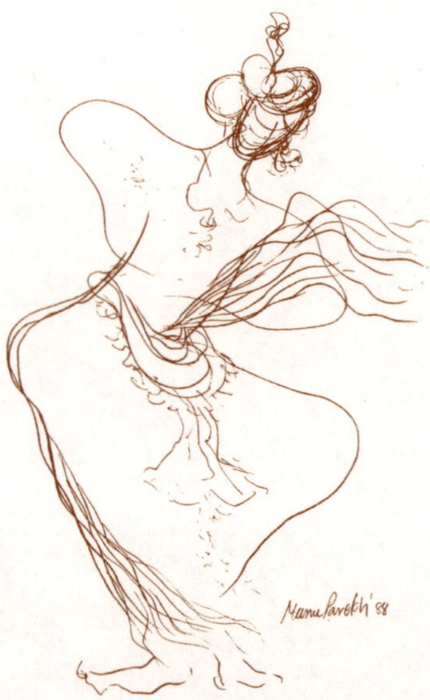

सोनल मानसिंह
मनु पारिख का रेखांकन

मिश्र: एक सहृदय के रूप में, कला जगत की एक स्थापित नृत्यांगना के बतौर, गाँधी जी के राजनीतिक–सामाजिक चिन्तन एवं उनके व्यक्तित्व को आप किस रूप में लेती हैं? खासकर संगीत–कला की दृष्टि से?

सोनल: गाँधी जी एक महापुरुष थे और उनका व्यक्तित्व बड़ा ही अनोखा था– इसमें तो कोई दो राय नहीं है। वे उस समय के प्रतिनिधि व्यक्ति थे, जिस समय में भारत को आजादी मिलनी थी। उनके कई विचार, जो स्वतंत्रता प्राप्ति के बाद गाँधियन वैल्यूज (गाँधीवादी मूल्य) कहकर चलाये गये, मुझे कला की दृष्टि से अटपटे लगते हैं। मगर यहाँ मैं कला की बात करने से पहले, यह अवश्य कहूँगी कि स्वतंत्रता संग्राम के दौरान हमारे समाज में जो एक सेल्फ अवेयरनेस (आत्मज्ञान) का भाव जगा, वह महात्मा गाँधी की ही देन है। उस समय देश में एक शब्द प्रचलित हुआ– स्वदेशी। अब यह शब्द, चाहे पहनने के कपड़े हों, चाहे वो अपना साहित्य हो, चाहे वह खाना–पीना हो– सभी चीज़ों पर लागू हुआ। लोगों को एक बार फिर से यह लगने लगा कि विदेशी चीज़ों को तिलांजलि देकर, अपनी चीज़ें अपनाना चाहिए, तभी आजादी का पूर्ण स्वरूप प्रकट होगा। कहने का मतलब यह है कि राजनीतिक आजादी से अलग, एक आम इन्सान की व्यक्तिगत आजादी का जो सामाजिक और सांस्कृतिक बोध, गाँधीजी के आने से पड़ा, उसकी तुलना किसी भी चीज़ से नहीं की जा सकती है।

महात्मा गाँधी

बीसवीं शताब्दी में तीस के दशक में भारतीयता के प्रति स्वाभिमान जागने की जो प्रक्रिया शुरू हो चुकी थी, उसने एक हद तक समानान्तर ढंग से कला और विद्या के क्षेत्र में भी कुछ परिवर्तन किये।

गाँधीजी अपनी सन्ध्या सभा और प्रवचनों के दौरान, जो भजन और सर्वध ार्म प्रार्थनाएँ करवाते थे, इसके अलावा उनकी कोई विशेष अभिमुखता कला के प्रति जाहिर नहीं होती है। शायद मेरी जानकारी कुछ कम हो, लेकिन मेरी जितनी जानकारी है और मैं एक गाँधीवादी परिवार से आती हूँ, उसमें कुछ खास, कला–संगीत के लिए गाँधीजी के पास जाकर हासिल नहीं होता। एक स्तर पर '*रघुपति राघव राजाराम*' की

धुन, गीता के कुछ श्लोकों का पाठ, उनके कुछ प्रिय भजन मसलन *'वैष्णव जन'* आदि को उनका संगीत के प्रति आदर मान भी लें, तो इतने भर से कला की बात पूरी नहीं होती। कला के जो इतने सारे रूप और आयाम हैं, उनमें नृत्य प्रमुख विधा रही है। उसके बारे में हमें ऐसा कोई उदाहरण नहीं मिलता है कि गाँधीजी ने विशेषतया कोई नृत्य देखा हो या किसी नृत्य, नृत्यकार, नृत्यांगना, नृत्यगुरु को पहचाना हो, उसको सम्मानित किया हो। हो सकता है, उस समय ऐसा माहौल ही नहीं था। देश स्वयं एक बड़े संकट से गुजर रहा था, जिसमें कलाओं की प्राथमिकता कहीं नहीं थी। मगर यह भी हो सकता है कि इसमें उनकी अभिरुचि ही न रही हो।

मिश्र: मगर इस बात के तो ऐतिहासिक साक्ष्य मिलते हैं कि महात्मा गाँधी ने काशी की कुछ प्रसिद्ध बाईयों को आज़ादी की लड़ाई में अपने स्तर पर योगदान करने के लिए प्रेरित किया था। उनकी प्रेरणा से ढ़ेरों बाईयों ने पेशेवर गायकी छोड़ दी थी। उनके आन्दोलन से सर्वाधिक विद्याधरी जुड़ी हुईं थीं। उन्होंने राष्ट्रीय गीतों को कार्यक्रमों में निर्भयतापूर्वक गा–गाकर राष्ट्रीय आन्दोलनों में अपनी सक्रिय भूमिका दर्ज की थी। दूसरी बड़ी गायिका हुस्नाबाई थीं, जिनसे महात्मा गाँधी स्वयं काशी में मिले थे और उनसे आजादी के संघर्ष में जुड़ने की बात कही थी। यह एक प्रकार से गायिकाओं के जीवन में पुनर्जागरण काल ही था। और इनके अलावा, उनकी प्रार्थना–सभाओं में अक्सर एम.एस. सुब्बुलक्ष्मी जैसी कलाकार शिरकत करती थीं और भजन गाती थीं।

सोनल: हाँ, ऐसा तो हुआ ही है। इसमें आश्चर्य की बात नहीं। मैंने आपसे कहा ही है कि वह समय स्वतंत्रता के संघर्ष का समय था। गाँधी जी का सबसे अहम योगदान उस समय यही था कि उन्होंने आज़ादी दिलाने के लिये देश का कोई ऐसा कोना और तबका छोड़ा नहीं था, जिसे अपने साथ जोड़ा न हो। यह भीतर से आज़ादी पाने की ललक पैदा करने वाली आवाज़ उठाने का काम उन्होंने अद्‌भुत कौशल के साथ अंजाम दिया था। अब उसमें अगर काशी की विद्याधरी, हुस्नाबाई जैसी गायिकायें, तवायफों से लेकर सुब्बुलक्ष्मी जी तक जुड़ीं, तो यह गाँधीजी

का नहीं— उन लोगों का ही सौभाग्य कहा जायेगा। यह इसलिये कि चलो उन्हें अपने कला के प्रदर्शन से अलग, कुछ बड़ा और सार्थक, देशप्रेम के गौरवबोध को महसूस कराने वाला काम करना हिस्से आया। उनके सामाजिक जीवन में फर्क पड़ा और सीधे वे लोग स्वतंत्रता–संग्राम से जुड़ सकीं, तो यह तो बड़े गौरव की बात है।

मिश्र: उनके कई प्रयोगों एवं राजनीतिक–सामाजिक चिन्तन को आप किस तरह देखती हैं?

सोनल: उनके आश्रम में प्रचलित ब्रह्मचर्य व्रत के पालन का अनुशासन मुझे कुछ कम समझ में आता है। कारण यह है कि अधिकांश आश्रमवासी, जो विवाहित थे, उन्हें भी ब्रह्मचर्य व्रत का पालन करना पड़ता था। गाँधीजी ने चार पुत्र पैदा करने के बाद, कस्तूरबा गाँधी से बिना पूछे— ब्रह्मचर्य व्रत का ऐलान किया, तो यह बात मुझे एक हद तक विडम्बनापूर्ण लगती है। इसलिये भी कि इस व्रत में सहधर्मचारिणी की सम्मति नहीं थी, वह एक तरीके से पत्नी के ऊपर थोपा गया निर्णय था। साथ ही इस विचार के पीछे का जो अपराध–बोध से भरा हुआ पक्ष है, वह भी मुझे तर्क संगत नहीं लगता। वह प्रसंग सभी लोग जानते ही हैं कि पिता की बीमारी के दौरान, वह अपनी पत्नी के पास जब गये, तो उन्हें एक दिन काम विकार उत्पन्न हुआ। वे जब पत्नी के साथ अन्तरंग क्षणों में थे, तब खबर आयी कि पिताजी का निधन हो गया है। तो वह, जो अपने आप को दोषी ठहराने की उनकी भावना उनमें रह गयी कि पिता की मृत्यु के क्षण वह काम–क्रीड़ा में लिप्त थे— यह वह बीज था, जिसका फल यह ब्रह्मचर्य का प्रयोग था। लेकिन यह चीज़ भारतीय परम्परा के विरूद्ध है। हमारे यहाँ गृहस्थ आश्रम को श्रेष्ठ माना जाता है। बाकी के तीन और आश्रम, गृहस्थ आश्रम के पूरक हैं। ब्रह्मचर्य आश्रम, गृहस्थ आश्रम की तैयारी है, तो वानप्रस्थ आश्रम, गृहस्थ आश्रम के बाद का चरण है, जब कि आपने उसे पूरा भोग लिया है और आपका कुटुम्ब पूर्णतया सन्तुष्ट है। गाँधीजी के सन्दर्भ में, उनकी पिता की मृत्यु का जो प्रसंग है, वह एक हद तक संयोग ही कहा जायेगा। अपनी पत्नी के प्रति काम–भावना से ग्रसित होना, कोई अपराध नहीं है। भारतीय परम्परा

में तो वह बहुत महत्त्व की बात मानी जाती है। सारा फोकस ही हमारे यहाँ गृहस्थ आश्रम पर है। फिर हमारे अधिकांश ऋषि–मुनि सफल गार्हस्थ्य–जीवन के उदाहरण रहे हैं। हमारे यहाँ अरुन्धती, लोपामुद्रा, मैत्रेयी, अनुसूया और अहिल्या का होना इसका प्रमाण है। हमारी परम्परा में, वैवाहिक जीवन में ब्रह्मचर्य–व्रत का पालन अनैतिक और पाप माना जाता है। यह गाँधीजी कहाँ से ले आये? समझ में नहीं आता है।

लोगों में काम–वासना तो प्राकृतिक है। वह भी, जिसने वैवाहिक जीवन जिया हो, उसके लिए काम की भावना बहुत ही स्वाभाविक बात है। अब आश्रमवासी बनने पर ऐसा न हो पाना कि गृहस्थ धर्म छोड़कर, पुनः ब्रह्मचर्य धर्म में लौटो– थोड़ा अटपटा जान पड़ता है। मगर यह चीज़ भी उस समय लोगों के हृदय में घर कर गयी थी कि आजादी मिलनी चाहिए और उसके लिए हर सम्भव प्रयास या बलिदान करने को जनता तैयार थी। किसी भी स्त्री–पुरुष के लिए उन दिनों गाँधीजी के साथ, उनके आश्रम से जुड़ना बहुत अधिक सम्मान की बात मानी जाती थी। तब उसमें, ढ़ेरों दम्पति भी जुड़ने लगे थे, जिस कारण दोहरे मापदण्ड शुरू हुए। मन में काम–वासना है, पत्नी भी कहीं पास के कमरों में आश्रम में ही रह रही है। अब बाहर ये दिखाना है कि भाई हम तो बहुत ही ज्यादा अनुशासन में बँधे हुए हैं। आश्रम के कर्त्तव्यों के प्रति पूरी ईमानदारी से जुड़े हुए हैं, मगर भीतर कुछ और ही हलचल चल रही है। इससे एक तरह की शुष्कता आ गयी लोगों के जीवन और विचारों में। अब जब भावना और रस कम हो जाता है, तब जीवन में कई तरह की दिक्कतें आती हैं। तो यह जो, समाज में वर्षों से द्वन्द्व चला है गाँधीवादी नैतिकता के नाम पर– वह ठीक नहीं है। तरह–तरह के भाषण, नारे और बनावटी बातें उसी समय से चलती चली आ रही हैं। इन कारणों से उस समय कला की अभिमुखता समाज में जितनी होनी चाहिए थी– नहीं हुयी। रस सृष्टि में इससे खलल पड़ा और समाज़ में भारतीय रस–शास्त्र का जो संचार होना चाहिये था, वह रूक गया।

मिश्र: स्वतंत्रता संघर्ष के दिनों को आप यदि बड़े परिदृश्य में देखें, तो पायेंगी कि एक ओर तो गाँधीजी का योगदान है। दूसरी ओर देवदासियों

और कला–गुरुओं को एकत्र करके रुक्मणी देवी अरुण्डेल 'कला–क्षेत्र' बना रही हैं और तीसरी तरफ गुरुदेव रवीन्द्रनाथ टैगोर का सांस्कृतिक देवालय है 'शान्तिनिकेतन'। इन सन्दर्भों को साथ में लेकर आप उस दौर के सांस्कृतिक समय को किस तरह देखती हैं?

सोनल : मैं पहले ही कह चुकी हूँ कि स्वतंत्रता संग्राम की वजह से समाज में जो विचारों के स्तर पर जागरूक होने की बात आयी, भारतीय अस्मिता की बात आयी, आत्मगौरव की भावना जगने की बात आयी– उन सब के चलते बहुत तरह के आन्दोलन शुरू हुए। जैसे वल्लतोल में कलामण्डलम् की स्थापना, चेन्नई में कला–क्षेत्र की स्थापना, कोलकाता के बोलपुर में शान्तिनिकेतन की स्थापना। यह सब तो हुआ, जिसका ऐतिहासिक महत्त्व है। ब्रिटिश उपनिवेशवाद के खात्मे के साथ, भारतीय चीज़ों, यहाँ की परम्परा आदि को थोड़ा ऊँचाई से देखने की रवायत शुरू हुई। हमारी संस्कृति में कुछ अच्छा नहीं है, निचले स्तर का है, राजदरबारों का नृत्य है, नौटंकी और कोठों की स्त्रियाँ (Nautch Girls) हैं– इन सबसे अलग यह धारणा पुख्ता हुई कि अपना देश महान् है और यह कलाएँ हमारी अपनी अस्मिता और पहचान की निशानियाँ हैं।

अब यह शान्तिनिकेतन है, कलामण्डलम् है, कला–क्षेत्र है, उदयशंकर का ओरिएण्टल डान्स ग्रुप है, रामगोपाल और मेनका सुखी जैसे कलाकारों का उभार है– यह सब उन आन्दोलनों की देन था, जो अंग्रेजों के रहने पर दब–कुचल सा गया था। उस समय जब कलाओं का उद्धार होना शुरू हुआ, तब एक बात और सामाजिक स्तर पर देखी जा सकती है कि एक हद तक 'सामाजिक सुधार' की बात गाँधीवादी विचारधारा के कारण देश पर लागू होने लगी थी। इस सुधारवादी आन्दोलन ने कलाओं की दुनिया पर भी असर डाला होगा, जिससे उस समय के कला–जगत में थोड़ी शुष्कता और नीरसता पैदा हुयी है– ऐतिहासिक स्तर पर इसकी भी पड़ताल करनी चाहिए।

अब आप ही बताइये कि कलाओं में किसी तरह के 'सामाजिक सुधार' का क्या मतलब है? इस सुधार का एक दुष्परिणाम यह हुआ कि जो

रहन–सहन के स्तर में सुधार आया, वह कलाकारों के जीवन से होता हुआ, कला के जीवन में भी उतर गया। एक उदाहरण से यह बात स्पष्ट करती हूँ। लोक–संगीत के जितने फनकार उस समय अपने गाँव का पुराना, हाथ का बना परिधान पहनते थे, उसकी जगह कृत्रिम, नये तरीकों के वस्त्रों ने ले ली। लोक–संगीत सुनते हुए उन कपड़ों का जो प्रभाव बनता था, इससे वह जाता रहा। इसके साथ ही कुछ पुराने, उनके समाज में प्रचलित दुर्लभ बाजों, हाथ के घर–घर बनाये जाने वाले वाद्य–यन्त्रों की जगह, आक्टोपैड एवं सिन्थेसाइजर ने ले ली। तो कला का, उसकी देशज़ पहचान का भी नवीनीकरण हो गया, जिससे संगीत की मूल भावना में कमी आयी। वह कला का शुद्ध स्वरूप कहीं ज्यादा आधुनिक होने के चक्कर में फीका हो गया। बाद में, आजादी के तीस–चालीस साल बीतते–बीतते यह शहरीकरण कलाओं के लिए बुरी तरह घातक सिद्ध हुआ है। बाद में जब सिनेमा के प्रभाव से भी यह कलाएँ अछूती न रहीं तथा दूरदर्शन के आने पर, उसमें दिखने की, ज्यादा से ज्यादा कार्यक्रमों में प्रदर्शित होने की जो घुड़दौड़ शुरू हुई, इस सब ने मिलकर आज का जो सांस्कृतिक परिवेश है, उसे नीरस, अनियंत्रित और असंतुलित बना दिया है।

मिश्र: इसका एक अर्थ यह हुआ कि आजादी मिलने के साथ कलाओं की प्रशस्त धारा में कहीं मोड़ आया है या कि उसने अपनी महान परम्परा को कहीं ले जाकर अवरूद्ध कर दिया है।

सोनल: देखिये, मैं इससे एक कदम आगे बढ़कर यह बात कह रही हूँ। खासकर भरतनाट्यम के सन्दर्भ में। यहाँ भी वर्गीकरण हो गया और एक धारा बनी, जिसे कहा गया– 'देवदासी–पदम'। अब पहले तो भरतनाट्यम के सारे पदम, एक ही आँगन के नीचे रहते थे। मगर आजादी के बाद, उनमें खाने बाँट दिये गये कि कुछ पदम तो देवदासियों वाली श्रेणी में ही रखने पड़ेंगे। उसी समय से लोग यह कहने लगे कि पढ़ी–लिखी लड़कियों को, अच्छे घर की लड़कियों को यह पदम नहीं सिखाये जायेंगे। कुछ ही लड़कियाँ बचीं, जो इसे सीखने के लिये कुछ विशिष्ट गुरुओं के घर जाने लगीं। इस पूरे प्रकरण में सबसे दुखद बात

यह है कि स्वयं इसके अधिकांश कलागुरु भी यह कहने लगे कि हम इसे नहीं सिखायेंगे।

अब आप देखिये कि ये 'देवदासी–पदम' क्या हैं? एक देवदासी अपने इष्टदेव को या अपने आश्रयदाता राजा को या प्रधान अर्चक को सम्बोधित करके शृंगार के पदम प्रस्तुत करती थी। उसमें भी सम्भोग शृंगार मुख्य होता था। अगर शृंगार वहाँ नहीं है, विरह की स्थिति है, तो विरह की दशा भी यही निरूपित करती थी कि जब शृंगार के दिनों में हम समीप थे, तो आज मैं उसकी अनुपस्थिति में कैसा दुख महसूस कर रही हूँ। या ताने देने का प्रसंग होता था, कि तुम वहीं जाओ, जहाँ रात बिताकर आये हो। तो यह नियम सा बन गया कि इस तरह के पदमों को भले घरों की लड़कियाँ नहीं करेंगी, जबकि यह भरतनाट्यम की कई सौ वर्षों से चली आयी परम्परा थी।

मिश्र: तो क्या आपको लगता है कि इन 'देवदासी–पदमों' का धीरे–धीरे व्यवहार से बाहर जाना, भरतनाट्यम के लिए एक बड़ा खतरा है। बालासरस्वती जी के साथ शुरू हुआ, शृंगार भक्ति का वह अद्भुत युग, जो भरतनाट्यम कला की आधारशिला है, भारत में अब समाप्ति की ओर है?

सोनल: यही तो आयरनी (विडम्बना) है कि जो चीज़ हम आज के दो–तीन सौ वर्षों पूर्व इतनी उदारता से अंगीकार करके चले थे, उससे अपनी नृत्य की दुनिया को बड़ा बना रहे थे, उसमें प्रगति के साथ संकोच और संकुचन आया है। आज हम ज्यादा रुढ़िग्रस्त और पिछड़े हो चले हैं, पुराने समय की तुलना में। मगर एक बात यह भी कहूँगी कि इधर के दस–पन्द्रह वर्षों में, इस स्थिति में थोड़ा अन्तर आया है। नयी नृत्यांगनाएँ अपने प्रदर्शनों में अभिनवता लाने के चक्कर में आजकल ढूँढ़–ढूँढकर वे पदम कर रही हैं, जिन्हें 'देवदासी–पदम' कहकर आजादी के बाद लगभग खारिज कर दिया गया था।

मिश्र: भारतीय संगीत में, लोक–संगीत एवं शास्त्रीय–संगीत दोनों ही में, सूफी साहित्य और सूफी मत का गहराई से प्रभाव रहा है। निर्गुण

सन्तों की बानियाँ यहाँ पूरी शास्त्रीयता के साथ गायी जाती रही हैं। कबीर, नानक, दादू, पलटू, दरिया, पीपा– एक लम्बी परम्परा है संगीत में। नृत्य (कथक को छोड़कर) खासकर प्राचीन नृत्य पद्धतियाँ (भरतनाट्यम, ओडिसी, कथकली, मोहिनीअट्टम एवं कुचिपुड़ी) क्यों इस बात से अछूती रहीं?

सोनल: देखिये, यहाँ इस फाँक को समझना बहुत जरूरी है कि यह प्राचीन नृत्य पद्धतियाँ, दो हजार साल की लम्बी भारतीय परम्परा की चिह्न स्वरूप हमें मिली हैं, जबकि सूफी प्रभाव भारत में, चौदहवीं–पन्द्रहवीं शताब्दी से दिखायी पड़ता है। अब एक लम्बी प्रशस्त परम्परा है, जिसकी अपनी उत्कृष्ट सामग्री का इतना ढेर है कि उसे शायद जरूरत ही न रही हो कि वह सूफी कविता और उसके पद का इस्तेमाल करे।

सूफियों का मिलन, मुगल मिनियेचर, सिरसा, 1630–40 ई.

मिश्र: यह तर्क तो सूफी मत को खारिज करने वाला ज्यादा लगता है, नृत्य के परिप्रेक्ष्य में सहायता करने वाला कम। क्योंकि यह चीज़ गायन पर, खासकर शास्त्रीय संगीत पर लागू नहीं होती। वहाँ भी ध्रुपद गायन है, ख्याल की लम्बी परम्परा है, अभंग और भजन हैं। फिर भी अधिकांश जगहों पर सूफी प्रभाव आया ही है।

सोनल: नृत्य में यह नहीं आया, तो उसके पीछे कुछ कारण रहे होंगे। गायन और नृत्य में फर्क है। नृत्य पूरी तरह विजुअल मीडियम (चाक्षुष विधा) है, जिसमें 'रस' की जरूरत पड़ती है। यह रस का सृजन निर्गुण पदों से कैसे कोई नृत्यांगना करेगी क्योंकि वहाँ पर 'ज्ञान' की स्थिति सर्वोपरि है। दादू, नानक, कबीर के पदों को कैसे नृत्य के द्वारा ठीक ढंग से समझाया जायेगा। यह एक ढंग से अमूर्त्त का निरूपण करने वाली बात है। गायन में यह अमूर्त्तन हो सकता है। ख्याल और ध्रुपद में होता भी रहा है। मगर नृत्य में कैसे होगा? अगर हुआ, तो वह शुष्क होगा, अबूझ होगा, बिखरा–बिखरा होगा, जिससे दर्शक तारतम्य नहीं बिठा पायेंगे।

मिश्र: इसीलिये कबीर के पद शास्त्रीय नृत्य का अंग नहीं बन पाये?

सोनल: बिल्कुल नहीं। यह प्रश्न साहित्य और कलाओं के विमर्श का हिस्सा तो बन सकता है, मगर इसका नृत्य में प्रयोग कोई विशेष परिणाम नहीं देगा। हमारे यहाँ ओडिसी एवं मोहिनीअट्टम में दादू और कबीर के पद अगर किसी ने अभिनवता लाने के चक्कर में कर भी दिये, तो वह मान्य नहीं होंगे। अष्टपदी और पदम के अनुरूप ढले रागों एवं तालों की इन नृत्य विधाओं में यह सारे निर्गुण पद चल नहीं पायेंगे। यह तो फार्मूला नृत्य होगा, जबकि हमारे यहाँ सारा कुछ संकेतों में कहा गया है।

मिश्र: संकेतों के माध्यम से ही मैं यह बात पूछना चाहता हूँ कि जब बालासरस्वती जी 'कृष्णानि बेगने बारो' करती हैं, जब सोनल मानसिंह यही भजन अपनी प्रस्तुतियों के लिए प्रयुक्त करती हैं, या कि जब आज कि कोई बिलकुल नयी नृत्यांगना भी यही भजन लेकर आगे बढ़ती है, तो क्या उसमें कुछ नया जुड़ता है? या वह एक अनुकृति के रूप में आगे जाता है? अथवा एक लड़ी बनती है प्रयोगों की, जो कुछ अलग ही सृष्टि करती है?

सोनल: हमारे यहाँ कोरियोग्राफी (नृत्य की अदायगी का तरीका) कभी लिखी नहीं गयी। कोई पैटर्न नहीं लिख दिया गया कि यही होता रहेगा। बस कुछ संकेतों में बात कह दी गयी। हमारे यहाँ सिर्फ फ्रेमवर्क (परम्परागत ढाँचा) रहा। अब इस फ्रेमवर्क पर किसी ने झोपड़ी बनायी, किसी ने महल बनाया, तो किसी ने एक बड़ी इमारत खड़ी कर दी। किसी ने सिर्फ आँगन रखा, किसी ने सिर्फ पौधे लगाये, तो किसी ने सिर्फ अल्पना बनाकर छोड़ दिया। इस ढंग से नृत्य बना, संवरा और विकसित हुआ। यहाँ भारत में नृत्य के लिए कोई तय फार्मूला नहीं है। इस कारण सभी के प्रदर्शन अलग–अलग ही ठहरते हैं। रूस में बैले की कोरियोग्राफी लिखी गयी है, वहाँ वह उसी तरह होगा, जैसा पैटर्न तय कर दिया गया है। उसमें कोई नवाचार नहीं होगा। वहाँ अलंकरण नहीं होगा, जैसा लिख दिया गया है, कोई युवती उसका हू–ब–हू निरूपण करके रख देगी। हमारे यहाँ रागों में बन्दिशें लिखी गयीं हैं। लेकिन गायक, गाते समय स्वतंत्र होगा कि वह किस तरह गाये। एक ही राग की अदायगी को, अलग–अलग गायक अपने तरीकों से मनोधर्म–संचारी–कल्पना

द्वारा व्यक्त करते रहते हैं। कितना और कैसा स्वर, गायकी में अलंकार पैदा करने के लिए चाहिए– सभी का अलग–अलग ही होता है। अतः यह कहना बहुत प्रासंगिक नहीं है कि बालासरस्वती ने जिस भजन पर नृत्य किया, उसका हू–ब–हू निरूपण आज तक होता चला आ रहा है। हर बार एक नयी दुनिया बनती है, और उसी के द्वारा नृत्य का संसार प्रशस्त होता है।

मिश्र: क्या आपको लगता है कि भारतीय कलाओं की परम्परा में जो अज्ञात है, अलिखित है, हर क्षण नया है– वह अन्य पाश्चात्य कलाओं की तुलना में बेहतर है क्योंकि अपने खुलेपन और नवाचार के चलते, वह हर बार एक कदम आगे जाता है?

सोनल: कम्परीजन नहीं है। हमें जजमेन्टल नहीं बनना है। बात बस इतनी ही है कि दोनों ही अपने–अपने ढंग से अलग हैं। मेरे लिए अहम बात यह है कि आपके सामने 'स्वैर विहार' का एक पूरा मैदान खुला पड़ा है। कल्पना–सृष्टि में आप स्वैर विहार करें व दर्शक को भी वहाँ उस बड़े मैदान में ले आयें। यह हम लोगों की सबसे बड़ी विशेषता रही है। इस कारण आप कल्पना सृष्टि से पूरी एक नयी और अपनी सृष्टि रच सकते हैं। इस दृष्टि से आप पारम्परिक अर्थों में 'ब्रह्मा' भी है। स्वेच्छा से आप कहीं जायें और बादलों की तरह समूची पृथ्वी को आच्छादित कर लें। इसी को हर कलाकार अपने ढंग से व्यक्त करता रहता है। यहाँ इसीलिये मंच पर पूरी सृष्टि विराजमान रहती है। जैसे मंच पर कृष्ण नहीं हैं, पर वे हैं। काम–क्रीड़ा का प्रदर्शन नृत्यांगना अकेले कर रही है, पर उस सृष्टि के चलते दर्शकों के समक्ष उसका प्रेमी मौजूद है। यहाँ पर लकड़ी या पत्थर का स्टेज है, पर फूल खिल रहे हैं, कमल खिले हुए हैं। आप देख रहे हैं कि देवी अवतरित हुयी हैं और महिष का मर्दन हो रहा है। लोग रोमांच का अनुभव कर रहे हैं। यह सब कैसे हो पाता है? अगर हम गौर से देखें तो यह बात आसानी से समझ में आयेगी कि हमारे यहाँ कल्पना की प्रधानता रही है, जो हमें दर्शक या भावक बनने के क्षण 'रस सृष्टि' की प्रतीति कराती है। यही शाश्वत माना गया है। कलाओं के निरूपण की जमीन भी यही रही है। एक महत्त्वपूर्ण बात

हमारी कलाओं में यह भी रही है कि कल्पना की तुलना में ज्ञान को कभी सर्वोपरि नहीं माना गया।

मिश्र: अपने 'अरंगेत्रम' के बारे में बताइये।

सोनल: 'अरंगेत्रम' पर कुछ कहने से पहले मुझे इस समय अपने अरंगेत्रम की पूर्व तैयारी की वह घटना याद आ रही है, जब मैं बहुत थकी हुयी थी और मेरे भरतनाट्यम के गुरु ने मुझे टोंका था। मेरे गुरुजी यू.एस. कृष्णराव ने मुझे उस समय डाँटा, जब मैं नृत्य में अभ्यास के समय नायिका–भाव लाने में असमर्थ हो रही थी। उस समय मेरी उम्र सत्रह साल रही होगी। मुझे बिलकुल कुछ पता ही नहीं था कि नायिका के भाव में किस तरह अपने चेहरे का उतार–चढ़ाव बनाते हैं। फिर उधर डुगडुगी बजी और बन्दरों को नचाने वाला एक मदारी आ गया। मैं बन्दरों का नाच देखने लगी, जिस पर कृष्णराव सर ने मुझे बुलाया। 'सोनिया कम हियर। व्हॉट इज दैट। सर मंकीज आर डॉसिंग।' (सोनिया इधर आओ, यह क्या है, गुरुजी बन्दर नाच रहे हैं।) इस पर गुरुजी ने तत्तकड़ी (वह छड़ी जिससे नटुवांगम करते हैं) की छड़ी को बन्दरों की ओर इंगित करके मुझसे कहा– 'शो मी द डिफरेन्स बिटवीन मंकीज एण्ड यू' (मुझे बन्दरों और अपने में अन्तर करके दिखाओ)। बाप रे बाप। मुझे आज भी याद है, दोपहर का समय रहा होगा, वह बात जो तीर की तरह चुभी– वह आज भी मेरे सीने में दफन है। उस दिन गुरुजी ने एक बहुत बड़ी बात कह दी थी। आज मुझे वह बात शत–प्रतिशत सही लगती है। मुझे उसी दिन यह तमीज आयी कि किस तरह नृत्य में मेहनत करके अपने को बन्दरों की भीड़ से अलग दर्शाना है। मेरा प्रयत्न, साधना, तपस्या इसी बात को लेकर है कि मैं बेहतर को अलग करने का तरीका जानूँ। वह डिफरेन्स जान पाऊँ, जो गुरुजी ने मुझसे बन्दरों को इंगित करके पूछा था।

गुरुदेव प्रो. यू.एस. कृष्णराव एवं गुरुमाता चन्द्रभागा देवी के साथ सोनल

रही अरंगेत्रम की बात, तो यह सन् 1961 में बंगलौर के राजभवन में सम्पन्न हुआ था। मेरे दादा जी स्व. मंगलदास पकवासा उस समय मैसूर के गवर्नर थे। उन्हीं के प्रयासों से मैं नृत्य की दुनिया में आ पायी थी।

मुझे अच्छी तरह से याद है वह जून का महीना था, जब गुरुजी एवं गुरु पत्नी (स्व. यू.एस. कृष्णराव एवं स्व. श्रीमती चन्द्रभागा देवी) ने आकर दादा जी से कहा कि सोनल अब अरंगेत्रम के लिए तैयार है, इसकी तैयारी करिये। वह दिन थे, जब किसी शिष्य का अरंगेत्रम उसके गुरु और गुरु–घराने के आदेश पर होता था। मेरे ही देखते–देखते जमाना इतना बदल गया है कि आज अरंगेत्रम माँ–बाप की इच्छा से होने लगा है। माँ–बाप को लगता है कि बहुत खर्चे–बर्चे के साथ शानो–शौकत से वे अरंगेत्रम करेंगे और उनकी बेटी का कॅरियर दौड़ निकलेगा, नहीं तो कोई–न–कोई पैसे वाला भला मानुष शादी के लिए तैयार तो हो ही जायेगा। यही आजकल हो रहा है। इसे देखकर हँसी आती है।

मैं आपको अपना अरंगेत्रम बता रही थी। मेरे हिसाब से यह नृत्य की जो हमारी तैयारी रहती है, उसका जो भी व्याकरण हम सीख रहे होते हैं। उसका बहुत ही सार्थक प्रवेश द्वार होता है अरंगेत्रम। मैंने अपने सन्दर्भ में यह अनुभव किया कि यह प्रक्रिया आपको शारीरिक और मानसिक तैयारी के लिए एकाएक बहुत बड़ा क्षेत्र प्रदान करती है, जिसमें पड़कर आप थोड़ा मैचयोर होना शुरू होते हैं। इस कारण भी क्योंकि पहली बार आप एकल नृत्य कर रहे होते हैं। और वह भी एक क्रिटिकल ऑडियन्स के सामने। गुरुजी के घर पर, गुरुजी के साथ, उनके ग्रुप में छोटा–मोटा डिमॉन्सट्रेशन करना अलग बात है, अरंगेत्रम और बात। जब मेरा अरंगेत्रम हुआ, तो गुरुजी या किसी भी कलाकार के मन यह बात जरा भी नहीं थी कि मेरे दादा गवर्नर हैं। उस जमाने में गवर्नर होना और बात थी और एक कलाकार की शिष्य–शिष्या होना और बात। मैं एक साधारण शिष्य की तरह पूरी रच–बस गयी थी अरंगेत्रम को सफल बनाने में। उस समय जब अरंगेत्रम होता था, तब उसके देखने के दूसरे–तीसरे दिन, जो लोग सभा में उपस्थित हो चुके होते थे, उन्हें गुरु घर बुलाया जाता था। उनके सम्मान में भोज होता था। वे विद्वान लोग फिर इस दिन निर्णय लेते थे कि उस अमुक लड़का या लड़की को आगे बढ़ाया जाये या नहीं। और सिखाना चाहिए या नहीं। इसमें कुछ प्रतिभा है या नहीं।

मेरे अरंगेत्रम के दो दिन बाद गुरुजी के घर ढ़ेरों विद्वान आये थे। ई. कृष्ण अय्यर आये। जी. वेंकटाचलम आये, जिन्होंने शान्ता राव को बहुत ऊपर उठाया था। ये सारे धुरंधर पैनी छुरी लेकर बैठते थे कि कौन सी गड़बड़ी देख पायें और अरंगेत्रम को निरस्त कर दें। मेरे गुरुजी ने कुछ स्थानीय कला गुरुओं को भी बुला लिया था। मैं अन्दर दोपहर के भोजन की तैयारी में गुरुमाता के साथ व्यस्त थी। मेरे अन्दर हलचल मची हुयी थी कि पता नहीं मुझे आगे सीखने को मिलेगा या नहीं। ये विद्वान पता नहीं मुझसे क्या पूँछेगें और मैं उन्हें सन्तुष्ट कर पाऊँगी या नहीं। इसी तरह की उधेड़बुन में मेरा दोपहर बीत रहा था। आज याद आता है तो मैं फिर एक नये रोमांच से भर उठती हूँ कि वे क्या दिन थे, जिज्ञासा और आतुरता से भरे हुए।

आज के नये लोगों को देखती हूँ तो मुझे लगता है कि हमारा सहज जमाना तो पिछले दिनों की बात हो गयी है। मगर मैं इतनी डायनासोर भी नहीं हूँ, औसतपने और चकाचौंध से भरी कला की नयी दुनिया में, जिस तरह आज वरिष्ठ कलाकारों को कमतर मान लिया जाता है। मुझे गुरुजी ने बुलाया। उन विद्वानों के सामने बिठाया गया। किसी ने मुझसे पूछा कि वर्णम् में तुमने जो संचारी किया, उसका क्या अर्थ था। किसी ने पूछा जतीस्वरम् तुमने कौन से ताल में किया था। एक गुरु ने पूछा तुमने 'चन्दन चर्चित' वाली अष्टपदी की थी, उसमें जो मुग्ध वधू की बात आती है, उसकी एक–एक मुद्रा का अर्थ बताओ। जब मैंने उन्हें खुलकर बताया कि वहाँ विकसित हो रहे उरोजों की बात है, न कि वयस्क वक्षों की। तब सबने मिलकर तालियाँ बजायीं और कहा कि ठीक है तुम जाओ। सारे विद्वान् जब भोजनोपरान्त चले गये, तब गुरुजी ने बुलाया और कहा– 'सोनिया यू मेड इट' (सोनिया तुमने कर लिया)। तब जाकर गहरी साँसें भीतर की ओर गयीं कि चलो गुरुजी और उनके समवयस्क विद्वानों की कृपा मुझे मिल गयी है। यह जो एक बात है कि हम परम्परा का आदर, गुरु आज्ञा का आदर, विद्वानों का आदर और कला का आदर करते हुए नृत्य व संगीत आदि सीखते हैं, वह अपने में बहुत ही अनुपम चीज़ है। यह नहीं रहेगा, तो पेड़ का

वह ढ़ाँचा ढह जायेगा, जिसे चींटियों ने अन्दर से खाकर पूरा–का–पूरा खोखला कर दिया है।

तो मेरे कहने का मतलब यह है कि अरंगेत्रम मात्र एक प्रवेश द्वार है। उसे लाँघकर, अपनी साधना से सारी सीमाओं को तोड़कर आगे बढ़ने पर ही नृत्य का असली जीवन शुरू होता है, यदि आप उसे शुरू करना चाहें। आजकल की तरह परियोजना बनाकर अपनी बेटी का अरंगेत्रम कराना और यह ख्वाहिश पाल लेना कि इस वजह से उसकी बढ़िया शादी हो जायेगी, बेवकूफी भरी बात है। हाँलाकि यही हो रहा है। साउथ में, यहाँ पर, अहमदाबाद में सभी जगह इसका खूब चलन हो गया है। परन्तु मेरी इसमें जरा भी रुचि नहीं है। इसीलिये मैं अपनी शिष्याओं के अरंगेत्रम बहुत सोच–समझकर अपनी मर्जी से करवाती हूँ। यह देख लेती हूँ कि वह नृत्य की कीर्ति को बचा पायेगी या नहीं। जैसा कि मैंने आपको बताया– मुझे कृष्णराव सर की वह बात भूलती नहीं है– 'सोनिया शो मी द डिफरेन्स बिटवीन मंकीज एण्ड यू'।

मिश्र: नृत्य जीवन की कोई ऐसी अविस्मरणीय घटना, जिसकी आप पर छाप अमिट है।

बालासरस्वती

सोनल: आपने बहुत सुन्दर बात याद दिला दी। इसके लिए आपको धन्यवाद। मुझे बालासरस्वती जी याद आ रही हैं और उनका 'कृष्णानि बेगने बारो' पर नृत्य। यह भुलाये नहीं भूलता है। जिसने भी बालासरस्वती जी को कृष्णानि बेगने बारो करते हुए देखा होगा, वह व्यक्ति ही इस प्रश्न के आस्वाद को समझ सकता है। वे जब इस गीत पर नृत्य कर रही थीं और बालक कृष्ण को अपने ढंग से समझा रही थीं, बात कर रही थीं और कुछ आगे बढ़ते हुए उचक–उचककर मंच से नीचे ताकती थीं, तो कुछ देर तक तो मुझे लगा कि वाकई कोई बच्चा नीचे है, जिसे बालासरस्वती के साथ आगे अभी मंच पर जाना है। दैड सीन वाज टोटली अ परफेक्ट पिक्चर ऑफ आर्ट। फुल ऑफ लाइफ एण्ड एस्थेटिक्स। (वह दृश्य पूरी तरह कला की तस्वीर का सम्पूर्ण और नायाब उदाहरण था। जीवन और सौन्दर्य से भरा हुआ।) उनके उस प्रदर्शन में आज भी

कोई मीन–मेख नहीं कर सकता है। इतने वर्ष बीत जाने के बाद तो वह बालासरस्वती जी का सिग्नेचर नृत्य ही बन गया है, भरतनाट्यम की दुनिया में भी वह कालजयी माना जाता है। यही अविस्मरणीय घटना है, जो अक्सर मुझे याद आती है।

इन्द्राणी रहमान

मिश्र : आपने अपने कई वक्तव्यों में यह स्वीकारा है कि बचपन से ही आपकी नृत्य के प्रति रुचि रही है और इन्द्राणी रहमान का नृत्य देखने के बाद ही, मन में यह इच्छा जगी कि आपको नृत्यांगना ही बनना है। आज उस बात को कई दशक बीत चुके हैं– आप स्वयं एक सफल व स्थापित नृत्यांगना के बतौर पिछले पच्चीस–तीस सालों से सक्रिय बनी हुई हैं। आज जब आप पीछे मुड़कर देखती हैं, तो वह कौन से भारतीय कलाकार हैं, गायक, नर्तक, वादक हैं, जिनके बारे में आपकी धारणा नहीं बदली है? उनका कौन–सा गुण आपको ऐसा लगता है, जो समय बीतने के बाद भी आज छीजा नहीं है, वरन उनकी कला का प्रभुत्व बढ़ा ही है।

सोनल : इसमें बालासरस्वती जी का नाम मैं सबसे पहले लूँगी। पिछली सदी में कहा जाता था कि विश्व में तीन ही श्रेष्ठतम् नृत्यांगनाएँ हुयी हैं– गालीना उलानोवा, मार्गो फाउण्टेन और बालासरस्वती। लेकिन सिर्फ इसी बात से वे बड़ी नहीं हो जाती, वाकई उनकी कला अद्भुत थी। वे मेरे मानस में चिरस्थायी ढंग से निवास करती हैं। इसके अलावा कथकली के कुछ कलाकार– कुंजु नायर एवं गुरु रावुणी मेनन। पं. बिरजू महाराज जी का नृत्य बेहद पसन्द है। उनके नृत्य में जिस दिव्यता की झाँकी मिल जाती है, वह देखने लायक है। अपने जमाने में कुचिपुड़ी के पं. वेदान्तम सत्यनारायण शर्मा का नृत्य जिसने भी देखा होगा, वह उनसे अभिभूत हुए बिना नहीं रह सकता। उसमें भी उनके द्वारा अभिनीत किये हुए स्त्री–पात्रों का निदर्शन लाजवाब था। सत्यभामा और उषा का प्रसंग तो आज भी मुझे नहीं भूलता है। कुछ अविस्मरणीय अनुभव जो लोग दे जाते हैं, वही कलाकार मन में रह जाते हैं।

मिश्र : रुक्मणी देवी अरुण्डेल?

सोनल : उनका नृत्य मैंने कभी नहीं देखा। अलबत्ता उनके 'कलाक्षेत्र' की मेहमान जरूर रही मैं। नृत्य को उनका योगदान अविस्मरणीय है, काफी हद तक ऐतिहासिक भी।

मिश्र : कथक में दमयन्ती जोशी और पं. शम्भू महाराज, मणिपुरी के गुरु आमोबी सिंह?

सोनल : ये सारे लोग महान की श्रेणी में आते हैं। आज इनमें से किसी को मेरी या किसी भी दूसरे कलाकार के सार्टिफिकेट की जरूरत नहीं है। वे लोग अपने आप में एक संस्था से कम नहीं थे। पं. शम्भू महाराज जी का नृत्य मुझे देखने का मौका ही नहीं मिला। यह साठ के दशक की बात है, जब मैं दिल्ली आयी– उस समय तक महाराज जी नृत्य करना बन्द कर चुके थे। यह एक व्यक्तिगत कलात्मक हानि रही मेरे लिये कि मैं उनके प्रदर्शन को कभी देख नहीं पायी।

दूसरे तरीकों से शान्ताराव जी की जो पर्सनैलिटी है, मुझे याद आती है। सबसे पहले मैंने उनको बम्बई में सुर–सिंगार संसद की महफिल में देखा था। उनकी पूरी छटा, उनका लम्बा कद, उनके कपड़े–गहने, कहने का मतलब पता नहीं क्यों, वह सब मेरे मन में पूरी तरह जड़ गया। मैं पूरी तरह उनके रूप व कला पर आसक्त हो गयी थी। बाद में भी उनको कई अवसरों पर देखा, जब वे कुचीपुड़ी को 'भामा नृत्यम्' के नाम से करती थीं। उनकी अलग पहचान थी, जिसकी छाप मुझ पर गहरी है। एक बात और, यामिनी कृष्णमूर्ति जी का नृत्य, जो मैंने उनके समय में देखा था– वह बड़ा चकित करने वाला था। एकदम जीवन्त और बहुत सुन्दर। जैसे पटाखों की लड़ी होती है, उस तरह शक्ति से भरा हुआ। उन्होंने भरतनाट्यम की शुद्ध शास्त्रीयता को नये ढंग से पहचान दिलायी थी। उनका लहजा, मंच पर जोरदार उपस्थिति, संगीत का गम्भीर प्रदर्शन– सभी कुछ अचम्भित करने वाला था। मैं उनकी जबर्दस्त प्रशंसिका रही हूँ। ऐसे लोगों के बाद तो, वह पीढ़ी ही फिर से नहीं बन पायी, जो बालासरस्वती, शान्ताराव एवं यामिनी कृष्णमूर्ति के फ्रेमवर्क में समा सकती।

मिश्र: उस समय के शास्त्रीय गायकों में कौन लोग याद आते हैं?

सिद्धेश्वरी देवी

सोनल: पं. ओंकार नाथ ठाकुर, सिद्धेश्वरी देवी और उस्ताद बड़े गुलाम अली खाँ साहब की गायकी बार–बार याद आती है। उस्ताद बड़े गुलाम अली खाँ, तो मुम्बई में हमारे पड़ोसी ही थे। सुबह कई बार उनके रियाज़ की आवाज़ गूँजती थी, जिससे हमारा जगना होता था। हमारे यहाँ से उनका आना–जाना, बहुत ही आत्मीय स्तर का था। एक बात जो उनकी नहीं भूलती, वह यह कि जब हम लोग उनके यहाँ खाने पर जाते थे, तब वे उस दिन खासकर ब्राह्मण को बुलवाकर भोजन बनवाते थे। उस्ताद जी उस दिन अपनी रसोई बहुत सफाई से धुलवाते थे। दादा जी (मंगलदास पकवासा, गाँधीवादी नेता एवं तत्कालीन गवर्नर) सहित पूरा घर उनके यहाँ जाता था। वे भी हमारे यहाँ अक्सर ही आते, तो देर तक बातचीत की महफिल छिड़ी रहती थी। उनके अलावा निखिल बनर्जी, उस्ताद विलायत ख़ाँ बेहद प्रिय कलाकारों में रहे हैं। डागर बन्धुओं में बड़े डागर भाई, उस्ताद नसीर मोइनुद्दीन ख़ाँ डागर और उनकी पत्नी सुरैया– बहुत ही प्यार करते थे मुझे। वे लोग वार्डन रोड पर रहते थे। जैसे ही मैं कॉलेज से लौटूँ, दादा जी से पूछकर अक्सर ही घर ले जाते थे। फिर गप्पे–शप्पें, गाना और खाना होता था– वह सब भूलता नहीं है।

उस्ताद बड़े गुलाम अली खाँ

मिश्र: आजकल के समय में कौन से शास्त्रीय और उपशास्त्रीय गायक–गायिकायें पसन्द हैं?

सोनल: किशोरी अमोनकर, गिरिजा देवी और मालिनी राजुरकर।

मिश्र: अपने समकालीन कलाकारों में आप किसका सर्वाधिक सम्मान करती हैं। खासकर उनकी कला की दृष्टि से?

सोनल: मैं किसी के साथ निर्णयात्मक नहीं होना चाहती। यह चीज़ मुझे असहज करती है। फिर भी जो समकालीन कलाकार मुझे हमेशा ही अच्छे लगते रहे, उनमें ओडिसी में संयुक्ता पाणिग्रही थीं। भरतनाट्यम में मेरे साथ की सुधारानी रघुपति और पद्मा सुब्रहमण्यम।

मिश्र : सम्पूर्णता में कौन–सा कलाकार सर्वश्रेष्ठ लगता है? जरूरी नहीं कि वह नृत्य से हो– वह कोई गायक भी हो सकता है।

सोनल : किशोरी अमोनकर। सत्तर के दशक में हमलोग कई कान्फ्रेन्सेज में साथ–साथ रहे। कभी वो आगे और मैं पीछे, कभी मैं आगे और वह पीछे– इस तरह कन्सर्ट्स में साथ बना रहा। अक्सर लोग उनके जटिल व्यक्तित्व की चर्चा करके, बे–सिर–पैर की बातें करते हैं। मगर मुझे लगता है कि इन सब बातों से अलग, उनकी कला में एक दिव्यता है। एक तरह की सम्मोहित करने की शक्ति। वे एक हद तक संगीत की सच्ची साधिका हैं। उनका ख्याल हो या भजन गायन, सभी कुछ दुर्लभ किस्म का है। उनके अलावा मैं गंगूबाई हंगल के प्रति भी अपार श्रद्धा से भरी हूँ। उनका घराना ही अपने आप में बेजोड़ है। उसकी चर्चा में तो बहुत बातें कही जा सकती हैं। इन दोनों के अलावा मुझे सर्वाधिक प्रिय केसरबाई केरकर लगती हैं। उनको स्कूल कॉलेज के दिनों में खूब सुना है। नाम भी केसरबाई– केसर घुला हुआ। वो गजब की गायकी आजकल कहाँ मिलती है?

केसरबाई केरकर

कोई ऐसा नाम आप मुझे बतायेंगे यतीन्द्र, जो केसरबाई, गंगूबाई और किशोरी अमोनकर के पाये का हो, आजकल?

मिश्र : सिनेमा के संगीत में कौन प्रिय रहा है?

सोनल : लता मंगेशकर के पचास–साठ के दशक के गाने। लगभग सारे ही गाने। शी वाज वण्डरफुल एट दैट टाइम (वह अनोखी थीं, उन दिनों) उनकी आर–पार निकलने वाली आवाज़, जो आपका ह्रदय बेध देती है, अद्वितीय थी। नौशाद, सी. रामचन्द्र, शंकर जयकिशन, एस. डी. बर्मन एवं मदन मोहन के दौर के गाने अद्‌भुत हैं। हालाँकि लता की गायकी से अलग, मुझे आशा भोसलें की गायकी भी कमाल की लगती है। उनमें जैसा लोच है, वह लता में भी नहीं है।

मिश्र : एक प्रश्न कर रहा हूँ, शायद आपको कम रूचे। यहाँ तुलना की बात नहीं है। मगर क्या आपको नहीं लगता कि नृत्य में जो ऐतिहासिक

काम रुक्मणी देवी अरुण्डेल और बालासरस्वती जी ने किया, गायन में जो काम पं. ओंकार नाथ ठाकुर और किशोरी अमोनकर ने किया। क्या वही काम सिनेमा के संगीत परिदृश्य पर लता मंगेशकर ने नहीं किया? एक प्रकार से सिनेमा के संगीत को सम्मान और अपनी पहचान दिलाने के सम्बन्ध में?

लता मंगेशकर

सोनल : बड़ा ही रोचक प्रश्न है। एक हद तक सही भी। लता मंगेशकर का सबसे बड़ा योगदान सिनेमा के समाज में तो यही है कि गायकों को भी सम्मान मिलने लगा। गायक–गायिकाओं को सम्मान मिलना चाहिए, यह उन्हीं के आने से शुरू हुआ। उनसे पहले के.एल. सहगल आदि की जोरदार उपस्थिति के बावजूद यह स्थिति सिनेमा में बन नहीं पायी थी। कहीं–न–कहीं मैं आपसे सहमत हूँ कि लता का योगदान, नृत्य में रुक्मिणी देवी अरुण्डेल के योगदान के समकक्ष हम रख सकते हैं। लता का तो वह जमाना भी आया, जब उनके पीछे–पीछे फ़िल्म मेकिंग चलती थी। उनका रुतबा जबर्दस्त था। आवाज़ की ताकत क्या होती है, यह लता ने ही सिनेमा में लोगों को महसूस कराया। उनके सन्दर्भ में जो सबसे महत्त्वपूर्ण बात है, वह यह कि फ़िल्म म्यूजिक को पापुलेरिटी (लोकप्रियता) के अलावा डिगनिटी (गरिमा) दिलाने में वे ही सबसे पहले आगे आयीं। यह बात मैं खुले मन से स्वीकारती हूँ कि इस तरह का काम तो हममें से कोई नृत्यांगना भी नृत्य के सन्दर्भ में नहीं कर पायीं, जो लता सिनेमा में करती चली गयीं। रॉयल्टी को लेकर उनका झगड़ा, उसका इतिहास– अपने आप में बड़े विमर्श की चीज़ है कि किस तरह गायकों–गायिकाओं को उसके बाद म्यूजिक कम्पनियाँ और फ़िल्म निर्माता, ठीक ढंग से रॉयल्टी देने लगे। यह सब एक हद तक एक औरत कर पायी– यह मेरे लिये और भी ज्यादा गौरव और रोमांचित करने वाली बात लगती है।

लता ने जो मानदण्ड बनाये, उसका लाभ बाद में बहुतों को मिला। आज तो इसके पीछे पीढ़ियाँ ही चल पड़ी हैं। एक स्तर तक, लता का योगदान, पं. रविशंकर जी के योगदान की तरह है। पं. जी ने विदेशों में भारतीय कलाकारों के लिये रास्ता खोला और सम्मान दिलाया, वही काम लता ने भारत में किया। आज भी, पश्चिम में पं. रविशंकर और

लता मंगेशकर के कारण ही भारतीय संगीत को इतना सम्मान मिलता है। मगर इसके साथ एक बात यह भी देखने लायक है कि वह समय क्या था, जब इन विभूतियों ने संगीत को हैसियत दिलवायी थी। मुझे अच्छी तरह याद है, बचपन के दिनों में अक्सर इस बात की चर्चा होती थी कि पण्डित जवाहरलाल नेहरू कलाकारों की बेहद कद्र किया करते थे। स्वयं इन्दिरा गाँधी इसका बहुत बड़ा उदाहरण रही हैं। वे हम लोगों के कार्यक्रमों में भी अक्सर आती रहती थीं। उस समय के बड़े नेताओं और प्रधानमंत्रियों को यह पता होता था कि उनके समय के दिग्गज कलाकारों के पास ऐसा क्या है, जो उनकी सत्ता की सीमा से ज्यादा बड़ा है। कहने का मतलब यह है कि जो कुछ भी पिछले दिनों में अविस्मरणीय हुआ, वह तो उस समय के चलते भी सम्भव हो पाया था। आज शायद वैसी स्थिति नहीं है। आज तो लोग बेवजह ही, हवा से लड़ने को तैयार रहते हैं। कला उनके लिए कोई ऐजेण्डा नहीं है। मुझे लगता है कि आज फिर से पण्डित रविशंकर, किशोरी अमोनकर या लता मंगेशकर जन्म लें, तो वह जादू नहीं पैदा कर पायेंगी, जो उन्होंने बीते दिनों में कर दिया है। दुर्भाग्य से हमारे पास समय को पहचानने वाला, कला को सराहने वाला विवेकवान समाज नहीं बचा है।

मिश्र: सिनेमा के सन्दर्भ में नृत्य को लेकर एक सवाल यह भी उभरता है कि क्यों नहीं कुछ शास्त्रीय नर्तकों एवं नृत्यांगनाओं ने उत्कृष्ट फ़िल्मों में नृत्य निर्देशन किया?

सोनल: ऐसा नहीं है। पं. बिरजू महाराज और गोपीकृष्ण ने फ़िल्मों में नृत्य निर्देशन किया है। केलुचरण महापात्र ने कुछ उड़िया फ़िल्मों में अपनी प्रस्तुतियाँ दी हैं। रोशन कुमारी ने अपना एक सुन्दर नृत्य संयोजन सत्यजित रे की 'जलसाघर' में किया है, वह आपको भी बखूबी याद होगा। मगर शास्त्रीय नृत्य फ़िल्म माध्यम में ज्यादा नहीं चले हैं।

मिश्र: मगर पुराने दिनों को अगर हम याद करें तो पायेंगे कि हिन्दी और अन्य भारतीय भाषाओं की फ़िल्मों में शास्त्रीय नृत्य प्रधान रहे हैं, एक हद तक उसके कथानक के सन्दर्भ में भी वे मुख्य भूमिका में आये

SHATRANJ KE KHILARI
(The Chess Players) 19

हैं। मसलन 'झनक–झनक पायल बाजे', 'कल्पना', 'साधना', 'नवरंग', 'पाकीज़ा', 'चौमन दुड़ी', 'जलसाघर' एवं 'मण्डी' जैसी फ़िल्में। वैजयन्तीमाला जो स्वयं भरतनाट्यम की स्थापित नर्तकी थीं, ने फ़िल्मों में भी अपने नृत्य का सफलतापूर्वक समावेश किया था।

सोलन मानसिंह: मगर इतने भर से ही कोई रेपरटरी (रंगपटल) तो नहीं बन जाती। यह बात तो ठीक है फ़िल्मों के नृत्यों को ऊँचा उठाने के लिये इन शास्त्रीय नृत्यों से कुछ तत्त्व लिये जा सकते हैं। इससे आपका सिनेमा उत्कृष्ट बनेगा। मगर शास्त्रीय नृत्य, फ़िल्मों में जाकर अपने खाते में कुछ नया जोड़ पायेंगे, ऐसा कम से कम मुझे तो नहीं लगता है। शास्त्रीय नृत्य विधाओं को सिनेमा का मुँह देखने की इतनी कोई जरूरत भी नहीं है। सिनेमा अभी इसी शताब्दी में पैदा हुई विधा है, जबकि नृत्य का समाज उससे एक हजार वर्ष पुराना है। हाँ, कोई सत्यजित रे जैसा फ़िल्म मेकर हो, तब बात कुछ बनती है। आप 'जलसाघर' याद करें, 'शतरंज के खिलाड़ी' याद करें, तो वहाँ पायेंगे कि सिनेमा और नृत्य दोनों ही ने एक दूसरे के महत्त्व को आपसी मेल–जोल से बड़ा बनाया है।

मिश्र: आज बाजार जिस तरह अपने ढंग से हमारी रुचियों को व्याख्यायित और नियंत्रित कर रहा है, क्या आपको ऐसे में नहीं लगता कि ये शास्त्रीय विधायें, जिनमें संगीत, कला, नृत्य और साहित्य आते हैं– भविष्य में एक दिन गैर प्रासंगिक हो जायेंगे या कि लुप्त ही हो जायेंगे?

सोनल: मैं आपके प्रश्न से पूरी तरह नहीं, पर आंशिक रूप से सहमत जरूर हूँ। अभी ही काफी बदलाव आ चुका है। आजकल आप देखें कि एक नया ट्रेंड चला है– समूह में नृत्य प्रस्तुतियों का। पहले जो एकल नृत्य विधायें रहीं, खासकर भरतनाट्यम, ओडिसी और कथक, उन सभी के अब ग्रुप बन गये हैं। अब समूह में आप अभिनय क्या करेगें? हमारी भारतीय नृत्य परम्परा में जो दो प्रमुख वर्गीकरण थे– नृत्त और नृत्य। उसमें आजकल ग्रुप में भागादौड़ी हो रही है। आज हर हाल में आपको स्टेज कवर करना है, तो दौड़ो और किसी तरह पूरा का पूरा स्टेज ढँक

लो। एक अजीबोगरीब परिपाटी अब यह चल पड़ी है कि अन्तरराष्ट्रीय समारोहों में समूह नृत्य प्रस्तुतियों को तरज़ीह दी जाती है। उनके यहाँ अब सोलो नहीं चलता। तो अब सिर्फ नृत्त ही नृत्त हो रहा है मंचों पर, नृत्य की आत्मा न जाने कहाँ भटक गयी है। अब इण्टरनेशनल फेस्टिवल में यदि आपको जाना है, तो किसी तरह अपनी कला को तोड़–मरोड़कर ग्रुप बनाइये, उछलिये–कूदिये और विदेश उड़ जाइये। तो हो क्या रहा है कि ओडिसी के ग्रुप जा रहे हैं। पल्लवी हो रही है। दौड़कर मंगलाचरण हो रहा है। अभिनय कहाँ है, किसी को मालूम नहीं है। अब यह कोई नहीं कहता कि हमारे यहाँ एकल नृत्य की परम्परा है, इसलिये हमें एकल नृत्य के लिए ही बुलाइये। अच्छे–से–अच्छा कलाकार यह कहने से डरता है क्योंकि उसे भय है कि कहीं वह ब्लैक लिस्टेड न हो जाये। अब आप ही बताइये कि हमारे यहाँ समूह में बैठकर कभी कोई वादन की परम्परा रही है। एक साथ पचास लोगों का सितार या शहनाई वादन हमारे यहाँ नहीं होता। उसमें एक ही कलाकार अपने घराने की अदायगी प्रस्तुत करता है। अब यह कौन कहे कि विदेश में ऐसे स्तरीय प्रस्तुति के लिये उस अकेले महत्त्वपूर्ण कलाकार को भेजो। इधर देखते–देखते यह हुआ है कि पैसों का लोभ और विदेश–यात्रा की चकाचौंध ने कला की दुनिया को गैर प्रासंगिक बना दिया है। मुझे लगता है कि यहीं हमसे चूक होती है और हम छीजते चले जाते हैं। परम्पराएँ उचित–अनुचित के भेद न रहने से लुप्त होंगी ही।

मिश्र: इस वजह से कला की शुद्धता भी प्रभावित होगी...

सोनल: मेरी आपसे इस 'शुद्धता' शब्द प्रयोग से आपत्ति है। भारतीय परम्परा में, खासकर कलाओं के सन्दर्भ में शुद्धता की कोई अवधारणा ही नहीं रही है। भरत के नाट्यशास्त्र में यह नहीं है, न ही अभिनव गुप्त में है और न ही यह नन्दीकेश्वर में है। परम्परा शब्द की ध्वनि ही यही है कि वह लगातार चलती रहती है। अब कोई चीज़ जब लगातार चलेगी, तो उसमें परिवर्तन आयेगा ही। वह बदल जायेगा। पत्थर भी अगर लुढ़कता जाता है, तो वह अपना आकार बदलता रहता है। नदी की धारा राह में आने वाले तमाम कंकड़ों, पत्थरों को अपने मन मुताबिक

आकार देती रहती है क्योंकि वह सतत प्रवाहमान है। अतः यह कहना उचित नहीं कि वही एक शाश्वत चीज़ हमेशा होती रहेगी, जो अपने जन्म के समय थी। तो यह शुद्धता की बात करना बेकार है। ऐसा नहीं है कि जैसा भरत के नाट्यशास्त्र में लिखा गया था, आज वैसा ही हो रहा है। बालासरस्वती जी ही जो भरतनाट्यम करती थीं, वैसा कहाँ आज होता है? आप किसी को देवदासी पदम ठीक वैसा ही सिखा दें, जो दो सौ वर्ष पूर्व होता था, तो भी उससे बालासरस्वती के समय में लौटकर जाया नहीं जा सकता। इस बात को समझने की जरूरत है।

हाँ यह जरूर हमें देखना चाहिए कि कौन से मूल्य पर इन कलाओं का गठन हुआ होगा। वह नहीं बदलता है, अगर वह बदलने लगेगा, तब ह्रास आयेगा। आप यतीन्द्र हैं और स्वतंत्र हैं कि आप कपड़े बदलें। कपड़े बदलिये किसने मना किया है। रोज बदलिये। मौसम, जरूरत और फैशन के हिसाब से बदलिये, मगर रहेंगे तो आप यतीन्द्र ही। यहाँ तो यह खेल चल रहा है कि यतीन्द्र ही को बदल डालो। फिर आप बताइये कैसे होगा?

मिश्र : 'गुरु' लोगों का इसमें क्या रोल हो सकता है। वे ऐसा क्या कर सकते हैं कि उन मूल्यों को बचाते हुए एक ऐसी पीढ़ी तैयार करें, जो आधुनिक समय में परिवर्तन का आशय ठीक प्रकार से समझती हो?

सोनल : मैं यहाँ 'गुरु' शब्द का उपयोग नहीं करना चाहती। इसका इधर के वर्षों में काफी दुरुपयोग हुआ है। अब केलुचरण महापात्र, मीनाक्षी सुन्दरम पिल्लै, यू.एस. कृष्णराव जैसे कलागुरु कहाँ रहे। यहाँ हम 'शिक्षक' शब्द से काम चला सकते हैं, जो सिखाने वाले हैं या इन कलाओं के टीचर्स हैं। आज तो तबला बजाने वाला भी अपने को गुरु कहता है। मंजीरा बजाने वाला भी गुरु कहता है और हारमोनियम पर संगत करने वाला भी गुरु हो गया है। यानि हमारे यहाँ जो तमाशेबाजी चल पड़ी है, उसमें किसी चीज़ की गरिमा नहीं रह गयी है। सिखाने वालों का स्वार्थ इतना बढ़ गया है कि वे लड़के–लड़कियों को छोटे–बड़े कार्यक्रम दिलवाने की लालच के एवज में सिखाते रहते हैं और पैसा

बनाते हैं। इससे क्या होगा, वो क्या समझ तैयार करवा पायेंगे। बल्कि मुझे तो लगता है कि इससे उन बच्चों की आगे चलकर कला के प्रति अरुचि ही बढ़ेगी।

मिश्र: इसके सामाजिक कारण क्या हो सकते हैं?

सोनल: समाज में आजकल सबसे ज्यादा आसान हो गया है किसी का भी मजाक बना देना। बड़ी से बड़ी बात को हल्के और सतहीपन से देखने का ढंग। शास्त्रीय नृत्य और कलाओं की बात तो छोड़िये, यदि आप संस्कृत भाषा का किसी सभा में नाम ले लीजिए, तो आपस में लोगों की निगाहें मिलेंगी और आप हँसी के पात्र बना दिये जायेंगे। संस्कृति की बात करने पर आपको कुछ सन्देह की निगाह से देखा जा सकता है। आप समाज के स्तर पर जायें तो पायेंगे कि हमारे सारे यात्रा–स्थलों को अब टूरिस्ट स्पॉट में तब्दील कर दिया गया है। इससे उन स्थानों पर रहने वाली पवित्रता कहाँ बची है। हर चीज़ आज पर्यटक की निगाह से है। हर चीज़ आज बिकाऊ है। हर चीज़ आज तमाशा है, फिर चाहे वह शमशान यात्रा हो, राजनीतिक रैली हो, विवाह का आयोजन या कि सेमिनार। सब तरफ हर चीज़ को कम करके घटिया स्तर पर देखने व हँसने का चलन बढ़ गया है। आप समाज में मौजूद एक सामान्य सी दशा मोटापे को ही ले लीजिए, तो हैरान रह जायेंगे कि पिछले कुछ वर्षों में यह एकाएक काफी हद तक बढ़ चुकी है। पिज्जा, बर्गर, पेप्सी और बीयर से फैलने वाली यह ओबेसिटी अब दिमाग तक पहुँच गयी है। और दिमाग के मोटापे का मतलब है जड़ता। जब आपका विचार करना ही बन्द हो जायेगा, तो कलाओं की बात तो जाने दीजिए, आपके अपने अस्तित्त्व पर भी संकट आ जायेगा।

हमारे यहाँ खोज की परम्परा थी। रियॅलिटी की बात की जाती थी। सेल्फ नॉलेज का संस्कार था समाज में। हमारी परम्परा इसीलिए 'तत्त्वम्असि' एवं 'आत्मानन्द' की बात करती थी। इसी के लिए उपनिषद्, वेद, शास्त्र लिखे गये और कलाएँ बनायी गयीं थीं। इसमें नृत्य या संगीत तो उस संस्कृति का एक छोटा सा अंग था। मूल बात

आपकी चेतना और ज्ञान की संपदा के इर्द–गिर्द घूमती थी, दुर्भाग्य से जिस पर संकट लाया जा रहा है।

एक बात और, हमारे यहाँ संस्कृति और परम्परा को प्रतीकों के माध्यम से व्यक्त करने का चलन रहा है। जिन चीज़ों पर हमारी संस्कृति टिकी है, उसमें इन प्रतीकों को लेकर बातें कही जाती थीं। जैसे– 'गंगा'। गंगा का मतलब है– *'गम गच्छति इति गंगा'* अर्थात जो बहता है, वह सब कुछ गंगा है। हमारी परम्परा, हमारी कलाएँ जो कुछ भी बहकर आज चला आया है, वह सब गंगा ही है। इधर गंगा का मार्ग अवरुद्ध हो रहा है। वैज्ञानिकों ने अभी पिछले दिनों यह स्पष्ट किया कि गंगा का उद्‌गम, जो गोमुख ग्लेशियर है, वह हर वर्ष थोड़ा पीछे जा रहा है। अगर हम इसे प्रतीक या संकेत मानकर देखें, तो कहना पड़ेगा कि इसी गंगा की तरह, हमारी संस्कृति, कलाएँ और ज्ञान के सारे संसाधन प्रतिवर्ष थोड़ा पीछे जा रहे हैं। उनका मार्ग अवरुद्ध हो रहा है।

मिश्र: एक अवधारणात्मक सवाल आपसे कर रहा हूँ। एक समय था, जब हमारे पास संस्कृति के ढेरों मुख्य केन्द्र थे। आज वे मिथक बन चुके हैं। मगर उनका होना, हमेशा यह सिद्ध करता रहा है कि भारतीय समाज ज्ञान और संस्कृति के क्षेत्र में कितना उन्नत था। तक्षशिला, नालन्दा जैसे विश्वविद्यालय या उज्जयिनी, कौशाम्बी और पाटिलीपुत्र जैसे शहर इसके उदाहरण थे, जो लुप्त हो गये। क्या आपको नहीं लगता कि एक दिन फिर वही स्थिति आयेगी और हमारे इधर के सांस्कृतिक केन्द्र मसलन कलामण्डलम्, कलाक्षेत्र, शान्तिनिकेतन भी लुप्त होने के कगार पर पहुँच जायेंगें?।

सोनल: आप मुझे बताओ कि कलामण्डलम हो, कलाक्षेत्र हो या विश्वभारती– यह सब क्यों सरकार को लेने पड़े। सरकार जब संस्थानों को ले लेती है, तब उसका पूरा परिदृश्य ही बदलना शुरू हो जाता है। जाहिर है, ऐसी स्थिति उस समय ही आती है, जब ऐसे प्रतिष्ठित संस्थानों में नयी पीढ़ी रुचि लेना बन्द कर देती है। वह उन पाठ्यक्रमों में जाना नहीं चाहती, जो पारम्परिक ढंग से आज भी सिखाये जाते हैं।

वह कलाओं की दुनिया को भी खारिज कर देती है, जो अपना समृद्ध अतीत लिये हुए आज तक विद्यमान रहे हैं। इस कारण ये सब संस्थान भी सिमटने लगते हैं। आपने सुन्दर प्रतीक चुना है– नालन्दा। शायद कभी, कलाक्षेत्र भी प्रतीक ही रह जाये और आने वाली पीढ़ियाँ यह कहें कि चेन्नई में कभी एक बड़ा नृत्य केन्द्र हुआ करता था, जिसने भारत में हजारों की संख्या में कलाकार, रसिक पैदा किये। वह मिथक बन जायेगा, जैसा आज नालन्दा, तक्षशिला बन चुके हैं। पाटिलीपुत्र का समय तो थोड़ी देर के लिए भूल जाइये, पिछले दो–तीन दशक पूर्व के पटना की स्थिति याद करिये, जिसमें गाँधी मैदान में एक बड़ा ठुमरी फेस्टिवल होता था। ठुमरी के विकास में पटना के इस कार्यक्रम की बड़ी गूँज रही है। आज वह कहाँ गयी? नयी पीढ़ी शायद ही उसे जानती हो। तो जब पटना का ही संस्कार लुप्त हो गया, ऐसे में पाटिलीपुत्र को कौन याद करेगा।

विश्वभारती या कलाक्षेत्र जैसे संस्थान, जब कभी भी अपनी गरिमा व उपस्थिति गँवायेगें, वह हमारी नयी पीढ़ी के लिये और भारत के लिये बहुत ही कष्ट व दुःखभरा समय होगा।

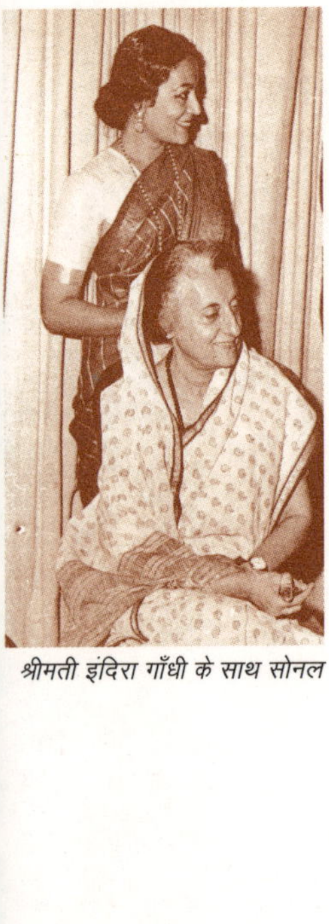

श्रीमती इंदिरा गाँधी के साथ सोनल

मिश्र: इन्दिरा गाँधी के कला–प्रेम के बारे में आपका रूख हमेशा से ही प्रशंसात्मक रहा है। उनके इस पक्ष के बारे में कुछ बताइये।

सोनल: इन्दिरा जी के बारे में, मैं यह जरूर कहूँगी कि वे वाकई में एक महान महिला थीं। मेरे मन में उनके लिए बहुत आदर, बहुत सम्मान आज भी बरकरार है। नेहरू जी के समय से एक परिपाटी शुरू हुयी थी, जब प्रधानमंत्री बाहर किसी विदेश की राजकीय यात्रा पर जाते थे, तब उनके साथ एक कल्चरल डेलीगेशन अवश्य जाता था। इसका पालन लाल बहादुर शास्त्री के समय में भी हुआ और बाद में यह इन्दिरा गाँधी के समय तक बखूबी निभता रहा। मगर इस नियम को सर्वाधिक सम्मान इन्दिरा जी के दौर में ही मिला। उनके समय में यह जरूरी था कि जब भी वे विदेश के दौरे पर होंगी, सांस्कृतिक दल उनके साथ अवश्य जायेगा। वे इसको 'भारत की शान' और 'भारत की आत्मा'

कहती थीं। मुझे याद है 1969 में वे अफगानिस्तान की स्टेट विजिट पर जब गयीं, तब उस समय उनके डेलीगेशन में मैं सबसे छोटी थी। उनके साथ उसमें बेगम अख्तर, दमयन्ती जोशी और पण्डित रामनारायण जी भी गये थे। उसके बाद 1974 में उनके साथ दोबारा ईरान की यात्रा पर जाना हुआ। उसमें माधवी मुद्गल भी साथ थीं, जो उस समय कथक करती थीं और दुर्गालाल उनके पार्टनर होते थे। इस दल में मैं ओडिसी के लिये गयी थी। उस समय आज की तरह हाई सिक्योरिटी का मामला नहीं होता था। आप प्रधानमंत्री के साथ आसानी से घुल–मिल सकते थे। इन्दिरा जी को अपने देश के कलाकारों का इतना ध्यान रहता था कि जब उन दौरों पर उस देश का कोई भी विशिष्ट व्यक्ति मिलने आता था, चाहे वह कवि, कलाकार, समाजसेवी हो या कोई राजनयिक; तो फौरन हम लोग भी उनसे मिलने के लिए बुलवाये जाते थे। उनके सम्मान में अक्सर कोई विशेष भोज वगैरह होता था, तो इन्दिरा जी हम लोगों से पहले ही कह देती थीं कि आप भी रहना। अकेले ही उन समारोहों में उन्हें जाना अच्छा नहीं लगता था। साथी कलाकारों को साथ लेकर चलना, उनकी आदत में शुमार था। हमें कभी नहीं लगा कि किसी बड़े राजनेता या प्रधानमंत्री के साथ यात्रा पर हैं। लोगों को शायद यह पता नहीं होगा कि भारत में अधिकांश संस्कृत पाठशालाएँ इन्दिरा जी ने ही शुरू करवाईं थीं। अपनी संस्कृति के प्रति उदारता और गौरवबोध उन्हें विरासत में मिला था। नेहरू जी जैसे सुसंस्कृत पिता की बेटी होने का बोध उन्होंने कई अवसरों पर साबित किया। यह बात बहुत महत्त्व की है। आज ऐसा हो पाना या सोचना भी लगभग नामुमकिन सा लगता है कि कोई नेता किसी कलाकार को इतनी महत्ता देगा, प्रधानमंत्री स्तर के राजनयिक की बात तो जाने ही दीजिये। आई एम वेरी सॉफ्ट टू हर (मैं उनके प्रति बेहद कोमल हूँ)। वे भारत की आत्मा को पहचानती थीं।

मिश्र: उनके द्वारा इमरजेन्सी लगाने को आप कितना जायज मानती हैं? एक तरफ तो उन्होंने कला संस्कृति के प्रति अपना इतना प्रेम दर्शाया है, जबकि दूसरी तरफ उन्हीं के समय में, इमरजेन्सी के दौरान लेखकों, कलाकारों, पत्रकारों की आवाज़ दबा दी गयी थी।

सोनल : मैं यह मानती हूँ कि इमरजेन्सी लगाना, उनकी एक बड़ी भूल थी। इसका एक बेहद दुष्परिणाम भी भारत की जनता और यहाँ के लोकतंत्र को झेलना पड़ा था। मगर इमरजेन्सी की इन्दिरा छवि को अलग हटाकर, यदि हम उनके व्यक्तित्व की ओर देखें, तो अपनी संस्कृति के प्रति आदर से भरी हुयी एक महिला के रूप में ही उनको पाते हैं। उनका कलाओं का आदर करने का भाव तो शायद कोई भी कलाकार नज़रअन्दाज नहीं कर सकता, जो उनसे जीवन में कभी एक बार भी मिला हो। हाँ यह बात अलग है कि इमरजेन्सी उनके राजनीतिक जीवन का सबसे गलत निर्णय था, जिसने हम कलाकारों को भी गहरे से आहत किया था।

मिश्र : आप पर कई बार साम्प्रदायिक होने के आरोप लगे हैं? इसके बारे में आप क्या कहेंगीं।

सोनल : (हँसती हैं) इस सवाल का जवाब आपको उन्हीं लोगों से पूछना चाहिए, जिन्होंने इस तरह की बातें कही हैं। रही बात मेरी, तो मैं यहाँ कला, संस्कृति के जवाब, अपने जीवन और नृत्य से सम्बन्धित अनुभवों के उत्तर देने बैठी हूँ— किसी आरोप की सफाई देने नहीं। फिर भी इतना जरूर कहूँगी कि मैं एक गाँधीवादी परिवार से आयी हूँ। यह बात जगजाहिर है कि मेरे दादा जी, स्वर्गीय श्री मंगलदास पकवासा पुराने गाँधीवादी नेता थे। उन्हें स्वतंत्र भारत की पहली संसद में गवर्नर बनाया गया था। आदरणीय मोरार जी काका (प्रधानमंत्री मोरार जी देसाई) का हमारे घर आना–जाना था। मेरी माँ कस्तूरबा गाँधी के साथ जेल गयीं और लाठियाँ खाईं थीं। मैं 'वैष्णव जन तो तेने कहिये' सुनते हुए बड़ी हुयी हूँ— ऐसे में संकीर्ण सोच की या साम्प्रदायिक संस्कारों की बन ही नहीं सकती हूँ। आप भारत का इतिहास पढ़िये, तो पायेंगे कि आजादी की लड़ाई में ज्यादा संख्या में गाँधीवादियों ने लाठियाँ खाई हैं। मैं इस बात के लिए अपने को गौरव से भरा हुआ पाती हूँ कि एक सच्चे गाँधीवादी परिवार में मेरा जन्म और पालन–पोषण हुआ।

मैनें जिस विधा में अपना जीवन गुजारा है, वह संस्कृति से उपजा है और नृत्य जैसी महान् परम्परा का स्थायी अंग है। आपको यह नहीं भूलना चाहिए कि भारत की ज्यादातर नृत्य परम्पराएँ 'मन्दिर कलाओं' के उदाहरण हैं। वे मठ, मन्दिरों से जन्मी हैं और उनमें ज्यादातर कार्य, व्यवहार देवता के प्रति आभार प्रदर्शन के अर्थ में होता आया है। पुराण, धर्म–ग्रन्थ, सन्त साहित्य, भजनावलियाँ और मन्दिरों के महात्म्य का वर्णन ही नृत्य विधा में होता रहा है। यही मैंने जीवन भर किया है। अब अगर ओडिसी या भरतनाट्यम के नृत्य करने से, गीत गोविन्द की चर्चा व आदर करने से कोई साम्प्रदायिक ठहराया जाये, तो उसके लिये मैं क्या कर सकती हूँ? इस लिहाज से यदि आप या कोई व्यक्ति, किसी कला या कलाकार का सरलीकरण करेगा, तब यह देखना मुश्किल हो जायेगा कि क्या–क्या साम्प्रदायिक हो सकता है? शास्त्रीय संगीत में भी अधिकांश गायन, भक्तिपदों का होता है, तो क्या सारे गायक साम्प्रदायिक हो गये? भारतीय संस्कृति को उजागर करने वाली कलाओं में, खासकर नृत्य में कोई मार्क्सवादी विचार, मेरे देखने में तो नहीं आया है। अगर वह कहीं आपको मिले, तो मुझे ढूँढ़कर दीजियेगा।

राष्ट्रपति डा. ए.पी.जे. अब्दुल कलाम से पद्म–विभूषण ग्रहण करते हुए

मिश्र: आपने जब बी.जे.पी. केन्द्र में थी, उस समय अटल बिहारी वाजपेयी की सरकार से 'पद्म–विभूषण' लिया था, जिसको लेकर भी लोगों एवं कलाकारों में दबा–छुपा रोष प्रकट किया जाता है। इसको लेकर आपका क्या कहना है?

सोनल: इस तरह की सतही बातों का मेरे पास कोई जवाब नहीं है। मैं इसके बारे में कोई सफाई देना भी जरूरी नहीं समझती। आज से तीन दशक पूर्व जब मैं इन्दिरा गाँधी जी के समय में उनके डेलीगेशनों का केन्द्र होती थी, तब उसके बारे में लोग क्या कहेंगे। जहाँ तक पुरस्कारों की बात है, तो मुझे नहीं लगता कि कोई भी कलाकार सिर्फ इसलिए अपनी साधना शुरू करता है कि उसकी कला–यात्रा में उसे कोई पुरस्कार या पद्म अवॉर्ड जैसी चीज़ मिलेगी। आपको पद्म अवॉर्ड से सम्बन्धित अपना एक संस्मरण बताती हूँ। सत्तर के दशक में, जब मेरी प्रस्तुतियाँ पूरी तरह मान्य होकर स्थापित हो चुकी थीं। उस समय

अधिकांश समकालीन नृत्यांगनाओं को पद्मश्री, पद्मभूषण वगैरह मिल गये थे। मुझे वह नहीं मिला था, इसका कोई अफसोस नहीं था। मैं नृत्य करती रही और लगातार सक्रिय बनी रही। अब आप देखिये कि सत्तर के दशक में स्थापित होने के बाद, एक बार 1993 में यानि लगभग 20–22 वर्षों बाद एक दिन राष्ट्रपति भवन से फोन आया कि राष्ट्रपति जी कल शाम आपसे मिलना चाहते हैं। उस समय आर. वेंकटरमन जी राष्ट्रपति थे और मेरे ज्यादातर कंसर्ट्स में आते रहते थे। उनका कला प्रेम जग–जाहिर था।

अक्सर मैं दूसरे–तीसरे महीने उनके पास मिलने जाया करती थी और वे मुझसे काफी विस्तार से संगीत, नृत्य की चर्चा किया करते थे। उत्सुकतावश पूछते थे कि आजकल क्या कर रही हो, नये कौन–कौन से कलाकार बेहतर प्रदर्शन कर रहे हैं, फलाँ क्या कर रहा है... आदि बातें। उस समय मेरी भरतनाट्यम और ओडिसी की मिली–जुली प्रस्तुति 'द्विवर्णा' से वे प्रभावित भी थे। तो हुआ यह कि जब मेरा बुलावा आया, तो मुझे लगा कि अभी पिछले महीने ही राष्ट्रपति जी से मैं मिल आयी थी, पता नहीं क्या बात है। फोन पर मुझसे कहा गया कि आप आते समय अपना एक विस्तृत बॉयोडाटा जरूर लेती आइयेगा। मैंने हैरानी से पूछा– क्यों? तब राष्ट्रपति भवन के सचिव ने जवाब दिया कि ऐसा राष्ट्रपति जी का आदेश है। मुझे अच्छी तरह से याद है कि जब मैं दूसरे दिन शाम चार बजे वेंकटरमन जी से मिली। उस समय पूरी हार्दिकता से कुशल–क्षेम पूछने के बाद वे अचानक बोले– सोनल, यह मैंने जो आपके बारे में सुना है, क्या वह सही है।' मेरा दिल धक से बैठ गया कि पता नहीं वेंकटरमन जी से किसने आकर मेरे बारे में कुछ उल्टा–सीधा कह दिया है। मैंने कहा– जी सर, मैं कुछ समझी नहीं। फिर वे बोले– लाइये अपना बॉयोडाटा दीजिए। और उसे लेने के बाद पलटकर देखने लगे। बॉयोडाटा से आँखें उठाकर मुझसे बोले– आई कान्ट बिलीव दिस, यू डोन्ट हैव एनी पद्म अवॉर्ड, इज नेशन डिडेन्ट आनर यू। (मुझे विश्वास नहीं होता कि आपको कोई पद्म अवॉर्ड नहीं मिला है, क्या राष्ट्र ने आपका अभी तक सम्मान नहीं किया) कुछ विस्मय, कुछ खीझ, कुछ

नाराज़गी में, मेरे मुँह से बस इतना निकला कि ऐसा नहीं है सर, मुझे कई पुरस्कार मिले हैं– जिन्हें आप देख सकते हैं। और मैने उस समय तक मिले हुए– राजीव गाँधी एक्सीलेन्स अवॉर्ड, भाई वीरसिंह पुरस्कार, नृत्य चूड़ामणि एवॉर्ड पढ़कर सुना दिया। यह सब नजरअन्दाज़ करते हुए वे बोले– नो, नो! आई मस्ट रेक्टीफाई दिस। (नहीं, नहीं, मैं इसमें अवश्य सुधार करूँगा) राष्ट्रपति वेंकटरमन का इतना कहना ही था कि मेरी आँखों से जो आँसू निकले, तो थमने का नाम ही न लें। इस पर उन्होंने बड़े सान्त्वनापूर्ण ढंग से मुझे समझाया। इसके बाद मैं वहाँ से चली आई और दो–तीन दिन बाद ही, गणतंत्र दिवस पर एनाउन्स हुआ कि मुझे 'पद्मभूषण' दिया गया है। अब आप बताइये कि आपको सराहने के लिये, उस समय राष्ट्रपति स्वयं बुलाकर यह पूछते हैं कि ये मैं क्या सुन रहा हूँ कि आपका राष्ट्र ने अभी तक सम्मान नहीं किया। यही मेरे लिए काफी था। मेरी कला के सन्तोष के लिए पारितोषक से भी बड़ा। अब उस समय तो यह प्रचारित नहीं किया गया कि सोनल मानसिंह कांग्रेसी हैं, तब उस घटना के दस–बारह साल बाद 'पद्म विभूषण' मिलने पर इस तरह की बात करना, हास्यास्पद लगता है।

राष्ट्रपति आर. वेंकटरामन से पद्म–भूषण ग्रहण करते हुए

1993 से पहले, जब क्यूबा का नाम लेना भी अपराध माना जाता था। अमेरिकन दूतावास हर एक पर गिद्ध की निगाह लगाये रहता था कि कोई ऐसा तो नहीं है, जो क्यूबा के लिए आवाज उठा रहा हो। उस समय मैंने दो बार क्यूबा के सहयोग के लिये नृत्य किया और पैसे इकट्ठे किये। उस समय आपका अमेरिकन वीजा रद्द कर दिया जाता था और कोई भी कलाकार क्यूबा के फेवर में खड़ा होना तो दूर, नाम तक लेने से कतराता था। ऐसे में, मैं आगे आई थी। आप उन राजनयिकों से भी जाकर पूछ लें कि इस देश में पहली बार क्यूबा के राजदूत को मेरे ही हाथों पहला कन्साइनमेन्ट दिलवाया गया था। मावलंकर हॉल में यह कार्यक्रम हुआ था, जहाँ मेरे अलावा विश्वनाथ प्रताप सिंह जी, चन्द्रशेखर जी और रामविलास पासवान मौजूद थे। उस समय की घटना को कोई क्यों नहीं याद करता। या जब मोरारजी काका से हमारा आना–जाना, मिलना–बैठना था, तो उस गाँधीवादी विचारधारा को

कोई क्यों नहीं याद करना चाहता। यह कोई नहीं कहता है कि सोनल मानसिंह देवदासियों की कला को स्वीकारने वाली पहली ऐसी स्त्री हैं, जो गाँधीवादी परिवार से आती हैं, और जिनके परिवार वाले आजादी की लड़ाई में शामिल रहे हैं। 'पद्म भूषण' मिलने पर हल्ला नहीं मचता, 'पद्म विभूषण' मिलते ही सोनल मानसिंह साम्प्रदायिक, गर्हित और न जाने क्या–क्या हो जाती हैं।

मिश्र: आपका बचपन और युवावस्था राजनीतिक वातावरण में बीते हैं। बचपन से ही आपके परिवार में देश के असंख्य राजनेताओं का आगमन रहा है। किसी राजनीतिक व्यक्ति से सम्बन्धित कोई अनुभव या संस्मरण हो, जो आपको आज भी किसी स्तर पर प्रीतिकर एवं प्रासंगिक लगता हो, बताना चाहेंगीं?

सोनल: बहुत सारे अनुभव हुए हैं। मोरारजी देसाई का एक संस्मरण याद आता है। दादा जी उन्हें राजनीति में ले आये थे। उनके साथ हमारे परिवार का रिश्ता बिल्कुल घरेलू किस्म का था। 1964 में पहली बार मैं दिल्ली गयी डाँस करने। उस जमाने में आज की तरह ढेरों संगीत समारोह नहीं होते थे। साल में एक–दो ही अवसर ऐसे जुटते थे, जिनमें कलाकारों का जमघट लगता था। यह कार्यक्रम सप्रू हाउस में आयोजित हुआ था। उस समय आज की तरह कमानी ऑडीटोरियम वगैरह नहीं बने थे। सप्रू हाउस के तीन दिन के संगीत महोत्सव में पहले दिन युवा कलाकार के बतौर मुझे परफार्म करना था, मेरे बाद दमयन्ती जोशी का कार्यक्रम था। दूसरे दिन के कार्यक्रम की शुरूआत उन दिनों, पं. बिरजू महाराज की जानी मानी शिष्या भारतीय गुप्ता से हुयी थी। उनके बाद इन्द्राणी रहमान का कार्यक्रम था। तीसरे दिन पहला कार्यक्रम रोशन कुमारी जी का था, और समापन उस्ताद विलायत ख़ाँ साहब से हुआ था। मैं आमंत्रित तो सप्रू हाउस द्वारा हुयी थी, मगर मुझे रहना पड़ा था मोरार जी काका के यहाँ, जो उस समय भारत सरकार में वित्त मंत्री थे। हालाँकि जिस दिन मेरी प्रस्तुति थी उस दिन मोरार जी देसाई मदुरै गये हुए थे और कार्यक्रम के अन्तिम दिन लौटे थे। उस कार्यक्रम के बाद भी मैं उनके यहाँ दस दिन रूकी रही, क्योंकि मुझे कुछ प्राचीन पदम

सीखने थे। मैं यह प्राचीन पदम देवदासी स्वर्णसरस्वती जी से सीखने जा रही थी, जो उन दिनों करोल बाग में रहती थीं। स्वर्णसरस्वती जी रिश्ते में बालासरस्वती जी की बहन लगती थीं।

हमारे यहाँ घर में यह रिवाज़ रहा है कि जहाँ भी जाना है, तो वह घर में किसी बड़े को बताकर जाना है कि कहाँ जा रहे हैं, व लौटकर कब तक आना हो पायेगा। तो यहाँ भी मुझे बताकर ही जाना था। मैं मोरारजी काका के कमरे की तरफ गयी, तो वहाँ देखा कि वे जमीन में दरी पर बैठे हुए अपने चरखे पर झुके थे और उसे कात रहे थे। मोरार जी काका रोज ही चरखा कातने के लिए बैठते थे। जब हमारे घर आते थे, तब भी उनका चरखा साथ आता था। वह कितने भी व्यस्त क्यों न रहे हों, दस मिनट का समय ही सही, मगर हर रोज चरखा कातने के लिए निकाल ही लेते थे। मैंने अन्दर झाँका, तो मेरी ओर देखकर बोले– "आओ, कहाँ जा रही हो।" मैने कहा– "करोल बाग पदम सीखने।" इस पर कहने लगे– "हम लोगों को यह सब शोभा नहीं देता है, तुम यह सब मत किया करो।" मैंने तुरन्त प्रतिवाद किया– "क्या शोभा नहीं देता है? मैं तो कर रही हूँ और जीवनभर करती रहूँगीं।" मोरारजी देसाई फिर बोले– "मेरा मतलब है कि पब्लिक में जाकर नाचने का क्या अर्थ है?" मैंने तपाक से जवाब दिया– "आप पब्लिक में जाकर भाषण क्यों देते हैं? घर में दिया करिये।" इस पर वे मुझसे नाराज़ हो गये। फौरन मुम्बई फोन करके दादा जी से कहा– "सोनल ने मुझसे ऐसा कहा है।" दादा जी उनसे बोले– "ऐसा क्यों कहा सोनल ने? क्या तुमने उससे कुछ कहा था?" मोरार जी काका बोले– "मैंने डाँस करने के लिए उसे मना किया है।" दादा जी इस पर दोबारा बोले– "तुम्हें ऐसा कहना ही नहीं चाहिए था। मैंने ही उसे नृत्य के लिए इज़ाज़त दे रखी है। एक सच्चे गाँधीवादी की तरह तुम्हें एक स्त्री की स्वतंत्रता का भी ख्याल रखना चाहिए। आगे से उससे कुछ मत कहना।" इस बात के बाद वे दो दिन तक मुझसे कुछ नहीं बोले। उस समय मेरी उम्र कुल 20 वर्ष थी और मैं यह भी नहीं जानती थी कि अपनी नादानी में मैंने मोरारजी काका के साथ ज़बानदराज़ी कर दी है।

दादाजी श्री मंगलदास पकवासा के साथ सोनल

(हँसती हैं) अब यही मोरारजी देसाई जब प्रधानमंत्री बने, तब माँ और पिताजी से बोले– "तेरी लड़की मुझसे मिलने नहीं आयी, जबकि सारे मिलने वाले मेरे पास आकर गये। यहीं दिल्ली में रहती है न?" इसके बाद पिताजी का नाराज़गी भरा फोन आया– "क्या करती है? मोरारजी देसाई से मिलने नहीं गयी।" मैंने कहा– "मैं क्यों जाऊँ? मेरा कौन सा काम है?" पिताजी ने डाँटा– "ऐसा नहीं कहते, वो तुमको पूछ रहे थे, वह अपने मोरारजी काका हैं, आखिर वो प्रधानमंत्री बने हैं, कल ही फोन करो और उनसे मिलने जाओ।" मैंने दूसरे दिन फोन किया तो बोले– "आज शाम ही आ जाओ।" मैं शाम को उनसे मिलने गयी, मेरे साथ मेरा एक साउथ इंडियन सेक्रेटरी था और जोधपुर के महाराजा गजसिंह के रिश्तेदार मेरे मित्र नरेन्द्र सिंह भाटी, साथ थे। जब हम तीनों प्रधानमंत्री आवास पहुँचे, तो मोरारजी देसाई से मिलकर नीलम संजीव रेड्डी बाहर निकल रहे थे। मैं अन्दर गयी और उनको प्रणाम किया, तो लाड़ से भरकर बोले– "अब आई है। तेरी खबर के लिए मुझे बम्बई फोन लगाना पड़ता है।" मैंने कहा– "आप व्यस्त रहते हो, इसलिए नहीं आयी।" अच्छा यह बताइये काका, यह नीलम संजीव रेड्डी क्यों आये थे? वे उस समय स्पीकर थे। काका बोले– "अरे वो तो राष्ट्रपति बनने जा रहा है।" मैंने तुरन्त प्रतिवाद किया और कहा– "आप लोगों को बस ये लोग ही मिल जाते हैं। अरे राजनीतिकों के अलावा क्या कोई कलाकार कभी राष्ट्रपति नहीं बन सकता।" मोरार जी बोले– "विचार तो ठीक है, तुम्हीं सुझाओ कि कौन बन सकता है।" मैंने तुरन्त कहा– "एम. एस. सुब्बुलक्ष्मी।" मोरार जी काका बोले– "हाँ बढ़िया नाम है। अच्छा दूसरा बता।" अब तक मैं अच्छे–अच्छे नाम याद करने लगी थी। मैंने तपाक से कहा– "सुब्बुलक्ष्मी जी नहीं, तो रुक्मणी देवी अरुण्डेल या पं. रविशंकर।" फौरन अपने सचिव को बुलाकर कहने लगे कि रुक्मणी देवी अरुण्डेल और एम.एस. सुब्बुलक्ष्मी से बात करवाओ। फिर मैंने कहा काका– "अगले महीने मेरे इन्स्टीट्यूट का वार्षिक नृत्य समारोह है, आपको जरूर आना है।" मोरार जी काका बोले– "लड़की अभी तक तूने डाँस करना छोड़ा नहीं?" मैं हैरानी और गुस्से में भरकर बोली–

डॉ. राजेन्द्र प्रसाद के साथ सोनल के पिता श्री अरविन्द पकवासा एवं माता श्रीमती पूर्णिमा पकवासा

"काका आप आदमी नहीं हैं, औरंगजेब हैं।" और यह कहकर मैं रोने लगी। इस पर वह मुझे समझाने लगे। मैंने कहा– "आप तो जिन्दगी भर राजनीति करते हुए प्रधानमंत्री तक बन गये और मुझे डाँस करने से मना करते हैं।" इस पर नम्र होकर कहने लगे कि लड़की रो मत। ये लो पिस्ता खाओ। और पिस्ता का बड़ा सा डिब्बा खोलकर आगे बढ़ा दिया। लेकिन बाद में मेरे प्रोग्राम में आये और उद्घाटन करने के बाद, अपने भाषण में बोले– "मैं यहाँ प्रधानमंत्री की हैसियत से नहीं, मंगलदास पकवासा के पारिवारिक मित्र और सोनल के काका की हैसियत से आया हूँ।"

उस समय वैसे प्यार और अपनत्व से भरे हुए लोग राजनीति की दुनिया में भी होते थे। मैं उनसे लड़ती थी, ज़ुबान लड़ाती थी और मैंने उन्हें औरंगज़ेब तक कह डाला था– पर मोरारजी देसाई का नाराज़ होना तो दूर, उनका प्रेम मेरे प्रति बढ़ता ही जाता था। आज ऐसे राजनेता कहाँ मिलेंगें?

मिश्र : आज के नेताओं में आप किस चीज़ की कमी पाती हैं?

सोनल : मोरारजी देसाई वाले युग में कोई नेता अपने पद से अलग भी एक सामाजिक–सांस्कृतिक वजूद रखता था। अपने प्रिय और आत्मीय लोगों के बारे में व्यक्तिगत स्तर पर चिन्तित रहता था। वह अपने से छोटों के तर्क या ज़िरह को धैर्यपूर्ण ढंग से सुनने के लिए तत्पर रहता था। मैंने हमेशा यह पाया कि उन दिनों, नेताओं में एक बड़ा गुण यह भी था कि किसी का कोई विचार यदि प्रशंसनीय है, तो बेहिचक वे लोग उसे अपनाते थे। विचारधाराओं के टकराव के बावजूद एक दूसरे के प्रति सम्मान की एक महान परम्परा थी। आज यह सब इतिहास की बातें हो गयी हैं। किसी नेता को क्या आज इतनी फुरसत है कि वह अपने गाँव शहर के उन आत्मीय लोगों को याद करे, जिनका जीवन में कभी साथ रहा था।

मिश्र : राजनीति के बोझिल वातावरण से अलग थोड़ी देर के लिए फ़िल्मों की ओर चलते हैं। भारतीय फ़िल्मों में अपने पसन्द की कौन–सी अभिनेत्री चुनेंगीं?

सोनल: मधुबाला। वह मुझे बहुत पसन्द थीं। उनको बहुत अण्डररेट किया गया है। उनकी कॉमेडी, संजीदगी, सुन्दरता और परदे पर निखार– सब कुछ बहुत जादुई किस्म का था। 'चलती का नाम गाड़ी' फ़िल्म में उनकी शोखी कमाल की है। मधुबाला के बाद दूसरी अभिनेत्री नरगिस थीं, जिनकी मैं जबरदस्त प्रशंसिका हूँ। वो एक महान् अदाकारा थीं। हालाँकि सुन्दरता उनमें उस पारम्परिक ढंग की नहीं थी, जो भारतीय स्त्री छवि में ढूँढ़ी जाती है। मगर उनकी आन्तरिक सुन्दरता, पूरी पवित्रता के साथ उनके चेहरे पर दिखाई देती है। 'मदर इण्डिया' अकेली ऐसी फ़िल्म है, जो मुझे हमेशा यह बताती है कि स्त्री की ताकत का मूल कहाँ है? आज भी मैं नरगिस और 'मदर इण्डिया' के सम्मोहन से स्वयं को मुक्त नहीं पाती हूँ।

अभिनेत्री मधुबाला

मिश्र: मधुबाला और नरगिस के अलावा, आजकल की कोई अभिनेत्री?

सोनल: स्मिता पाटिल और रेखा। स्मिता पाटिल तो प्रशंसा से परे की चीज़ हैं। उनकी ऐक्टिंग देखकर तो आँखे खुली रह जाती हैं। अभिनय की इतनी तीव्रता बिल्कुल अवाक कर देने वाली। कभी–कभी मैं सोचती हूँ कि यदि वे उन देवदासी पदमों पर अभिनय करें, जो परम्परा में दुर्लभ किस्म के हैं– तो वह दृश्य कमाल का होगा। श्याम बेनेगल की 'भूमिका' और केतन मेहता की 'मिर्च मसाला' में वे आउटस्टैंडिंग रही हैं। इसी तरह रेखा हैं। बेजवाब सुन्दर। उन्हें देखकर सजी–धजी अलंकृत देवदासियाँ याद आती हैं, जो अपने इष्ट को मादक सौन्दर्य से रिझाने का जतन करती हैं। रेखा अनिन्द्य रूपवती हैं। बेहद सम्वेदनशील कलाकार भी। 'उमराव जान' को भला कोई कैसे भूल सकता है।

अगर मैं अपनी पसन्द की अभिनेत्रियों का क्रम बनाऊँ, तो सर्वश्रेष्ठ से शुरू करके श्रेष्ठ तक की यही सूची होगी– नरगिस, मधुबाला, स्मिता पाटिल, शबाना आज़मी और अन्त में रेखा।

मिश्र: रेखा की अदाकारी में कौन–सी फ़िल्म सर्वश्रेष्ठ लगती है?

सोनल: उमराव जान, उमराव जान, उमराव जान और उमराव जान। ये गिनती जहाँ जाकर खत्म होगी, वहाँ अन्त में भी उमराव जान होगी।

मिश्र: पसन्द की हिन्दी फ़िल्में?

सोनल: कुछ के नाम तो पहले ही मैनें आपको बताये हैं, उनके अलावा अमिय चक्रवर्ती की एक फ़िल्म थी– 'सोने की चिड़िया'। ऋषिकेश मुखर्जी की एक बहुत प्यारी फ़िल्म थी 'अनुराधा'। इसमें बलराज साहनी और लीला नायडु की ऐक्टिंग व पं. रविशंकर का संगीत असाधारण थे। गुरुदत्त की 'प्यासा' और 'कागज के फूल' मुझे मास्टर पीस लगतीं हैं। गुरुदत्त ने भी क्या ज़िन्दगी पायी थी, अपने जज्बातों के खोल से वे कभी बाहर निकल नहीं पाये, अन्दर ही अन्दर घुटते रहे, मगर इस तरह के जीवन को जीते हुए 'प्यासा' व 'कागज के फूल' जैसी टीस पैदा करने वाली फ़िल्में वे ही बना सकते थे। श्याम बेनेगल की शुरूआती फ़िल्में– 'अंकुर', 'भूमिका' और 'निशान्त' असाधारण हैं। एक साथ सोचने के लिए मजबूर करती हैं और उसी क्षण गहरे अवसाद से भी भरती हैं। इसी तरह अमोल पालेकर की 'घरौंदा' भी मुझे याद आती है। विमल रॉय की 'सुजाता' और 'बन्दिनी'। नूतन की एक और महत्त्वपूर्ण फ़िल्म थी 'सीमा', जो मुझे बार–बार याद आती है। इस फ़िल्म का मर्मस्पर्शी कथानक और संगीत भी नूतन की अन्य महत्त्वपूर्ण फ़िल्मों से कम नहीं है। किशोर कुमार की 'पड़ोसन' कामेडी में सबसे बेहतरीन लगती है। इनके अलावा मधुबाला व नरगिस की तकरीबन सभी फ़िल्में।

मिश्र: इधर की फ़िल्मों में कौन–सी फ़िल्में हैं, जो आपकी पसन्द की फ़िल्मों के कैटलॉग में समा पायी हैं?

(कुछ सोचते हुए फ़िल्मों के नाम बताती हैं) 'गाँधी', 'जाने भी दो यारों', 'शतरंज के खिलाड़ी', 'उमराव जान', 'सरदार' और 'रुदाली'।

मिश्र: हिन्दी के अलावा अन्य क्षेत्रीय भाषाओं की कौन सी फ़िल्में देखना पसन्द हैं?

DEVI
(The Goddess) 1960

सोनल: सत्यजित रे की आरम्भिक सारी फ़िल्में, खासकर– 'पथेर पांचाली', 'अपराजिता', 'अपूर संसार', 'तीन कन्या', 'जलसाघर', 'चारुलता' और 'देवी'। बाद की फ़िल्मों में 'अरण्येर दिनरात्रि' और 'शतरंज के खिलाड़ी'। शर्मिला टैगोर मुझे हमेशा सत्यजित रे कि फ़िल्मों में बेहद भावप्रवण अभिनेत्री लगती रही हैं। इसके अलावा, अदूर गोपालकृष्णन की कुछ फ़िल्में मसलन 'मुखामुखम' और 'स्वयंवरम्'। अपर्णा सेन की अधिकांश फ़िल्में– 'छत्तीस चौरंगी लेन', 'सती', 'परमा' और 'मिस्टर एण्ड मिसेज अय्यर'। केतन मेहता की 'भवनी भवाई' अद्‌भुत फ़िल्म थी। कन्नड़ की एक–दो फ़िल्में आज तक याद हैं। मुख्यतः 'संस्कार' और 'वंशवृक्ष'। एक और फ़िल्म है, गौतम घोष की, जो मुझे कभी नहीं भूलती– 'अन्तरजली यात्रा'। बेहद मार्मिक फ़िल्म है। बीते दिनों, बंगाल के कुलीन ब्राह्मणों में कन्यादान को पवित्र चीज़ मानते हुए किसी भी ब्राह्मण व्यक्ति से अपनी बेटी का विवाह कर देने का चलन था, भले ही वह व्यक्ति अस्सी बरस का होकर आसन्न मृत्यु के द्वार पर खड़ा हो। इस घोर अनैतिक परिपाटी को अत्यन्त निमर्मता से 'अन्तरजली यात्रा' में दिखाया गया है। इस फ़िल्म में डोम बने हुए शत्रुघ्न सिन्हा की अदाकारी बहुत जीवन्तता से उभरी है। इस्माइल मर्चेंट की 'शेक्सपियर वाला' भी एक बढ़िया फ़िल्म है। मुझे कम फ़िल्में पसन्द आती हैं। शिल्प, कथानक और सिनेमाई भाषा के अतिरिक्त जिसमें संवेदना की कमी होती है, मुझे कम रुचती हैं। संवेदना की गहराई और उसकी मार्मिक पड़ताल वाली फ़िल्में मुझे भीतर तक छू जाती हैं। मैं ज्यादातर नयी फ़िल्मों को देखने की जगह, उन्हीं फ़िल्मों को बार–बार देखना पसन्द करती हूँ, जिनकी छाप मुझ पर जबरदस्त है।

मिश्र: विदेशी फिल्मों के संसार में भी कुछ ऐसी फिल्में अवश्य होंगी, जिन्होंने आपके रचनात्मक आस्वाद को बढ़ाया होगा।

सोनल: ऐसी बहुत सारी फिल्में और फिल्मकार हैं, मगर एकाएक उन सब को एक साथ यहाँ याद कर पाना काफी मुश्किल भरा काम है। फिर भी, जो फिल्में मेरे जेहन में हमेशा बसी रहीं, वे हैं– फेलिनी की 'एट

एण्ड हॉफ' एवं 'ला दोल्चे वीता', डी सिका की 'बाइसिकिल थीब्ज', बर्गमैन की 'ऑटम सोनाटा', 'वाइल्ड स्ट्राबेरीज' एवं 'द सेवेन्थ सील', त्रुफो की 'द मैन हु लब्ड वुमेन', कुरोसावा की 'राशोमोन' एवं 'सेवेन समुराई'। इनके अलावा फासबिंडर, बुनवेल, आन्द्रे वाजदा, पॅसोलिनी एवं स्टीवेन स्पिलबर्ग की फिल्में बेहद पसन्द हैं।

मिश्र: सिनेमा से अलग, आपकी नृत्य कला पर रंगमंच का कितना प्रभाव रहा है? रंगमंच में वे कौन–से लोग हैं, जिनका अवदान आपको नाट्य परम्परा में कुछ जोड़ने वाला लगता है?

सोनल: मैंने ज्यादा थियेटर नहीं देखे हैं, पर कुछ लोगों का बेहतरीन काम देखने का सौभाग्य फिर भी मुझे मिला है। मुझे अच्छी तरह याद है कि अपने युवावस्था के दिनों में शम्भु मित्र एवं तृप्ति मित्र का 'रक्तकरबी' एवं 'पुतुलखेला' देखा था। मैं अवाक् थी कि मंच पर मैंने कितनी अद्भुत चीज़ देख ली है। इसी के बाद मंच की कुछ चीज़ों को देखने का शौक जगा। जब मैं 1964 में दिल्ली आयी थी, उस समय करीब सन् 1966–67 के दौरान दिल्ली के पुराने किले में अब्राहम अल्काजी द्वारा निर्देशित 'अन्धा युग' देखा था। उसमें मनोहर सिंह की दमदार उपस्थित यादगार बनी हुयी है। हबीब तनवीर का 'आगरा बाजार' और 'चरणदास चोर' भी अपने छत्तीसगढ़ी बोली और संगीत के कारण मुझे बहुत सॉफ्ट और लिरिकल लगते हैं।

रही प्रभाव की बात, तो सर्वाधिक पसन्द के लोगों में ब. व. कारन्त एवं रतनथियम रहे हैं। उन लोगों का अपनी नाट्य परम्परा के अनुशीलन के साथ नाट्य में, संगीत के तत्त्वों का समावेश मुझे आकर्षित करता है। रतनथियम ने तो बाद में मेरी 'द्रौपदी' नृत्य नाटिका की कमान भी सम्भाली थी। उनका 'चक्रव्यूह' क्लासिक है। 'ऋतुसंहार' एवं 'उत्तर प्रियदर्शी' भी बढ़िया लगते हैं। गुजराती के आरम्भिक दिनों का एक थियेटर था 'जयशंकर सुन्दरी'। मैंने बचपन में इसे कई बार देखा है, आज भी उसे मिस करती हूँ। 'घासीराम कोतवाल' में मोहन अगाशे का अभिनय एवं 'भाव बन्दिगी' में दुर्गा खोटे की उपस्थिति ने भी मुझे

गहराई से अभिभूत किया है। मुझे हमेशा से यह लगता रहा कि रंगमंच के अधिकांश कलाकारों ने, जो सार्थक नाट्य प्रस्तुतियाँ दी हैं, भारत की अन्य अभिनय कलाओं में वह जल्दी ढूँढे नहीं मिलतीं। वेदान्तम् सत्यनारायण शर्मा (कुचीपुड़ी) एवं केलुचरण महापात्र (ओडिसी) ही ऐसे गिने–चुने डाँस ड्रामा के लोग हैं, जिनका अभिनय पक्ष मील का पत्थर रहा है।

मिश्रः बिलकुल नये समय के थियेटर में किसका कार्य सर्वाधिक प्रशंसनीय रहा है?

सोनलः मैंने आपसे पहले ही कहा है कि किसी भी तरह का निर्णय देने में मुझे असुविधा होती है। यह जरूरी भी नहीं लगता कि अपनी पसन्द की चीज़ को ही यह माना जाये कि वही स्थापित करने योग्य है, शेष तुच्छ। फिर भी, सबके पसन्द नापसन्द तो अलग–अलग होते ही हैं। इसमें मेरा किसी से कोई विरोध नहीं है। हाल ही में नसीरुद्दीन शाह द्वारा अभिनीत इस्मत चुगताई की कहानियों के पाठ पर एक नाटक देखा था। वह बहुत ही अच्छा लगा। अकेले नसीरुद्दीन शाह, जिस तरह किस्सागो की भाँति पूरे ऑडियन्स को साथ जोड़कर चलते हैं, और नाटक का आस्वाद बनाये रखते हैं– वह अपने में एक काबिलेतारीफ बात थी। इस नाटक ने मुझे बहुत सालों बाद, पूर्व में देखी हुयी कुछ कालजयी प्रस्तुतियों की याद दिला दी।

मिश्रः शास्त्रीय कलाकारों के बारे में एक धारणा प्रचलित है कि वे दूसरी विधाओं में मिलने वाले कलाकारों व मूर्धन्यों को अकसर नजरअन्दाज करते हैं। जहाँ तक आपकी बात है आपने समय–समय पर उदयशंकर, पण्डित रविशंकर, भीमसेन जोशी, बड़े गुलाम अली खाँ, सिद्धेश्वरी देवी, किशोरी अमोनकर और गिरिजा देवी की आत्मीय चर्चा की है। आप यह सन्तुलन किस तरह साध पाती हैं? इन कलाकारों के दाय को आप अपनी कला के सन्दर्भ में किस तरह लेती हैं?

सोनलः बचपन से ही मैनें अपने परिवार में बड़े–बड़े कलाकारों का आना–जाना देखा है। राजभवन में तमाम समारोह होते रहते थे, जिसमें

गवर्नर की हैसियत से दादाजी को रहना जरूरी हो जाता था। उस समय हम लोग दादाजी के साथ हर एक कार्यक्रम में भाग लेते थे, भले ही उम्र के लिहाज़ से उस वक्त कुछ ज्यादा समझ में नहीं आता था। यह मैंनें आपको बताया ही है कि मुम्बई में बड़े गुलाम अली खाँ साहब हमारे पड़ोसी थे। उनसे पारिवारिकता थी। पण्डित जसराज जी के बड़े भाई पण्डित मनीराम जी मेरी माँ को अच्छे से जानते थे। पण्डित जसराज जी ने मेरी इक्कीसवीं वर्षगाँठ पर घर में गायन किया था। मनीराम जी पधारे और उन्होंने माँ से उस समय कहा था, मेरा छोटा भाई अब तैयार हो गया है, आप उसे सुन लीजिये। इस तरह उनका गाना हुआ था। सिद्धेश्वरी देवी मुझे सोना बाई कहती थीं और बहुत स्नेह करती थीं। पण्डित ओंकारनाथ ठाकुर जी से माँ का पारिवारिक भाई जैसा सम्बन्ध था। तो वही संस्कार मुझमें पड़े होंगे। आज के समय में अप्पा जी (गिरिजा देवी) बहुत प्रेम से मिलती हैं। बिल्कुल बड़ी बहन सरीखा प्रेम देती हैं। उनको देखकर लगता ही नहीं कि किसी कलाकार से मिल रही हूँ, बल्कि घर की एक भली औरत की छवि ही उनको देखकर उभरती है। इस बात के लिए अपने को सौभाग्यशाली मानती हूँ कि मुझे अपने वरिष्ठ कलाकारों का बहुत प्रेम व आशीर्वाद मिला है। वह मेरी कला के लिए भी एक पूँजी सरीखा है। वे कलाकार जो अपने वरिष्ठों को नज़रअन्दाज़ करते हैं, उनसे मिलना कभी सम्भव नहीं हुआ। यह भी मेरे सौभाग्य के ही खाते में जाता है।

मिश्र : प्रेरणा?

सोनल मानसिंह : नृत्य की प्रेरणा के लिए कोई एक शब्द या एक व्यक्ति काफी नहीं है। फिर भी पाँच लोगों को मैं हमेशा अपनी कला में सबसे पहले याद करती हूँ। उसमें सबसे पहले अपनी माँ को, दूसरी गुरु माँ चन्द्रभागा देवी जी, तीसरे गुरुजी प्रो. यू.एस. कृष्णराव, इसके बाद बालासरस्वती जी एवं रुक्मिणी देवी अरुण्डेल।

इन पाँचों के बाद सिर्फ दो लोगों की याद है, जिनको बचपन में देखकर अभिभूत हो गयी थी। उस सम्मोहन से निकल पाना इस जीवन में सम्भव

नहीं। मुम्बई में जब मैंने उदय शंकर और अमला शंकर के शैडो प्ले (छाया नाटिकाएँ) देखे थे। उनका नाटक 'लॉर्ड बुद्धा' मुझे भूलता नहीं है। किस तरह अमला जी यशोधरा बनी हुई लेटी थीं, वह कमाल का था। उस समय एकाएक यह लगा था कि कोई देवकन्या या यक्षिणी सीधे अजन्ता और एलोरा की गुफाओं से निकलकर चली आयी है।

मिश्र: भरतनाट्यम में पसन्द के कलाकार?

सोनल: शान्ताराव और कमला लक्ष्मण। इनके अलावा पद्मा सुब्रह्मण्यम का भरतनाट्यम। वे मंच को बाँध लेती हैं, मुझे हमेशा उनका प्रदर्शन बहुत अलग किस्म का लगता है। कुछ लोग उनकी आलोचना करते हुए कहते हैं कि लोकधर्मी किस्म का करती हैं और उसमें शास्त्र को तरजीह नहीं मिलती। मगर मैं इस बात को अपने सन्दर्भ में खारिज करती हूँ कि बाद में लोकधर्मी या नाट्यधर्मी या देशी या मार्गी एक शब्द ही रह जाता है। बचती है सिर्फ कला और उसकी स्तरीयता। पद्मा जी का काम इसी तरह का है– प्रशंसनीय और काफी हद तक स्तरीय।

मिश्र: भरतनाट्यम के नये कलाकारों में?

सोनल: ज्यादा नहीं होंगे। फिर भी मालविका सरुक्कई और अलरमेल वल्ली बहुत अच्छा कर रही हैं। इसकी तुलना में ओडिसी में जल्दी कोई नज़र नहीं आता। मात्र गुरुजी की बहू सुजाता महापात्र, थोड़ा ठीक लगती हैं। मगर अपने श्वसुर (केलुचरण महापात्र) की विरासत सम्भाँलने के लिए अभी उन्हें बहुत मेहनत करनी होगी। एक प्रकार की जड़ता को, कन्फर्ट जोन को छोड़ना होगा। तभी कोई बात बनेगी। यह हर एक कलाकार के लिए जरूरी है कि अपने कन्फर्ट जोन को छोड़कर एक बड़ा जोखिम उठाये।

मिश्र: कथक में सर्वाधिक पसन्द की शख़्सियतें?

सोनल: दयमन्ती जोशी जी। उनके जैसी विशेषता किसी में नहीं है। उनका बहुत स्नेह भी रहा है मुझ पर। दमयन्ती जी के बाद रोशन कुमारी और पण्डित बिरजू महाराज का कथक बेहद प्रिय हैं।

मिश्र: कथकली में?

सोनल: कुन्जु नायर और गुरु रावुणी मेनन। कथकली के एक प्रख्यात अध्येता विद्वान भरत अय्यर जी, जिनके साथ कॉलेज के दिनों में कथकली नृत्य को समीप से देखा और उन्होंने उसके गुणार्थ समझाये थे। अक्सर मैं उनके साथ माटुंगा में सायन म्यूजिकल सर्किल में चली जाती थी।

मिश्र: मणिपुरी नृत्य में कौन से लोग भाते हैं?

सोनल: वैसे तो यह समूह आधारित नृत्य विधा रही है। फिर भी झवेरी सिस्टर्स, सविता बहन मेहता और गुरु अमोबी सिंह जी का प्रदर्शन पसन्द रहा है। बाद में रतनथियम के मणिपुरी संस्कारों से सजा थियेटर भी बहुत मनोग्राही लगा।

मिश्र: नृत्य में वे कौन से कलाकार हैं, जिनका अवदान आपको महान लगता है या उनका होना बहुत प्रासंगिक और गौरवमयी बात लगती है?

सोनल: कुचीपुड़ी के पं. वेदान्तम सत्यनारायण शर्मा एवं गुरु वेंपटी चिन्नसत्यम्, जिन्होंने कुचिपुड़ी के एकल व्यवहार की परम्परा को बढ़ाने में ऐतिहासिक काम किया। इनके अतिरिक्त पं. बिरजू महाराज, गुरु केलुचरण महापात्र और गुरु देव प्रसाद दास जी। ये सारे लोग महान की श्रेणी में आते हैं और अपने होने को हर समय प्रासंगिक बनाते रहे हैं। यहाँ मैं ओडिसी के उन छोटे–मोटे कलाकारों की भी बात कहूँगी, जिनकी राष्ट्रीय स्तर पर भले ही पहचान नहीं बनी, मगर जिनके पास अपनी परम्परा का खजाना भरा हुआ था। इनमें से कुछ शब्द स्वर पाट के कलाकार, संचर के कलाकार, गोटीपुअ नृत्य जो सिखा रहे हैं ऐसे कलाकार, इनका अवदान बेहद महत्त्वपूर्ण लगता है।

मिश्र: एक संस्कृतिकर्मी के रूप में आप कमला देवी चट्टोपाध्याय को किस तरह याद करती हैं?

सोनल : क्या सुन्दर नाम आपने लिया है। पुराने समय में जिस तरह का कार्य रुक्मिणी देवी अरुण्डेल, गुरुदेव रवीन्द्रनाथ टैगोर ने किया था, आजादी के बाद के समय में वैसा कद मेरे देखने में सिर्फ कमला देवी जी का ही है। अपने देश से यदि हमें दो चार नाम ऐसे महान लोगों का चुनना हो, जो समाज के लिए रोल मॉडल की हैसियत रखते हों, तो उनमें कमला देवी जी अवश्य होंगी। उनकी तारीफ में कोई भी विशेषण कम ही है। मगर यह आज हमारा दुर्भाग्य है कि उनके न रहने पर जितना सम्मान और स्मरण उनका होना चाहिए था, भारत में नहीं हुआ।

मिश्र : नृत्य में प्रयुक्त होने वाले साहित्य से अलग, आपके मनपसन्द साहित्य क्या रहे हैं?

सोनल : वैसे तो जो कुछ भी पढ़ती हूँ, उसमें न चाहते हुए भी दिमाग इस ओर चला ही जाता है कि यदि यह सब कुछ नृत्य संगीत में आ पाता, तो कैसा लगता। फिर भी मुझे नृत्य के लिये प्रयुक्त होने वाले साहित्य से अलग काफी कुछ ऐसा है, जो पसन्द आता है। उसमें मुख्य रूप से कालिदास का मालविकाग्निमित्रम्, धर्मवीर भारती का 'अन्धायुग' और 'कनुप्रिया', मोहन राकेश का नाटक 'आषाढ़ का एक दिन' और गिरीश कर्नाड के 'तुगलक' व 'हयवदन'। प्रतिभा राय का द्रौपदी पर आधारित उड़िया उपन्यास 'याज्ञसेनी' मुझे क्लासिक लगता है। इसके अलावा सिद्धों एवं भक्तिकाल के समय के बहुत सारे कवि और सन्त बेहद प्रेरणास्पद लगते हैं, जिनमें जानाबाई, बहिनाबाई, मुक्ताबाई, मीरा और बनी ठनी का नाम लूँगी। तमिल की अक्क महादेवी और कश्मीर की लल्लेश्वरी को पढ़ना हैरान करता है। कई बार इनको पढ़कर मेरा मन दुःखी भी हुआ और रोमांच व श्रद्धा से भर भी उठा। गुजराती की चन्द्रबदन मेहता, नरसी मेहता अच्छे लगते हैं।

विदेशी साहित्य में भी ढेरों नाम हैं, मगर सबको यहाँ गिना पाना सम्भव नहीं। जो याद आ रहे हैं, उनमें काफ्का, टॉलस्टॉय, ऑस्कर वाइल्ड, हेमिंग्वे, आर्थर मिलर, फित्जेराल्ड और टॉमस मॉन।

यहाँ एक बात आपको यह बताना चाहूँगी कि विश्व का श्रेष्ठ साहित्य पढ़ना मुझे हमेशा अच्छा लगता रहा है, मगर जो साहित्य मेरे हृदय के सर्वाधिक करीब हैं, उनमें गीत–गोविन्द को छोड़कर मीराबाई के ढेरों पद। 'करना फकीरी फिर क्या दिलगीरी', 'प्यारे दरसन दीजो आज', 'ए री मैं तो प्रेम दीवानी' और 'पग घुँघुरू बाँध मीरा नाची रे' जैसे पदों के बराबर जल्दी कुछ अच्छा नहीं लगता।

मिश्र: वह कौन सा साहित्य है, जो परम्परागत ढंग से नृत्य कला में समादृत रहा हो, जिसका उपयोग आपने भी पूरी कलात्मकता के साथ अपने नृत्य में किया हो और जो साहित्य की दृष्टि से भी वरेण्य माना जाता रहा हो।

सोनल: ऐसे साहित्य कई हैं। मगर वे ज्यादातर उन भाषाओं में हैं, जिन भाषायी क्षेत्रों की ये नृत्य कलाएँ हैं। मुझे यहाँ याद आता है कि त्रावणकोर के महाराजा स्वाती तिरूनाल के भक्ति तथा शृंगार पद भरतनाट्यम में कई सौ वर्षों से बेहद लोकप्रिय और मान्य रहे हैं। भरतनाट्यम का हर छोटा–बड़ा कलाकार स्वाति तिरूनाल के समावेश के बगैर अपनी नृत्य कला को पूरा नहीं मानता। उनके बारे में एक दिलचस्प तथ्य यह भी है कि उन्होंने हिन्दी भी सीखनी शुरू की थी, जिससे वे नृत्य को समग्र रूप से कुछ पदावलियाँ सुलभ करा सकें। आज उनके कुछ ऐसे हिन्दी पद लगभग हर एक नृत्यांगना अपने प्रदर्शन में इस्तेमाल करती है, जो कि बहुत ही प्रशंसा की बात है। हालाँकि उन पदों का भाषा या साहित्य की दृष्टि से बहुत महत्त्व नहीं है, फिर भी स्वाति तिरूनाल के प्रति कलाकारों का आदर इन प्रयोगों से साफ परिलक्षित होता है। मैं यहाँ ऐसे दो पदों का उल्लेख करना चाहूँगी, जो भरतनाट्यम में खूब प्रयुक्त हुये। इसमें एक राग धनाश्री में पद है–

महाराजा स्वाती तिरूनाल

'शंकर श्री गिरिनाथ प्रभु
चित्रसभा में नृत्य विराजित'
दूसरा पद राग वृन्दावनी सारंग में है–
'चलिये कुंजन मों हम तुम श्याम सखी
देखो जमुना रे भरी सुन्दर अति नीर भरी'

प्रकाश झा के साथ सोनल

मिश्र : प्रकाश झा ने आप पर 'सोनल' नाम से एक डाक्यूमेन्ट्री फ़िल्म बनायी है। उस फ़िल्म के बारे में आपका क्या ख्याल है।

सोनल : उन्होंने बड़े मन से काम किया था। हम लोगों से भी उस फ़िल्म में मेहनत खूब हुयी थी। शूटिंग में जब हम मुम्बई गये थे, तो वहाँ मेरे भरतनाट्यम के गुरुजी प्रो. यू.एस. कृष्णराव, बंगलौर से हवाई जहाज से उड़कर पहुँचे थे। उस समय उनकी उम्र नब्बे वर्ष की हो रही थी। यह बात मेरे दिल को छू गयी कि जिस बच्ची को वे सोनिया कहकर अपने शुरूआती दौर में डाँटते थे, तराश रहे थे, उसके लिए अपने उम्र की परवाह न करके, तकलीफ सहकर उस फ़िल्म में सहयोग देने आये। प्रकाश झा ने डाक्यूमेन्ट्री बनाते समय मुझसे एक बात कही थी, वह मुझे पसन्द भी आयी थी। वह आपको बताती हूँ। उन्होंने कहा कि आप नृत्यांगना तो हैं ही। वह स्थिति तो आपके व्यक्तित्व की धुरी ही है। मगर मैं अपनी फ़िल्म में, नृत्यांगना सोनल के अलावा, उन आयामों एवं अन्य सन्दर्भों को भी रेखांकित करना चाहता हूँ, जिनसे एक मुकम्मल सोनल मानसिंह आज बन पायी हैं। मुझे याद है इसी तरह की बात थी। और उन सन्दर्भों को प्रकाश झा ने सूक्ष्मता से पकड़ा भी था। आप यदि डाक्यूमेन्ट्री देखें, तो वहाँ मेरा अध्यात्म के प्रति, भारतीय उपासना पद्धति में तन्त्र साधना के प्रति झुकाव देख लेंगे। मैं कितनी बिन्दास रही हूँ या मैं तिहाड़ जेल जाकर वहाँ के कैदियों के साथ नृत्य करती हूँ, उन्हें नृत्य सिखाती हूँ– यह सब भी उन्होंने समेट लिया था। कुल मिलाकर बड़े सहज व कलात्मक ढंग से उन्होंने यह फ़िल्म बनायी थी। मैं उससे सन्तुष्ट भी हूँ, सिवाय इसके कि कुछ तथ्यगत भूलें आपको उस डाक्यूमेन्ट्री फ़िल्म में मिलेंगी। जैसे, मेरा अरंगेत्रम बंगलौर राजभवन में हुआ था, जिसे प्रकाश झा ने बम्बई राजभवन में हुआ बताया है और दादाजी को नाना कहा है।

मिश्र : दलाईलामा के आग्रह पर आप धर्मशाला नृत्य करने गयीं। उनसे मिलने का अनुभव कैसा रहा?

सोनल: यह वाकई मेरे लिए किसी बड़े सौभाग्य के मिलने से भी बड़ी बात थी कि परम पवित्र दलाईलामा जी ने मुझे धर्मशाला नृत्य के लिए बुलाया था। यह 1995 की बात है। वहाँ मैं बौद्ध तांत्रिक साधना में मशहूर कुछ चर्या गीतियों को लेकर गयी थी। इसमें मैनें शबरी वाली चर्या तथा राजहंस चर्या परफार्म किया था। साथ ही 'दशावतार–वर्णन' भी किया था। शबरी वाली चर्या में वे इतना तल्लीन हो गये थे कि अपना पेट पकड़कर सिर झुकाये धीरे–धीरे रो रहे थे। जब वे कार्यक्रम की समाप्ति पर मंच पर उपस्थित हुए, तब उन्होंने पूरी हार्दिक वत्सलता के साथ आगे बढ़कर मुझे आलिंगन के घेरे में लिया। मैं आपको सच बता रही हूँ कि जब मैं उनके सानिध्य में थी, तो मुझे लगा जैसे मैं साक्षात गंगा में स्नान कर रही हूँ। फिर वे बोले– हाउ डिड यू नो? शबरी इज माई कुल देवी? (आपको यह कैसे पता था कि शबरी मेरी कुल देवी हैं)। वे अभिभूत थे और मैं उत्साह, रोमांच और पवित्रता के भाव से भरी जा रही थी कि हिजहोलीनेस मेरे कार्यक्रम से कैसे प्रसन्न हुए हैं। इससे पहले या बाद में किसी ऑडियन्स को प्रसन्न करके वह भाव नहीं जगा, जो वहाँ पर धर्मशाला में जगा था। दलाईलामा जी के लिए मेरा नृत्य करना, दैवीय कृपा पाने से कम नहीं है।

परमपावन दलाई लामा के साथ सोनल

मिश्र: 1974 में जब आपका मॉट्रियल में एक्सीडेन्ट हुआ, और जीवन–मृत्यु के बीच आप संघर्ष कर रही थीं, तब धीरे–धीरे स्वास्थ्य लाभ करते हुए एक क्षण यह भी आया जिसमें डाक्टरों को लगा कि शायद भविष्य में आप कभी नृत्य न कर सकें। हालाँकि उसके बाद आप पूर्णतया स्वस्थ होकर न सिर्फ भारत लौटी बल्कि आपके जीवन में नृत्य का अध्याय भी दुबारा शुरू हुआ। उस समय की मानसिकता और उस एक्सीडेन्ट से उपजे अनुभव को आज याद करती हैं, तो कैसा महसूस करती हैं।

सोनल: जिस समय मैं नृत्य कर रही थी और राष्ट्रीय स्तर पर बहुत अच्छी तरह से मेरा नाम भी हो गया था कि लोग बखूबी जानने लगे थे कि सोनल मानसिंह कौन हैं, उसी समय जीवन में यह क्षण भी आया

कि एकबारगी किसी अलौकिक सत्ता ने इस बात का एहसास करवाया कि मैं कुछ नहीं हूँ या एक इन्सान कुछ भी नहीं होता। पल भर पहले जो वह आसमान में उड़ रहा होता है, तो दूसरे ही क्षण वह जमीन पर रेंगने वाले कीड़े से ज्यादा बड़ा नहीं होता। हालाँकि आपको यह बात बहुत दार्शनिक लगेगी, मगर मैंने स्वयं के जीवन और शरीर पर इस स्थिति को घटते हुए देखा है, इस कारण मैं इस तरह की बात आपसे कर रही हूँ। उस समय मानवता क्या होती है, इस बात के मानी बखूबी समझ में आये। जिन कुशल जर्मन डाक्टरों ने मेरा उस समय इलाज किया वे यह बात कह रहे थे कि एक दो वर्षों में, मैं सिर्फ चल पाऊँगी, नृत्य तो शायद जीवन में कभी न कर पाऊँ। बावजूद इसके उन लोगों ने पूरी आत्मीयता और गर्माहट के साथ भारत की एक अजनबी घायल स्त्री की जैसी सेवा–सुश्रुषा की, आज तक मैंने वैसा अपने जीवन में कही और नहीं देखा। मेरी रीढ़ की हड्डी क्षत–विक्षत हो चुकी थी और मेरूदण्ड और मस्तिष्क को जोड़ने वाला एक महीन धागे जैसा तन्तु ही आपस में जुड़ा हुआ बचा था, शेष स्थिति का बयान करना मुश्किल है। उस समय मॉट्रियल के वे कुशल डाक्टर जिन्हें काइरोप्रेक्टर (स्नायुतंत्र के विशेषज्ञ) कहा जाता था, उन्हीं की मदद से मैं दुबारा अपने पैरों पर खड़ी हो सकी, साथ ही एक वर्ष के भीतर–भीतर मैंने नृत्य करना भी शुरू किया। उन लोगों की मानवता और सेवा के प्रति आज भी मैं ऋणी हूँ। मुझे ठीक करने वाले डाक्टर प्रियर ग्रावेल न होते, तो आज यह नृत्यांगना सोनल मानसिंह भी न होती। मुझे 11 महीने तक प्लास्टर की जकड़बन्दी में वही रहना पड़ा था और मैं एक–एक क्षण अपनी जिन्दगी के लिए संघर्ष कर रही थी, मगर डाक्टर ग्रॉवेल की सेवा और सिद्ध हाथों ने कुछ चमत्कार सा ही किया था, जिससे मेरा समूचा शरीर ठीक होकर वापस मुझे मिल सका।

इसके अलावा जो बात मुझे याद आती है कि मेरा एक्सीडेन्ट हुआ ही था, डाक्टरों में यह परामर्श चल ही रहा था कि मेरा ऑपरेशन करें या प्लास्टर दें या अन्य किसी विधि द्वारा पूरे स्पाइन को नये सिरे से जोड़ें। उसी समय मेरी स्थिति का हाल लेने और शुभकामना का पहला तार

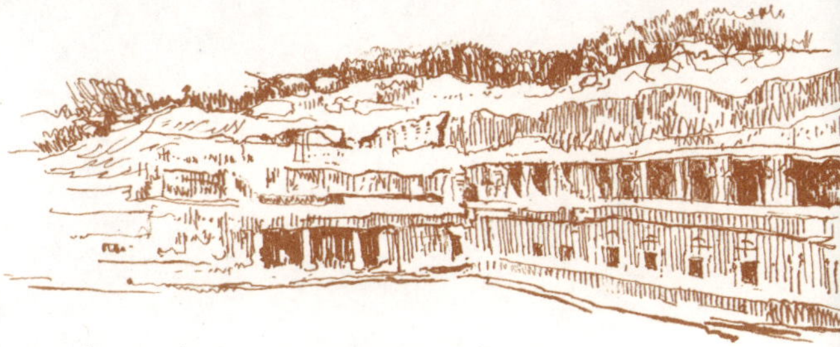

श्रीमती इन्दिरा गाँधी जी का मॉट्रियल पहुँचा, जो उस समय भारत की प्रधानमंत्री थीं। खुशवन्त सिंह उस समय इलेस्ट्रेटेड वीकली के सम्पादक थे, उन्होंने मेरे बारे में संवेदनापूर्ण खबरें छापीं। और देखते ही देखते कुछ ही दिनों में वहाँ मेरा हाल जानने का जो सिलसिला शुरू हुआ, तो जल्दी थमा ही नहीं। अधिकांश चिट्ठियाँ और तार भारतीय दूतावास आते थे, जहाँ से वे सब अस्पताल में मुझ तक पहुँचाये जाते थे। यहाँ भारत में सभी बड़े अखबार और पत्रिकाएँ मेरे बारे में उस समय कुछ–न–कुछ छापते रहते थे। लोगों में यह असमंजस और अधैर्य बना हुआ था कि सोनल क्या वाकई ठीक हो पायेगी? या ठीक होकर वह दुबारा कब भारत लौटेगी। इस बात ने भी मुझे बहुत द्रवित किया कि मुझे चाहने वाले और मेरी कला के प्रति आस्था के चलते मुझसे संवेदना जताने वाले लोगों की कमी नहीं है इस देश में।

जब ठीक होकर एक वर्ष के उपरान्त मैं भारत लौटी और मेरे कार्यक्रम दुबारा शुरू हुये, तब उस समय पूरी दिल्ली उमड़ी यह देखने के लिए कि क्या वाकई सोनल दुबारा मंच पर खड़ी हो पायेगी। जब मैंने पहले की ही तरह इस बार भी नृत्य को सुन्दरता से अंजाम दे दिया, तब कुछ लोगों में यह बात उठनी शुरू हुई कि यह सब कपोल–कल्पित रहा होगा कि मेरा एक्सीडेन्ट हुआ था। यह सब सोनल मानसिंह ने सस्ती लोकप्रियता पाने के चक्कर में अफवाह जैसा उड़ा दिया है। तब इस तरह की स्थिति से भी मुझे दो–चार होना पड़ा था। हालाँकि कुछ लोग ऐसे भी थे, जिन्हें इस बात का पूरा अन्दाजा था कि मैं किस दर्द और संकट से गुजरकर वापस ज़िन्दगी में लौटी हूँ। दूरदर्शन ने उस समय मेरे ढ़ेरों इन्टरव्यू प्रसारित किये। मुझे अच्छी तरह याद है कि खुशवन्त सिंह के बेटे राहुल सिंह उस समय रीडर्स डाईज़ेस्ट में थे। बाकायदा रीडर्स डाईज़ेस्ट के सम्पादकीय विभाग के कुछ लोग मॉट्रियल भेजे गये, जो मेरे डाक्टरों से मिले और मेरे बारे में पूरी जानकारी उन लोगों ने वहाँ से इकट्ठी की। बाद में राहुल सिंह ने सितम्बर, 1979 के अंक में मुझ पर एक लम्बा लेख लिखा और शीर्षक दिया– 'आई विल डाँस अगेन'। बाद में वह लेख हमारे सरकारी पाठ्यक्रम में वर्षों तक पढ़ाया

गया। मुझे उसी दौरान मुम्बई में रंगभवन के एक कार्यक्रम में नृत्य करना था, जिस कार्यक्रम में सितारा देवी जी भी शिरकत कर रही थीं। मुझे याद है कि मेरा नृत्य खत्म होने के बाद वह मंच पर चली आयीं, बेहद प्यार से उन्होंने मुझे बाहों में भर लिया और रोने भी लगीं। उन्होंने अपना काला धागा निकालकर मेरी कलाई पर इतने प्रेम से बाँधा, जैसे मुझे ढ़ेरों अपशकुन से बचा रही हों। वह हार्दिकता और गर्माहट मैं आज तक महसूस करती हूँ।

यह सब बातें मेरे एक्सीडेन्ट जीवन से जुड़ी हुई हैं। इनमें ढ़ेरों ऐसे क्षण आये हैं, जब मैंने विषाद, दर्द, कड़ुवाहट से लेकर अपमान तक पाया है और कुछ बेहद अच्छे लोगों की आत्मीयता, प्रेम और सेवा भी पायी है। मैं उस पूरे जीवन–संघर्ष को अपने आत्मसंघर्ष से जोड़कर देखती हूँ। मैं इस बात को पूरी गम्भीरता से मानती हूँ कि यदि मैं नृत्य के जीवन में न होती, तब शायद उतने बड़े संघर्ष के बाद बच भी न पाती। यह मेरा एक प्रकार से पुनर्जन्म है। एक बात और कहूँगी कि बाद में बहुत सारे ऐसे मरीज के परिवार वाले, जिनका गहरा एक्सीडेन्ट हुआ था, मुझे पकड़कर कभी गंगाराम अस्पताल तो कभी ऐम्स ले जाते थे कि मैं उनके मरीज को एक बार स्पर्श कर दूँ, जिससे कि वे ठीक हो जायें। अकसर उनके मानसिक तोष के लिए मैं चली जाती थी और सांत्वना बँधाकर लौटती थी। कुछ मेरी तरह से घायल हुए मरीजों को मैंने अपना अनुभव बताकर मॉट्रियल के उन डाक्टरों की चर्चा की थी। बहुत बाद में उनमें से कुछ पूरी तरह स्वस्थ होकर लौटे और मुझसे घर आकर मिले, फिर मुझे बताया कि आपके कहने पर हम सीधे जर्मनी गये और वहीं से इलाज़ कराकर लौटे हैं। यह सब देख सुनकर मेरी आँखें भर आती थीं। उस एक्सीडेन्ट का एक परोक्ष प्रभाव यह भी मुझ पर पड़ा कि मैंने इस तरह जीवन को देखना शुरू किया कि एक पल में कुछ भी बदल सकता है, इसलिये एक मनुष्य या कलाकार को यह कभी नहीं सोचना चाहिये कि आज वह किसी बड़े मुकाम पर है, तो कल भी वह वहीं बना रहेगा।

मिश्र: अपने भरतनाट्यम के गुरुओं को आज किस तरह याद करती हैं?

सोनल: मेरे गुरुदेव प्रो. यू.एस. कृष्णराव जी एवं चन्द्रभागा देवी ने पण्डित मीनाक्षी सुन्दरम पिल्लै से भरतनाट्यम सीखा था। गुरु पत्नी एक संस्कारवान साहित्यिक परिवार से आयीं थीं। मेरे गुरु जी, गुरुपत्नी एवं रामगोपाल जी तीनों एक साथ भरतनाट्यम सीखने गये थे। वे दोनों मुझे अपनी औलाद से भी बढ़कर प्रेम करते थे। उन्होंने ही मुझे इस बात का एहसास कराया कि नृत्य में, कलाओं में एस्थेटिक्स क्या होता है। उन्होंने मुझसे कहा था– "तुम्हारी आँखें ही सच के करीब जायेंगी। जो तुम्हें अच्छा दिखता है, वही कलाओं का भी सच है। जो कुछ भी गुरु लोग कहें, जो कुछ भी शास्त्रों में लिखा है– वही हू ब हू सौन्दर्य नहीं है। जो आँखों को रुचे, वही सौन्दर्य है।" इस बात के बाद जैसे मेरी आँखें खुल गयीं। आज भी मैं उनकी इस बात से ही संचालित होती हूँ, इस कारण कई बार अपने विचारों को लेकर मुझे क्रिटिसाइज भी होना पड़ता है। मगर मैं इस बात की परवाह नहीं करती।

गुरु जयलक्ष्मी अल्वा के साथ सोन

यू.एस. कृष्णराव जी और चन्द्रभागा देवी जी के बाद मैंने जयलक्ष्मी जी से भी सीखा है। जब मैं मुम्बई आती थी, तो प्रो. यू.एस. कृष्णराव जी के आदेश से जयलक्ष्मी जी से सीखती थी। वे गुरु दण्डायुधपाणि पिल्लै की आरम्भिक छात्राओं में से एक थीं, जिन्हें रुक्मिणी देवी ने 'कलाक्षेत्र' में बुलाया था, और जो वैजयन्ती माला के भी गुरु रहे।

मिश्र: संगीत व साहित्य से अलग सिनेमा, राजनीति, धर्म, तन्त्र या समाज से कोई ऐसा चरित्र या कथानक आपको अवश्य पसन्द आया होगा या उससे आप थोड़ी बहुत प्रेरित भी रही होंगी, जिसे आपने कभी अपनी नृत्य साधना का अंग बनाने का मन किया हो।

सोनल: (हँसती हैं) हमारे नृत्य समाज में सारा प्रदर्शन सांकेतिक रूप में ही लिया जाता है। फिर वह किसी लीजेन्ड के सहारे हो, ऐतिहासिक चरित्र आधारित हो या धार्मिक प्रतीकों के द्वारा व्यक्त होता हो, ज्यादातर प्रस्तुति संकेतों के माध्यम से नृत्य में आती है। राजनीति, सामाजिक मुद्दे और पर्यावरण आदि पर नृत्य में बहुत सारा काम हुआ है। ढेरों डांस–ड्रामा बैले और नाटिकाएँ इन विषयों को समेटती हुयी बहुत दिनों

से बन रही हैं। मगर इतिहास में इनका कोई स्थायी महत्त्व नज़र नहीं आता। जो तात्कालिक असर होता भी है, वह क्षणिक किस्म का और ऊपरी सतह को छूकर निकल जाने वाला ही होता है। मुझे याद आता है कि इमरजेन्सी के दौर में यशपाल कपूर बीस सूत्री कार्यक्रम पर कोई नृत्य नाटिका वगैरह करवाते थे। संजय गाँधी के समय में, इस तरह की नाटिकाओं का प्रदर्शन होता था। मृणालिनी जी (मृणालिनी साराभाई) और उमा जी (उमा शर्मा) ने उसमें नृत्य किया भी है। मगर आज वह कहाँ है? कौन याद करता है? आज शायद स्वयं उमा जी या मृणालिनी जी उन प्रसंगों को याद करना नहीं चाहेंगी। फिर क्या फायदा? रही मेरी बात, तो मैं सिर्फ उन्हीं चीज़ों को अपनी नाटिकाओं का अंग बनाना चाहती हूँ, जिसको बाद में भी मैं निभा सकूँ। और जिसको बनाते वक्त मुझे यह महसूस होता हो कि इसका कोई सार्थक पक्ष बनने वाला है। ऐसा कोई नृत्य, नृत्य नाटिका या अभिनय, जिसको करने के बाद मन में एक टीस उठे। दर्शकों को वह जितना गहराई से प्रेरित करे, उतना ही वह उनमें एक गहरा अवसाद छोड़ जाये। अगर यह नहीं हुआ, तो फिर बेकार है उस कला की शरण में दिन–रात रहना।

जब मैंने 1988 में 'कृष्ण–सुदामा' नृत्य नाटिका की, तब इस बात का विशेष ध्यान रखा कि वह सिर्फ कुछ खास लोगों की रुचियों तक सिमटकर न रह जाये। इसलिए एक ही महीने में हमने दिल्ली में अलग–अलग नौ प्रदर्शन किये। सेन्ट्रल पार्क कनॉट सर्कस से लेकर शाहदरा, गीता कॉलोनी, नांगलोई, ट्रांस जमुना, अशोक विहार, चिराग दिल्ली और जनकपुरी। तो कहने का मतलब है कि प्रदर्शन के अलावा ऐसा करने का प्रयास भी करना चाहिए कि वह चीज़ आम जन भी आसानी से देख व सराह सकें। मैंने तिहाड़ जेल के कैदियों के साथ 'मानवता' नृत्य नाटिका की थी। नमक निकालने का काम करने वाले लड़कों की क्या स्थिति है उसका मार्मिक विवेचन 'मानवता' में था। आज भी पारिवारिक स्तर पर कौटुंबिक प्रपंचों को हल करने में सर्वाधिक एक औरत को ही हैरान किया जाता है– इस लिहाज़ से 'द्रौपदी' किया। आप बतायें यदि महाभारत काल में औरत सुरक्षित नहीं थी? तो क्या आज वह

सुरक्षित है? आपको औरत की स्थिति में तब से आज तक कोई फर्क नज़र आता है?

सिनेमा के समाज में अभी तक कोई ऐसा कथानक या चरित्र नहीं दिखा, जिसको आधार बनाकर मुझे नृत्य करने का मन किया हो। राजनीति से सम्बन्धित कुछ चरित्रों का समावेश मैंने अपनी कुछ नाटिकाओं में किया है। मसलन कस्तूरबा गाँधी, भिकाई जी कामा, सरोजनी नायडू और इन्दिरा गाँधी का। इन नृत्य नाटिकाओं की विस्तृत चर्चा अलग से मैं आपसे कर ही चुकी हूँ।

मिश्र: अभी तक के नृत्य जीवन में कोई वरदान पाया?

सोनल: वरदान जैसा ही कुछ जरूर अनुभव हुआ है। अभी हाल ही में इस वर्ष 14 जनवरी को मकर संक्रान्ति के दिन मेरे लिये कामाख्या देवी के मन्दिर से नृत्य का बुलावा आया। नीलाचलवासिनी कामाख्या माई सृष्टि शुरू होने के पहले से उपस्थित मानी जाती हैं। शक्तिपीठों में उनका स्थान आदिपीठ है। वहाँ जब मैंने उनके प्रांगण में नृत्य किया, तब लगा कि समूचा ब्रह्माण्ड ही भगवती के दरबार में उतर आया है। वहाँ के आचार्यों ने मुझे नृत्य के बाद बताया कि उन लोगों को इस बात की जानकारी नहीं है कि मेरे नृत्य के पूर्व मन्दिर के इतिहास में पिछले आठ सौ वर्षों में कोई नृत्य सेवा हुई हो। यह सुनते ही मेरे शरीर में झुरझुरी दौड़ गयी और मेरा हृदय भर आया कि साक्षात् माई ने मुझे आशीष देने के लिये ही अपने आंगन में बुलाया है। मेरी जानकारी में मेरे नृत्य जीवन में इससे बड़ा वरदान अभी तक कुछ नहीं मिला।

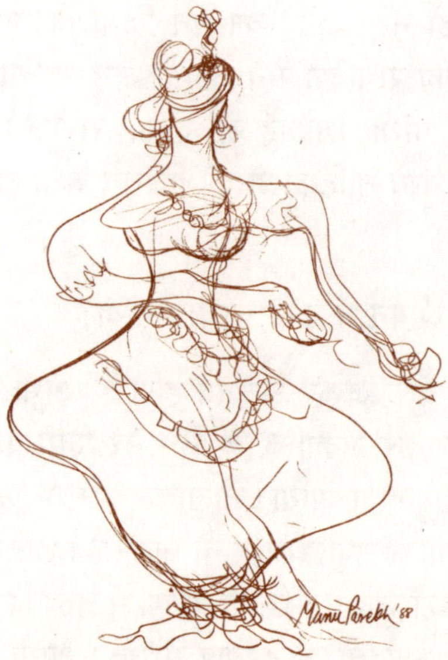

सोनल मानसिंह
मनु पारिख का रेखांकन

त्रिभंग

This Indian music is essentially impersonal : it reflects an emotion and an experience which are deeper and wider and older than the emotion or wisdom of any single individual. Its sorrow is without tears, its joy without exultation and it is passionate without any loss of serenity. It is in the deepest sense of the words all-human.

—Ananda Coomaraswamy

(From 'The Dance of Shiva')

व्यक्तिगत संवाद

सोनल मानसिंह
अंजली इला मेनन की पेंटिंग

मिश्र: आपको यदि नृत्य का वरदान न मिलता, तब आपकी झोली में दूसरा अमरफल कौन सा होता?

सोनल: तब मैं नहीं होती।

मिश्र: सफलता के लिए सबसे वांछनीय चीज़ क्या होती है?

सोनल: देखना यह है कि सफलता को आप किस तरह लेते हैं। मेरे लिये सफलता की स्थिति यही है कि माँ (दोनों हाथ जोड़कर ऊपर ताकती हैं) का हाथ मुझ पर पड़ता रहे और कृष्ण मुझसे आलिंगन करें।

मिश्र: एक कलाकार के लिए सबसे आदरणीय स्थिति क्या होती है?

सोनल: सदैव आत्मसजग बने रहना।

मिश्र: कला में सर्वाधिक जोखिम किस बात का होता है?

सोनल: एक हो, तो बताऊँ......? (हँसती हैं)

मिश्र: कभी किसी को उल्लू बनाया है?

सोनल: (आँखे नचाते हुए) हर शाख पर जब आज इतने उल्लू बैठे दिखते हैं, तब किसको अलग से उल्लू बनाऊँ?

मिश्र: कला प्रदर्शन के समय सर्वाधिक आह्लाद का क्षण कब घटित होता है?

सोनल: शरीर का आभास जाता रहे और आप न रहें, नृत्यांगना होने का भ्रम जाता रहे और उस क्षण सिर्फ नृत्य ही बना रहे, ऐसा क्षण मेरे लिए आह्लाद के घटने का क्षण होगा।

मिश्र: नृत्य के बाहर का संसार, नृत्य के संसार से कितना भिन्न है?

सोनल: एक स्तर के बाद हर चीज़ में नृत्य दिखाई देता है, इसलिए बाहर की चीज़ें भी नृत्य संसार से अलग नहीं दिखतीं, सभी कुछ हृदय के भीतर समाने लगता है।

मिश्र: एक स्त्री बड़ी है या नृत्यांगना? और क्यों?

सोनल: यह तो मातंगी से पूछना पड़ेगा। सारी महाविद्याएँ स्त्रियाँ हैं, काली स्वयं महानारी हैं, पहले स्त्री देह में जन्मी फिर नृत्यांगना बनी।

मिश्र: जीवन में सर्वाधिक अपमान का कौन सा क्षण महसूस हुआ है?

सोनल: पिछले जीवन में जो कुछ अपमानजनक लगता था, आज वर्षों बीत जाने पर, उन बातों पर हँसी छूटती है।

मिश्र: भारत की सबसे सुन्दर बात आपको क्या लगती है?

सोनल: भारत नाम ही– भाव, राग, ताल से बना हुआ।

मिश्र: कला में पूर्णता कब आती है?

सोनल मानसिंह: घड़ा जब पूरा भर जाता है, तब कोई आवाज़ नहीं आती। फिर पानी का कम्पन रूक जाता है, सब कुछ परिपूर्ण और स्थिर हो जाता है। यह पूरी तरह समाहित होना ही पूर्णता है।

मिश्र: नृत्य यदि दर्शक को मनोग्राही नहीं लग रहा, तब ऐसी स्थिति पर आपका क्या कहना है।

सोनल मानसिंह: कहीं कुछ खोट अवश्य है।

मिश्र: नृत्य में कोई मार्मिक प्रदर्शन क्या आपको दु:खी करता है या वह मात्र आपकी कला का एक पड़ाव भर है?

सोनल मानसिंह: पड़ाव भर है। दु:ख भी एक बुदबुदा है, जो उठता और बैठता है। कला में हमारे यहाँ यह शब्द नहीं है, फिर हर दु:ख के बाद हमारे यहाँ सुख और शान्ति की स्थापना का मंगल भाव ही लिया जाता है।

मिश्र: क्या आज के समय में आपको कृष्ण-राधा का अलौकिक और मधुरता से भरा प्रेम प्रासंगिक लगता है और किन अर्थों में वह प्रेम आपको आत्मीय करता है?

सोनल मानसिंह: जब तक संसार रहेगा, तब तक कृष्ण राधा का प्रेम प्रासंगिक रहेगा। प्रेम से ही उत्पत्ति होती है, प्रेम में लय है विलय है। राधा-कृष्ण के युगल दर्शन में उनके अंगों के अवयव आपस में जुड़ते हुए दिखाई पड़ते हैं, मगर वह जुड़े नहीं होते। वह स्पेस, दोनों के मध्य का वह सूक्ष्म अवकाश और छूटी हुई जगह मैं हूँ।

मिश्र: क्या कभी नृत्यरत रहते हुए आत्ममुग्धता का शिकार हुई हैं?

सोनल मानसिंह: जब जवान थी, तो जरूर हुई होगी। उस दोष से कोई वंचित नहीं होता। कोई जीवन भर इस रोग से पीड़ित रहता है, तो कोई उम्र और अनुभव बढ़ने के साथ इससे पीछा छुड़ा लेता है।

मिश्र: नृत्य के उपरान्त सन्तोष के क्षण कौन से होते हैं?

सोनल मानसिंह: सोते हुए को जगाने का आनन्द ही सन्तोष देता है। बच्चे का किलकिलाना, फूल का खिलना, पत्तियों का हिलना, नदियों का बहना, सभी कुछ से सन्तोष जगता है। नृत्य के बाहर के दृश्य में जो कुछ भी घटता है वह भी आनन्ददायक और संतोषजनक हो सकता है।

मिश्र: एक निहायत सुन्दर नृत्यांगना बदसूरत नृत्य करे, तब उस पर आपकी टिप्पणी?

सोनल मानसिंह: (हँसती हैं) सिर पीटूँगी उसका! (नृत्यांगना का)।

मिश्र: एक कलाकार का राजनीति से प्रेरित होना जरूरी है या नहीं और यदि है तो क्यों?

सोनल मानसिंह: एक कलाकार समाज का अंग होता है, जबकि राजनीति समाज को चलाती है। पुराने काल में नर्तकियाँ राजनीति का अंग मानी जाती थीं। एक राजनर्तकी का जो पद था, उसमें राजसत्ता और राजनीति सम्मिलित थे।

मिश्र: आपकी व्यक्तिगत देवी की साधना और नृत्य की साधना में कौन सा पक्ष है, जो आपस में मिलता है?

सोनल: दोनों एक ही है।

मिश्र: एक कलाकार के लिये उसका घर बड़ा है या मंच?

सोनल: यह शब्दों का मायाजाल है। सच!

मिश्र: आपके राम कैसे हैं?

सोनल: 'र', 'अ' और 'म' बीजाक्षर हैं, जिनका अर्थ है– सूर्य, चन्द्र और अग्नि। मेरे राम सूर्य की तरह प्रकाशवान और अज्ञान का नाश करने वाले, चन्द्रमा की तरह शीतल और कलाओं से परिपूर्ण है तथा अग्नि की तरह प्रखर व शक्ति के केन्द्र हैं।

मिश्र: आपको यह जीवन दुबारा जीने को मिले, तब कौन सी भूल-गलती को सुधारना चाहेंगी?

सोनल: कोई भूल हुई होगी तभी तो सुधारूँगी (हँसते हुए आँखें मटकाती हैं)।

मिश्र: इनमें से किसकी सत्ता सबसे बड़ी है– ईश्वर की, कलाकार की, विद्वान की या एक साधारण मनुष्य की?

सोनल: कलाकार की।

मिश्र: क्या आपको कभी एकान्त में ईश्वर मिला है?

सोनल: आपसे थोड़े न कहूँगी! लीजिए मिलिये यह श्रीमान् ईश्वर हैं।

मिश्र: क्या सुख और आनन्द खरीदे जा सकते हैं?

सोनल: (आँखें तरेर कर) बेहूदा प्रश्न है।

मिश्र: क्या कलाओं और नृत्य में अभिनय करते हुये, एक कलाकार स्वयं के जीवन में वह अभिनय तो नहीं करने लगता?

सोनल: कई बार देखा गया है कि कुछ कलाकार ऐसा करने लगते हैं। मुझे लगता है, वे लोग एक अलग दुनिया रचा लेते हैं, जिससे बाहर चाहकर भी नहीं निकल पाते।

मिश्र: एक नृत्यांगना के रूप में आपके लिये पाप और पुण्य क्या हैं?

सोनल: पाप और पुण्य मेरे लिए कोई मानी नहीं रखते।

मिश्र: एक कला आराधक के लिये उसका अनन्तिम सत्य क्या होता है?

सोनल: अपनी बात कहूँ– और सात जन्म में नृत्य करूँ तो उसके बाद पूछना।

मिश्र: आज के समय में कला बड़ी है या पैसा और क्यों?

सोनल: मेरे लिए कला के आगे कुछ भी नहीं है।

मिश्र: एक स्त्री में वह कौन सा एलीमेन्ट होता है, जो आपको परेशान करता है?

सोनल: पूर्णता का प्रतीक है स्त्री। मुझे एक स्त्री में कुछ भी परेशान नहीं करता।

मिश्र: मैत्री, रिश्ते, सद्‌भाव, दया, नैतिकता, सत्य, प्रेम, आदर और समर्पण में से आप कौन सा प्रत्यय खुद के जीवन के लिये चुनेंगी।

सोनल: प्रेम।

मिश्र: कलाकार के लिये हताशा के कौन से क्षण होते हैं?

सोनल: मैं अपनी व्यक्तिगत बात कहूँगी कि नृत्य के लिए जब मन और भावनाएँ, भाव व ज्ञान से धनी हो जाती हैं, उम्र बढ़ने के साथ–साथ कला में परिपक्वता आती जाती है, मगर उस लिहाज़ से शरीर साथ नहीं देता; तब बेहद हताशा होती है।

मिश्र: 'गीत गोविन्द' की आराधिका को 'रामचरितमानस' कितना उपयोगी लगता है?

सोनल: गीत–गोविन्द हो या रामचरितमानस, उनका सारतत्त्व, गर्भ, सभी एक हैं। मुझे सारे ग्रन्थ एक दूसरे के पूरक ही लगते हैं।

मिश्र: आपके पूरे कलात्मक जीवन में कृष्ण की तरह कोई पूर्ण पुरुष मिला या नहीं?

सोनल: (हँसती हैं) मीरा की तरह क्या मुझे आपकी धर्मसभा में इस प्रश्न का उत्तर देना जरूरी है?

मिश्र: यह संसार यदि एकाएक समाप्त हो जाने के कगार पर हो, तब क्या है, जिसे आप बचाना चाहेंगीं।

सोनल: कुछ नहीं। माँ का नाम लेते हुए उस लय में विलीन होना चाहूँगी।

मिश्र: सबसे प्रेरणास्पद पुस्तक?

सोनल: गीत–गोविन्द।

मिश्र: सबसे आत्मीय क्षण, जो जीवन के शिलापट पर उकेर उठा हो?

सोनल: अपने आप से कुछ संवाद के क्षण होते हैं, जिनमें बाहर कुछ दिखता नहीं। उसे कैसे बताऊँ? वही क्षण यदि कुछ देर के लिए आप पकड़ सकें, तो आत्मीय लगते हैं।

मिश्र: दिन पसन्द है या रात और क्यों?

सोनल: दोनों एक ही तो हैं।

मिश्र: वह कौन सी चीज़ है, जो आपको सबसे ज्यादा सहज करती है?

सोनल: निरन्तरता का आभास।

मिश्र: एक नृत्यांगना का सौन्दर्य-बोध कैसा होना चाहिये?

सोनल : सर्वदर्शी और पारदर्शी।

मिश्र : सबसे सुन्दर सपना, जो बीत गया?

सोनल : मेरा सपना तो अभी चल ही रहा है।

मिश्र : प्रार्थना में उठे हुए हाथ हमेशा क्या माँगते हैं?

सोनल : नृत्य करते–करते ही आखिरी साँस उठे।

मिश्र : आपमें कब घृणा उपजती है?

सोनल : फूहड़ता और मन की छुद्रता देखकर। लोंगों का ओछापन और भाव की दरिद्रता मुझे असहज करते हैं।

मिश्र : यदि आपके नृत्य का इम्तिहान होना सुनिश्चित हो, तो परीक्षक किसे चुनेंगी?

सोनल : (अपनी आराध्य भगवती को आँख मूँदकर प्रणाम करते हुए कहती हैं–) माई को।

मिश्र : नृत्य में किसी कलाकार के बेताला होने पर उसे क्या दण्ड मिलना चाहिए?

सोनल : उसके पैरों से घुँघुरू वापस ले लेना चाहिए।

मिश्र : दुनिया में सबसे सुन्दर और वांछनीय जगह कौन–सी है?

सोनल : जहाँ आप बैठ गए और आपका मन रमे।

मिश्र : कलाओं की दुनिया का अकेला एक नाम, जिस पर श्रद्धा के सारे विशेषण कम पड़ते हों?

सोनल : बालासरस्वती जी।

मिश्र : आपके ऐकान्तिक नृत्य साधना का साक्षी कौन रहा है?

सोनल : मैं स्वयं।

मिश्र: किन लोगों से डर लगता है?

सोनल: जो लोग या कलाकार कभी खुलकर हँस न सकें, उनका कभी विश्वास न करना।

मिश्र: दुनिया में आपके पसन्द की जगह?

सोनल: (कुछ सोचते हुए) पेरिस।

मिश्र: नृत्य करते हुए इस जीवन में मोक्ष चाहिये या मुमुक्षत्व तजकर नृत्य को अमर्त्य करना है?

सोनल: नृत्य को अमर्त्य करना है।

अतिभंग

देवानामिदमामनन्ति मुनयः शान्तं क्रतुं चाक्षुषं
रुद्रेणेदमुमाकृतव्यतिकरे स्वाङ्गे विभक्तं द्विधा।

– महाकवि कालिदास
('मालविकाग्निमित्रम्' से)

(नाट्य शास्त्र के प्रवर्तक भरतादि मुनि लोगों का कहना है कि नाट्य देवताओं की आँखों को सुहाने वाला यज्ञ है। स्वयं महादेव शंकर ने पार्वती से विवाह करके अपने अर्द्धनारीश्वर अंग में इसके दो भाग कर लिये हैं– एक ताण्डव और दूसरा लास्य।)

सोनल मानसिंह
के बहाने नृत्य–कला पर
यतीन्द्र मिश्र के
विचार एवं टिप्पणियाँ

सोनल मानसिंह
जतिन दास का रेखांकन

नृत्य का जन्म

नृत्य ने मन्दिरों से जन्म लिया है। विशेषकर, शताब्दियों से भारतीय परम्परा में मिलने वाली नृत्य विधाओं ने। इस तरह नृत्य ने पवित्रता और भव्यता का आँगन चुना है। वह एक ऐसे समाज की केन्द्रीय उपस्थिति है, जिसका खुद का समाज सदैव पवित्र और निर्मल, दीप्त और शान्त, मंगलकारी और उत्सवधर्मी, विराट और गरिमामय की अन्विति से रचा गया है। शायद, इसी कारण नृत्य की शास्त्रीयता हमारे यहाँ हमेशा पवित्र चीज़ मानी गयी। उसके बोल, छन्द, लय, ताल, परन, करण और राग, हज़ारों साल से देवालय का अंग बने रहे। ईश्वर की सत्ता का अमूर्त्त वास जिन स्थानों पर माना जाता रहा है, सौभाग्य से हर उन छोटी-बड़ी, रहस्यमय जगहों पर नृत्य ने अपना मायालोक रचा है। जिस तरह किसी मन्दिर में जाकर हम देवता का जागरण, पूजन, भोग, आरती, शयन और उत्त्थापन देख पाते हैं, ठीक उसी तरह एक नर्तक या नृत्यांगना अपने नृत्य-कला का शरीर के स्थापत्य पर जागरण से लेकर उत्त्थापन तक करती है। मन्दिरों से जन्मना सम्बन्ध होने का गौरव पायी यह कला, जहाँ कहीं भी जाती है– पवित्र और भव्य की आकांक्षा रच आती है।

नृत्य इस अर्थ में, सृष्टि के विराट स्पन्दन का कलात्मक आँकलन है, जहाँ देवता और मनुष्य, देह और प्रतिमा, शब्द और संगीत का भेद मिट जाता है। नृत्यरत शरीर इस लिहाज़ से एक मूर्तिमान दैवीय सत्ता में परिवर्तित हो जाती है– इस बात का भेद किये हुए बगैर कि वह साधारण से उठकर, हमेशा कुछ असाधारण रचती है।

कलाओं का बेहद मैदान

कलाएँ समय से दूर जाती हैं, अक्सर उनसे परे भी। वे नश्वर होती हैं। ज्यादातर अपने वर्तमान समय से बेखबर। उनका अकसर कोई घर-बार नहीं होता। वे घर की उस परिधि से बाहर खड़ी होती हैं, जहाँ से मनुष्य घर के भीतर आशा और उमंग के साथ प्रवेश करता है। कलाएँ, कबीर के बेहद मैदान की चौहद्दी रचती हैं और कभी-कभी उनके राम झरोखे पर बैठकर समय का मुजरा भी लेती हैं। उनके यहाँ इसी कारण उत्सव हमेशा भेस बदलकर आता है। कभी आत्म सजग प्रेरणा बनकर, तो कभी परिवर्तनशील आग्रह बनकर। कलाओं के जीवन में आत्मदया के लिए कोई स्थान नहीं होता। उनके यहाँ एक हद तक क्रूर और निर्मम होने की स्थिति भी इसी कारण तिरोहित हो जाती है, क्योंकि वहाँ स्वयं को धोखा देने का एवं खुद से दूर भागने का कोई रास्ता नहीं होता।

कबीर के बेहद मैदान में शब्द के साथ न टहलकर, सुरों, बोलों और घुँघुरूओं के साथ टहलना– नृत्य की संरचना में टहलना होता है। कलाएँ घर के बाहर पूरे उमंग से टहलने ले जाती हैं और घर के भीतर आशा की ज्योति बनी रहती हुए निष्कंप जलती हैं। यह अकारण नहीं है कि कबीर हो या दूसरा कोई निर्गुनिया, सन्त कवि हो या भक्तिकाल की कोई स्त्री कवयित्री, सभी के यहाँ संगीत और नृत्य की स्थितियाँ प्रामाणिकता के साथ मिलती हैं। कबीर ऐसे ही नहीं कहते– *'नाचु रे मेरे मन मत्त होय, प्रेम को राग बजाय रैन-दिन शब्द सुने सब कोय'* और मीरा आह्लादित होकर बरबस गा उठती हैं– *'पग घुँघुरू बाँध मीरा नाची रे'*।

काली और गणिका

शाक्त–मत में काली–पूजा की सर्वाधिक प्रतिष्ठा रही है। काली को भगवती की आदि शक्ति मानकर परम्परा में अनेक प्रकार से समझने का प्रयास कई शताब्दियों से चलता चला आ रहा है। काली, एक ऐसी महाविद्या के रूप में पूजी जाती हैं, जो स्वयं अविद्या और अन्धेरे की सत्ता का नाश करती हैं। वे बन्धनों के पार जाने की जद्दोजहद करती हैं। जीवन के आचार–व्यवहार के पार जाने की कोशिश करने वाला भक्त या साधक, अपने जीवन की सामान्य परिधि से जब ऊपर उठने लगता है या दूर जाने लगता है, तब वह काली की सत्ता में अनजाने ही अपना पाँव रख देता है। सब कुछ छोड़कर बाहर जाना, घर की देहरी लाँघकर असीम की ओर बढ़ना, अपना सुध–बुध भुलाकर भक्ति के लिए समर्पित रहना— अवधूत होने की प्रक्रिया में स्वयं को पाना है। सामाजिक शिष्टाचार के भीतर रहने वाली चीज़ें, काली साधना का मार्ग अवरुद्ध करती हैं। अपने शील, संकोच, लज्जा, शंका, आचार, व्यवहार, भय और देह की परिधि से आगे निकल जाने वाली एक वेश्या भी इसी कारण काली–तंत्र में अत्यन्त उच्चतर स्थान पर आसीन रहती आयी है। वहाँ काली की सत्ता और वेश्या के साम्राज्य में कोई विभेद नहीं है। वहाँ कोई साधारण नियम मान्य नहीं है। एक वेश्या, अप्सरा या गणिका अपनी परिधि छोड़कर, अपनी आन्तरिक सीमा त्यागकर, अनन्त की साधना में लीन होती है। इस अर्थ में पाशुपात–तंत्र का वचन ध्यान देने योग्य है—

घृणा शंका भयं लज्जा जुगुप्सा चेति पंचमी।
कुलं जातिश्च शीलं च अष्टौ पाशाः प्रकीर्तिताः।।

काली का प्रभाव क्षेत्र यहीं विस्तार ग्रहण करता है। इस अर्थ में, एक आध्यात्मिक रूपक और कलात्मक अन्विति, एक सामान्य बिन्दु पर आकर मिलते हैं और आपस में विलीन हो जाते हैं। काली और गणिका का आपस में लोप हो जाता है। महामाया और महावेश्या एक हो जाती हैं। नृत्य-कला और तांत्रिक-साधना का आपसी सामंजस्य एक ही पात्र में घुलकर, एक हो जाता है।

कर्पूर स्तोत्र, कुलार्णव-तंत्र, काली-तंत्र, काली-सहस्त्रनाम और अन्यान्य देवी ग्रन्थ भगवती की स्थापना व पूजा के अतिरिक्त शायद इसी कारण वेश्या की उत्पत्ति का भी प्रमेय रचते हैं। वहाँ कला की वैभवशाली दुनिया भी इसी कारण अपना आविर्भाव पाती है। इस परम्परा के अध्ययन से यह बात भी स्पष्ट होती है कि उस समय अधिकांश गणिकाएँ नृत्य प्रवीणा होती थीं। शाक्त प्रमोद के अन्तर्गत काली-तंत्र में यह प्रसंग आता है—

वेश्याचक्रसमायोगात्कालीचक्रसमस्स्वयम्।
वेश्यादेहसमायोगात्कालीदेहसमस्स्वयम्।।

आशय यह है कि जो वेश्या के चक्र में, उसके प्रभाव-क्षेत्र में आलिप्त हो जाता है, वह स्वयं ही काली-चक्र में प्रवेश कर जाता है। वेश्या की देह से जुड़ाव रखने वाला, काली की देह में परिणत हो जाता है। अर्थात् वेश्या की देह, काली की देह में विलीन हो जाती है। यही अध्यात्म और काम-कला की चरम परिणति है। यह तथ्य इस ओर भी इशारा करता है कि हमारी परम्परा में गणिका, काम को कला की दृष्टि से सम्मान देने वाली स्त्री, भगवती के समतुल्य हो जाती है। वहाँ दोनों के आदर में कोई भ्रम की स्थिति नहीं होती। शायद इसीलिये, काली-तंत्र भगवती को ढेरों उन नामों से अभिहित करता है, जो काम और कला की अधिष्ठात्री देवी हैं। उन्हें इसी कारण तन्त्र में काम-मञ्जरी, काम-सुन्दरी, काम-दात्री, काम-काली, काम-कला, काम-देवी, कान्ता, काम-गेहा, कामेशी और कामदा कहा जाता है। स्वयं भगवती कामाख्या को इसीलिए कामरूपा, कामदा और काम सम्पूर्णा कहते हैं। उनकी कामरूप में पूजा, योनि के प्रतीक रूप में होती है। इसी कारण वह काली का, कला का, काम का

और तन्त्र का सर्वाधिक महत्त्वपूर्ण आदिपीठ माना जाता है। काली तंत्र में यह आराधना भगवती के साथ, कलाओं की देवी और कामदेव की अधिष्ठात्री के रूप में होती है—

कामाख्या कामरूपा च कामचापविमोचिनी।
कामदेवकलारामा कामदेवकलालया।।
कामरात्रि कामदात्री कान्ताराचलवासिनी।
कामरूपा कालगतिः कामयोगपरायणा।।

और यह अकारण नहीं है कि काली और वेश्या दोनों ही, कलाओं में, खासकर नृत्य–कला में सर्वाधिक प्रतिष्ठा पाती हैं। दोनों का ही काम बन्धनों को त्यागकर स्वच्छन्द होने में है। दोनों ही कला के अखण्ड होने की आदि–भूमियाँ हैं। काली का आराधक सब कुछ छोड़छाड़ कर, सब गवाँकर मन्त्र, जप, अनुष्ठान, हवन, पूजन आदि में तल्लीन रहता है, जबकि गणिका का सेवक अपना घर–बार छोड़कर, काम–धन्धा बिसराकर एवं लोक–लाज त्यागकर उसके दरवाजे पर बेसुध पड़ा रहता है। इन दोनों के मिलन–बिन्दु पर मौजूद एक कलाकार अपने असम्भव रियाज़ और साधना द्वारा अध्यात्म व कला की पृथ्वी को साधने में जीवन–भर लगा रहता है। नृत्य, संगीत, वादन, काव्य, चित्रकारी, अलंकरण और अन्यान्य प्रसंग शायद इन्हीं कारणों से थोड़े दैहिक और थोड़े आध्यात्मिक हमेशा बने रहते हैं।

सत्ता और नर्तकी

पुराने समय में नृत्य एक सामाजिक कर्म माना जाता था। एक प्रकार का सामाजिक उद्यम, जिसमें हर एक वर्ग, अपने अनूठे ढंग से उपस्थित तथा सक्रिय रहता था। एक साथ राज्याश्रय और धर्माश्रय प्राप्त था नृत्य को। नृत्य के सन्दर्भ में यह ऐतिहासिक तथ्य काबिलेगौर है कि पुराने काल में, लिच्छिवी गणराज्यों में राजा को छोड़कर जिन अन्य दो लोगों को राजछत्र धारण करने का राजसी अधिकार प्राप्त था, उसमें राजगुरु और राजनर्तकी शामिल थे। एक नर्तकी भरी हुई राजसभा में जिस अलंकार और श्रृंगार आभरण के साथ उपस्थित रहती थी, उसी तरह वह मन्दिरों के वैभवशाली गोपुरम् एवं ठाकुर जी की बाड़ी में नृत्य निमग्न होती थी। वह एक दैहिक सत्ता का आलंकारिक प्रतीक थी, जो राजा से लेकर सामन्त तक और पुरोहित से लेकर ब्राह्मण पुत्रों के उल्लास का माध्यम बनती थी। वह शुद्ध रूप में गणिका नहीं थी, मगर एक कला को समर्पित संरचना अवश्य थी। वह एक चाक्षुष ज्यामिति थी, जिसे बाहरी उद्दीपकों से सजाया जाता था। वह प्रेम का प्रदर्शन करने को तत्पर अभिनेत्री थी, मगर कला के जीवन के बाहर उसका प्रेम सच्चा नहीं माना जाता था।

वात्स्यायन की चन्द्रिका, चारुदत्त की वसन्तसेना, अजातशत्रु की आम्रपाली और बीजगुप्त की चित्रलेखा– नृत्यांगनाएँ हैं। पुरुष या नायक को समर्पित, प्रेम और श्रद्धा की प्रतीक मूर्तियाँ। वे सब मिलकर एक सत्ता बनती हैं। या हम इसे इस तरह कह सकते हैं कि वे सब अपने व्यवहार को कला, कौशल, अलंकरण और दैहिक उपस्थिति से अपने समय की राजसत्ता के समकक्ष एक अलग सत्ता रचती हैं। वे नृत्य की

भाषा में भले ही राजदासी, अलंकारदासी या देवदासी हों, मगर अपने कला के संभरण और सौन्दर्य की अपरिमित सत्ता के चलते नृत्य देवी का दर्जा रखती हैं। वे सब मिथक के दरवाजे से बाहर निकलकर आती हैं और कला का ऐश्वर्यमण्डित संसार प्रफुल्लित हो उठता है। उनमें से अधिकांश को पता है कि देवता से लेकर राजा तक और पुरोहित से लेकर एक सामान्य जन भी उनकी कला के मोह में जकड़ा हुआ है।

वे कई तरह का प्रतीक अपने भीतर लिये हुए, नृत्य को एक कला से अधिक, कुछ दैवीय किस्म का ओहदा मुहैया कराती हैं। उनमें चन्द्रिका जैसी गणिका है, जो देह और सत्ता की परिधि से बाहर जाकर भी हर बार किसी पुरुष के सच्चे प्रेम में पड़ती है। वसन्तसेना जैसी प्रसिद्ध राजदासी है, जो भौतिकता और वत्सलता के द्वन्द्व में फंसे हुए समाज से सीधी संवादरत है। आम्रपाली जैसी नृत्यांगना है, जिसे मालूम है कि एक नृत्यांगना को सामाजिक वैधता और आदर किस तरह प्राप्त करना है। साथ ही चित्रलेखा जैसी राजनर्तकी है, जो पाप और पुण्य के सनातन झगड़े से अलग, कला को काम और अध्यात्म से जोड़कर देखती है। यह सब प्रतीक स्त्रियाँ, अपने समय से ज़िरह करती हुईं इस बात की तह तक जाती हैं, कि स्त्री होने, कलाकार होने, निपुण होने और सुन्दर होने से कला के साम्राज्य का कौन सा पक्ष आलोकित होता है। कला कहाँ–कहाँ अपना प्रभाव विस्तार कर सकती है और समाज किस तरह इन विशिष्ट उपस्थितियों से कला का मूल आस्वाद पुनर्सृजित कर सकता है?

कलाओं में संयम और आत्यन्तिक निजता

भारतीय कला, साहित्य, संगीत एवं नृत्य के बारे में एक अद्‌भुत तथ्य यह सामने आता है कि हमारी ज्यादातर कलाएँ कहीं–न–कहीं संयम से निकलती हैं। उनमें जितना उद्दाम आवेग रहता है, उतना ही संयम भी रहता है। जिन लोगों ने हमारी कला को इस सन्दर्भ में परखा है, उन्होंने भी यह दृष्टि पायी है कि भारतीय कलाओं का जन्म सरल ढंग से मगर अति संयम के मध्य होता है। इसी कारण हमारी ज्यादातर कलाएँ अपनी परम्परा के बहाव और निर्वाह के लिये कठोर अनुशासन की माँग करती हैं। यहाँ मर्यादा स्वायत्त होती है और आडम्बरहीन तीव्रता का अहसास हर क्षण किया जा सकता है। यह बात कुछ–कुछ उस रूपक की तरह है, जिसमें हम एक नदी की धारा बनते हैं और बहते चलते हैं। नदी की धारा अपने साथ–साथ जिस समाज, संसार और जीवन को बहाकर ले चलती है, उसमें उसका दृश्य संसार आँखों से ओझल नहीं होता, बल्कि पूरी ऐन्द्रियता के साथ उपस्थित रहता है।

यह ऐन्द्रियता, बहाव और धारा के साथ स्वयं नदी बनकर चलने की व्यंजना, एक दर्शक, श्रोता, सहृदय, भावक या पाठक में उस विषय के प्रति आसक्ति पैदा करती है। परम्परा इस आसक्ति को सहृदय में 'रस की अनुभूति' के अर्थ में स्वीकार करता है। कलाएँ इस रस को अपने साथ तादात्म्य करके, कलाकार व उसके भावक या सहृदय में एक रागात्मक रिश्ता जोड़ती हैं। यह रिश्ता उस तरह का है, जिस तरह 'गीत–गोविन्द' के प्रसंग पर कृष्ण–राधा का चित्रण करने वाला कलाकार 'गोपी–भाव', 'प्रणय–भाव', 'माधुर्य–भाव' महसूस या व्यंजित

करता है। कृष्ण के प्रति सारे प्रेम व राग को राधा बनकर धारण करने के बावजूद नृत्यांगना संयम के अधीन ही रहती है। मंच पर अपने प्रणय का निदर्शन हो, गोपिका भाव से कृष्ण को मनाने की अरज हो या युद्ध भूमि में शत्रु सेना पर अपना सुदर्शन चक्र चलाने की क्रिया, कला और कलाकार का सम्बन्ध यहाँ मूर्त्तमान रहते हुए भी अमूर्त्त, गतिशील रहते हुए भी संयम भरा और कठोर होते हुए भी आडम्बरहीन होता है।

परम्परा का यही भाव, सब कुछ में रहकर सबसे अप्रतिहत, अनाहत होने की सृसक्षा ही कलाकार और उसके भावक में आत्यन्तिक निजता उत्पन्न करती है। इसी कारण नृत्यरत कलाकार में वह भावक कृष्ण, राधा, सत्यभामा, सुभद्रा या उर्वशी की कल्पना करता है और उस देव तत्त्व को कला में सम्पन्न होते देखता है, जो साधारण स्थिति में कभी दृष्टिगत नहीं होती। देवत्त्व की यही प्रतिष्ठा, साधारण में असाधारण का विलोपन ही, नृत्य–कला की सबसे बड़ी चुनौती है। जो कलाकार इस रस–स्थिति तक अपने भावक या सहृदय को पहुँचा पाता है, उसी का नृत्य, नृत्य न होकर 'गीत–गोविन्द' का वास्तविक महारास बन जाता है।

देखन बागु कुअँर दुइ आए

देखन बागु कुअँर दुइ आए। बय किसोर सब भाँति सुहाए।।
स्याम गौर किमि कहौं बखानी। गिरा अनयन नयन बिनु बानी।।

रामचरितमानस का पुष्पवाटिका प्रसंग सोनल मानसिंह की नृत्य कला की कुछ बेहद महत्त्वपूर्ण बानगियों में से एक है। उन्होंने भरतनाट्यम के साथ पुष्पवाटिका भ्रमण, धनुर्भंग, सीता–स्वयंवर एवं राम विवाह प्रसंग करना शुरू किया था, जो बाद में धीरे–धीरे उनकी कला में नवाचार के साथ ओडिसी की ओर मुड़ गया।

दोनों राजकुमारों, राम और लक्षमण के पुष्पवाटिका में भ्रमण का मनोहारी चित्र, मानस की तर्ज पर जिस तरह सोनल मानसिंह ने अपनी नृत्य भंगिमाओं में उकेरा है, वह अद्‌भुत है। इस प्रसंग के साथ जुड़ा हुआ सीता–स्वयंवर का प्रकरण उन्होंने परम्परागत अर्थों में रामचरितमानस के बालकाण्ड से उठाया है। यह प्रसंग, उनके नृत्य संसार में *'राजत राज समाज महुँ कोसलराज किसोर'* दोहे से आरम्भ होकर आगे बढ़ता है और बीच–बीच में स्वयंवर और विवाह की अविस्मरणीय चौपाईयाँ, भरतनाट्‌यम और ओडिसी को नयी अर्थअन्विति प्रदान करती चलती हैं। राम और सीता के परस्पर प्रथम मिलन के शृंगार और कौतूहल का अभिनय करते हुए वे जिस तरह स्वयंवर में राम के धनुर्भंग विषय तक पहुँच जाती हैं और पूरी उदात्तता से *'तेहि छन राम मध्य धनु तोरा। भरे भुवन धुनि घोर कठोरा'* तक आती हैं, वह देखना विस्मयकारी है। इस वीरोचित और अकल्पनीय परिस्थिति में शान्त रस की आनन्द वर्षा करता हुआ, सीता के हाथ में जयमाल प्रसंग जब मंच पर उपस्थित होता

है, तब नृत्य की कई अनखुली परतें भी संगीत, लय और अभिनय के द्वारा दर्शकों के मानस पर खुलने लगती हैं। *'झाँझि मृदंग संख सहनाई। भेरि ढोल दुंदुभी सुहाई।। बाजहिं बहु बाजने सुहाए। जहँ तहँ जुबतिन्ह मंगल गाए।।'* के साथ सीता का स्वयंवर भरतनाट्यम में ढलकर सोनल मानसिंह की काया में होने लगता है। नृत्यांगना कभी राम, कभी सीता, तो कभी सखियों के वेश में कला के उस अनिर्वचनीय धरातल पर पहुँच जाती है, जहाँ साधारण रसिक चाहकर भी प्रवेश नहीं कर सकता।

सोनल मानसिंह की इस अद्वितीय प्रस्तुति में सबसे महत्त्वपूर्ण बात यह है कि उन्होंने भक्तिकाल को आदर देते हुए तुलसीदास के 'रामचरितमानस' को ही नहीं छुआ है, वरन् इस प्रसंग में, उस महाकवि को पूर्णता में प्रस्तुत करने की अभिलाषा में, वे 'मानस' के साथ कवितावली का भी समावेश करा देती हैं। जहाँ से सीता का जयमाल लेकर राम को पहनाने का प्रसंग आगे बढ़ता है, वहाँ 'मानस' पीछे छूट जाता है और नृत्यांगना 'कवितावली' का आधार लेकर आगे बढ़ जाती है। कवितावली का यह पद, जो सोनल मानसिंह ने अपनी नृत्यभंगिमाओं से अमर किया है, देखने लायक है—

दूब दधि रोचनु कनक थार भरि भरि
आरति सँवारि बर नारि चलीं गावतीं।
लीन्हें जयमाल करकंज सोहैं जानकी के
पहिरावो राघोजूको सखियाँ सिखावतीं।।

नृत्य में जिस कल्पना और मधुरता का अवकाश ढूँढ़ा जाता है, वह उपर्युक्त पद की पंक्ति-पंक्ति में व्यक्त हुआ है। इस पद का आशय ही बहुत सुन्दर है कि सौभाग्यवती स्त्रियाँ सोने के थालों में दूब, दही और रोली भरकर आरती सजाकर, गाती हुई चलीं। जानकी के हाथों में जयमाला सुशोभित हो रही है, और उन्हें सखियाँ सिखाती हैं कि रामचन्द्र को जयमाल इस तरह पहनाओ। अब यह *'पहिरावो राघोजूको सखियाँ सिखावतीं'* में अभिनय की ढ़ेरों रंगतों को सोनल मानसिंह ने पूरी शास्त्रीय गरिमा के साथ दिखाया है कि किस तरह अलग-अलग सखी, अपने-अपने ढ़ंग से राम को वरमाला पहनाने के लिये सीता को

प्रेरित करती हैं। इस पूरे प्रकरण में नृत्यांगना का कौशल, उनका सीता के साथ अन्य सखियों से व्यवहार एवं शील व मर्यादा की रक्षा करते हुए भरतनाट्यम और ओडिसी के पदचिह्नों पर चलना, नृत्य को अपने शिखर पर ले जाता है। अभिनवगुप्त का सहारा लेकर कहें, तो यहाँ भावना का इतना सटीक व शुद्ध 'अनुकीर्त्तन' होता है, कि दर्शक इस अचम्भे में पड़ जायें कि वे जनक के दरबार से निकलकर नहीं, बल्कि किसी थियेटर या मंच के प्रभाव से बाहर आ रहे हैं।

पुष्पवाटिका एवं स्वयंवर प्रसंग में, तुलसीदास के पदों का भरतनाट्यम एवं ओडिसी में प्रयोग, यहाँ इस बात की भी सफलतापूर्वक नुमाइन्दिगी करता है कि कला में कुछ भी दूसरा नहीं होता। विभिन्न दिशाओं से आकर ढ़ेरों अनगढ़ताएँ यहाँ एक हो जाती हैं। भाषा और संगीत का द्वन्द्व मिट जाता है, काल और व्यक्ति समीप आ जाते हैं तथा इतिहास व वर्तमान एक ही समय में साथ–साथ घटित होने लगते हैं।

राम की मुद्रा

कृष्णप्रिया सोनल

वर्षों से वे अकेली रह रही हैं। उनके घर में आप इस बात की पहचान आसानी से कर सकते हैं कि वहाँ के माहौल में जो भी दृश्य है, वह बहुत ही सूक्ष्म, भावनाओं से भरा हुआ और एक कलाकार की सुरुचि से निकलकर हमारे सामने आया है। ठीक उसी समय, वहाँ जो कुछ भी अदृश्य है– वह बेहद स्थूल रूप में दिखायी पड़ता है। जैसे पुरुष की अनुपस्थिति मगर कृष्ण के प्रभाव की गहरी उपस्थिति। सोनल मानसिंह का घर इस मामले में एक दुर्लभ उदाहरण है कि हम जब दिल्ली के भीड़ भरे, सुसंस्कृत और अमीर लोगों के डिफेन्स कॉलोनी पहुँचते हैं और सी ब्लॉक के 304 नम्बर के मकान में प्रवेश करते हैं, तो यह देखकर दंग रह जाते हैं कि इतनी नीरवता, इतनी सात्विक खामोशी दिल्ली में भी कहीं पायी जा सकती है। वहाँ बैठकर मौन की शक्ति का आत्यन्तिक रूप से अहसास होता है और इस बात की ओर बरबस हमारा ध्यान चला जाता है कि अधिकांश आराधक और कला साधक जीवन्त पर्यन्त मौन और नाद के सन्तुलन को साधते रहते हैं।

उनके बैठक के कमरे में पुरुलिया छाउ नृत्य की भगवती का भव्य मुखौटा अनायास ही अपनी ओर ध्यान खींचता है। वे पूरी श्रद्धा से उनको माँ पुकारती हैं। माँ के इस आँगन में कला विदुषी पुत्री के नृत्य संसार का आवागमन चलता रहता है। भगवती की दिव्य और मुखर उपस्थिति के अलावा, एक अरघे पर रखे हुए श्याम वर्ण नर्मदेश्वर शिव पूरे दृश्य को जीवन्तता प्रदान करते हैं। उमा और शिव विराजते हैं सोनल के यहाँ। अर्धनारीश्वर का वास है इस नृत्यांगना के घर में। इसी कमरे से सटे

हुए भोजन कक्ष में जगन्नाथपुरी से लायी हुई कृष्ण की त्रिभंगी कांस्य प्रतिमा हर बुभुक्षु का स्वागत करती है। इस कमरे में बैठे हुए मुझे हमेशा यही लगता रहा है कि सोनल मानसिंह शैव और शाक्त मत के किसी मिलन बिन्दु पर खड़ी एक वैष्णवी की तरह, किसी के आने की अनथक प्रतीक्षा कर रही है। जाहिर है यह प्रतीक्षा कलाओं में पूर्णता लाने वाले व्यक्ति की है। हर हाल में यह प्रतीक्षा कृष्ण की है। सूरदास कृष्ण को रोकते हुए कहते हैं– *'श्री वृन्दावन एक पलक लौं रहिये।'* सोनल एक पल के लिये ही सही, पूर्णता में कृष्ण को अपने घर प्रेम की रस्सी से बाँधकर दामोदर बनाना चाहती हैं।

कृष्ण का आमंत्रण सोनल की ओर से किशोरावस्था के दिनों से ही रहा है। वे 'गीत–गोविन्द' के उस अक्लान्त केशव की पुजारिन हैं, जो राधा के साथ रास करते हुए, स्वयं राधा हो जाते हैं। सोनल मानसिंह कृष्ण में समाये उसी राधा तत्त्व की भक्त हैं, जो हर काल में, सघन अमराई में सिर्फ इसलिये जाते हैं कि उनकी मानिनी नायिका को, रातभर चलने वाले आनन्दोत्सव में प्रणय का अमृत रस मिलता रहे।

एक नृत्यांगना के रूप में उन्होंने कई अवसरों पर यह स्वीकारा भी है कि नाचते हुए उन्हें अक्सर यह महसूस होता है कि कृष्ण उनके साथ नाच रहे हैं। वे कला में कृष्ण को अर्पित नृत्यांगना हैं। वे गोपाल की दासी हैं। एक तरह से कृष्ण को अर्पित देवदासी। उनके लिये फिर इस बात का कोई महत्त्व नहीं रह जाता कि जब वे नृत्य में द्रौपदी, राधा, सत्यभामा या रुक्मिणी बनेगीं, तब कृष्ण के प्रति उनके दृष्टि और विचार क्या होगें?

सोनल तो बस यही जानती हैं कि अकेले रहते हुये वे कृष्ण के साथ अपनी कला यात्रा में दशकों पहले बाहर निकल आयी हैं। उनके माधव अक्सर मंच पर उनके साथ रास करते हैं, कभी वेणियों में पारिजात गूँधते हैं, कभी परिहास करते हैं, तो कभी जारा शबर के हाथों युगों–युगों तक अपनी छलना से मुक्ति पाने के लिये लीला का अन्त करते हैं। सोनल यह सब अपनी कला के साक्षी भाव से होता हुआ देखती रहती हैं। वे

कृष्ण को मनाने का कोई मौका हाथ से जाने भी नहीं देतीं। यह अलग बात है कि अकसर माधव वृन्दावन और द्वारिका की राह पकड़ लेते हैं और उस क्षण यहाँ दिल्ली में बैठी प्रोषितपतिका नृत्यांगना धैर्यपूर्वक उनके लौटने का इन्तजार करती हैं।

विरोहत्कण्ठिता नायिका

नृत्य की फलश्रुति

यह जानना अचम्भित करता है कि संगीत रत्नाकर में उल्लेख हुआ कि अमुक राग को गाने से अमुक यज्ञ की फलश्रुति होती है। उदाहरण के लिये हम मान लें कि यदि कोई गायक राग मधुवन्ती या किरवानी गायेगा, तब उसे वैष्णव यज्ञ या राजसूय यज्ञ की फलश्रुति प्राप्त होगी। इसी तरह किसी विशेष राग की अदायगी में उसे अश्वमेध यज्ञ की फलश्रुति हासिल होती है। संगीत रत्नाकर इस बहाने, धार्मिक कृत्य के प्रतिपादन से ज्यादा रागों की अमरता व उनके प्रति आदरभाव की प्रतिष्ठा के चलते आमजन को भी इस फलश्रुति से जोड़ने का प्रयास करता है। इसके पीछे आचार्यों की एक मंशा यह भी रही होगी कि जो व्यक्ति उस समय संगीत सुनना नहीं चाहता रहा होगा, उसने भी एक बार इस कारण किसी राग के वैभव तले बैठना पसन्द किया होगा। उस क्षण उसे लगा होगा कि भले ही राग का आस्वाद वह न ले पाये मगर शास्त्र सम्मत किसी महत्त्वपूर्ण यज्ञ की फलश्रुति का पात्र तो इससे बन ही जायेगा।

इस फलश्रुति के आस्वादन से अलग यहाँ संगीत रत्नाकर के बहाने यह जानना आवश्यक है कि इस श्रवण अनुष्ठान में एक कलाकार की साधना के अनगिनत दिवस–रात्रि, असंख्य सूर्य–चन्द्रमा साक्षी रहे होंगे। इस गणना को समझ पाना भी, बिना किसी विशिष्ट राग को सुने ही, किसी अलभ्य यज्ञ की फलश्रुति का पात्र बनने जैसा होगा। इस कार्य–कारण सम्बन्ध के द्वारा यह बात आसानी से प्रतिष्ठित होती है कि भारतीय मनीषा में शास्त्रीय रागों को जन–मानस तक पहुँचाने के लिये, उन्हें आमजन का प्रिय बनाने के लिये, कितने तरीकों से सन्तुष्ट

किया गया होगा; भले ही उसमें धर्म को भी जोड़कर, संगीत की दुनिया को विस्तार दिया गया हो।

गायन से अलग, नृत्य के समाज में यह फलश्रुति नृत्य देखने वाले दर्शकों को भी सुलभ होती है, जब वे सुन्दर रागों में निबद्ध भक्ति पदों, अभंगों, पदमों, चर्यागीतियों एवं अष्टपदियों को सुनते हैं। ऐसी स्थिति में एक भावक साक्षात् विष्णु का भी दर्शन करता है क्योंकि ज्यादातर नर्तक और नृत्यांगनाएँ इस तर्क के सान्निध्य में जाते हैं कि स्वयं कला से सृष्टि रचते हुए वे रंग पटल पर देवता का आगमन करते हैं, फिर प्राण प्रतिष्ठा होती है, तदुपरान्त अनुष्ठान की पूर्णता। इस पूरी प्रक्रिया में दर्शकों का समाज, मन्दिर के भव्य प्रांगण में बैठा हुआ वह भक्त समाज हो जाता है, जो देवता के साक्षात् दर्शन के लिये आया हुआ है। यह पूर्णता भारतीय वाङ्मय की वही 'फल प्राप्ति' है, जिससे कला का संसार अनुपमेय बनता है।

नृत्य के समय कलाकार के साथ उपस्थित रहना, देवता के साथ उपस्थित होना है। सोनल मानसिंह को नृत्यरत देखना, मात्र एक स्त्री या नृत्यांगना को नहीं, बल्कि नृत्य की मंगल भंगिमाओं, उसके स्वरूप, लोच व सौन्दर्य के कलात्मक रूपक को देखना है। यदि हम शास्त्र का सहारा लेकर कहें, तो उन्हें नृत्यरत देखना, प्रजापति के द्वारा सजाये हुये विष्णु के संसार में अलंकृत भगवती कमला को देखना है।

देवदासियों का अन्तिम संस्कार

देवदासी प्रथा में यह बात खासा ध्यानाकर्षण करती है कि उन स्त्रियों का जीवन जितना उपेक्षित और धर्म के नाम पर एक हद तक शोषण पर आधारित था, वहीं उनकी मृत्यु होने पर उन्हें सर्वाधिक सम्मान व प्रतिष्ठा देने की परम्परा थी। मृत्यु के समय एक देवदासी अपने देवता से भी बड़ी मानी जाती थी, क्योंकि पारम्परिक रूप से उसे उस देवता की अर्धांगिनी के रूप में मन्दिर में पहले ही अर्पित कर दिया गया होता था, जिसे वह मृत्योपरान्त विधुर बना रही होती थी। एक देवदासी या नित्यसुमंगली को मृत्यु के बाद प्रधान अर्चक एवं अन्य सेवक मन्दिर के प्रांगण में देवता के सामने भव्य जगमोहन में लाकर लिटाते थे। देवता की माला उतारकर उसे चढ़ाई जाती थी। देवता का कुंकुम और तिलक देवदासी के माँग में भरकर उसे सजाया जाता था। प्रधान अर्चक, मन्दिर का पुरोहित या राजा का कोई प्रतिनिधि मन्दिर के चूल्हे की पवित्र अग्नि से देवदासी की चिता का संस्कार करता था। देवदासी के मरने का अशौच देवता को लगता था, ऐसी मान्यता थी, जिसके चलते अशौच की दिनों में देवता का श्रृंगार नहीं किया जाता था, मन्दिर में संगीत आदि बन्द रहता था तथा देवता की प्रतिमा को सर्वाधिक कडुवी सब्जियों का पेय ही प्रसाद रूप में अर्पित किया जाता था। इस सारी प्रथा के पीछे यह मान्यता थी कि जीवनभर अपने विष्णु या शिव की दासी के रूप में अर्पित उसकी देवदासी को अन्ततोगत्वा देवता की पत्नी का दर्जा मिल गया है और वह साक्षात विष्णु का कुंकुम पाकर सीधे मोक्ष को प्राप्त हुई है। देवदासियों के बीच में यह मान्यता इस कदर गौरव की बात के रूप

में प्रतिष्ठित कर दी जाती थी कि हर एक देवदासी अपनी शरणागति को, मृत्यु के संस्कार के लालच के चलते चुपचाप स्वीकार लेती थी। उसे लगता था कि उसके कलंकित जीवन में ऐसा हो जाने से, न सिर्फ उसे सामाजिक वैधता एवं सम्मान हासिल हो जायेगा, बल्कि मृत्यु के बाद उसे मोक्ष की प्राप्ति होगी तथा उसका अगला आने वाला जन्म भी देवकृपा से उपकृत होगा।

देखने और जानने में यह बात जितनी साधारण और धर्मपरायण लगती है, दरअसल यह उतनी है नहीं। एक देवदासी को मुमुक्षत्व का लोभ देकर जिस तरह के असम्मानजनक और विसंगतिपूर्ण जीवन में ढकेला जाता था, वह किसी भी हाल में धर्म की सच्ची व्याख्या के विरूद्ध ही ठहरता है। यह तथ्य अपने में खासा विरोधाभासी और विडम्बनापूर्ण है कि जिस स्त्री के लिए उस समय की राजसत्ता या धर्मसत्ता ने सम्मानजनक जीवन जीने के लिए कोई उचित व्यवस्था नहीं की, वह उनकी मृत्यु को बेवजह ही अलंकृत करते हुए ऐश्वर्यमण्डित करता है।

नृत्य के सन्दर्भ में, खासकर भरतनाट्यम के सन्दर्भ में देवदासियों का दाय भले ही महत्त्वपूर्ण और ऐतिहासिक रहा हो, उनके पदम और गीत भले ही आज दक्षिण भारतीय नृत्य परम्परा के गौरवशाली दस्तावेज़ हों, मगर इस बात से कौन इनकार करेगा कि स्वयं उनका जीवन अन्धेरे में रहता था और वे स्त्रियाँ कलाओं के संसार में अपनी निष्कलुषता के प्रकाश से उजाला भरती थीं। एक देवदासी मृत्यु के बाद, देवता की अर्धांगिनी होने की भले ही पूर्णरूपेण वैधता अर्जित कर लेती रही हो, मगर वह परम्परा देवदासियों के आईने में नृत्य की गरिमा को छोड़कर, कितनी न्यायसंगत ठहरती है, जहाँ पूरा जीवन मात्र उन्हें देह की सत्ता के रूप में बरता जाता रहा हो?

होली

यह अकारण नहीं है कि सोनल मानसिंह का सर्वप्रिय त्यौहार होली है। रंग, उमंग और आनन्द से भरा हुआ उत्सव, जिसे यह नृत्यांगना मदन और रति की रंगमय उपस्थिति के रूप में देखती हैं। होली का पर्व इस मायने में हमारी परम्परा में सर्वाधिक अनूठा है कि इस दिन जीवन और समाज के बीच खींची गयी मर्यादा का उल्लंघन होता है। एक प्रकार से होली हमको स्वच्छंन्द और उन्मुक्त करती है, मगर फिर भी अपने उल्लास संवरण के बावजूद अमर्यादित मर्यादा का वरण किये रहती है।

होली एकमय होने, रंगों से सराबोर होने और आपसी रिश्तों में खिलखिलाहट को नूतनता प्रदान करने वाला रूपक है। यह सबकुछ का भेद मिटाकर एक ऐसे धरातल पर पहुँचा देती है, जहाँ से अपने पराये का भान मिटने लगता है। एक नृत्यांगना की कला के लिए यह सबसे मनोरम स्थिति है कि वह व्यक्तिगत जीवन के उल्लास के लिए भी ऐसा मेटाफर चुने, जो उसकी कला को सर्वप्रिय व सार्वकालिक बना सके। सोनल मानसिंह होली को अपनाने के साथ इस बात में भी बाजी मार ले जाती हैं कि कला का सब कुछ, उसके दिन–रात और सूर्य–चन्द्रमा किसी एक का नहीं, सबके हैं। जिस तरह होली में अनगिनत रंगों का अबीर आखिरकार किसी एक का न रहकर सबका हो जाता है, उसी तरह सोनल मानसिंह की भंगिमाएँ और अंगभंगियाँ हैं, जो सिर्फ उनकी नहीं हैं, अन्य उन लोगों के लिए भी हो जाती हैं जिन्होंने सारा–सारा दिन, सारी–सारी रात और सारा जीवन इस बात के पीछे बिता दिया

कि यदि वे इस कला में न रहकर अलग किसी क्षेत्र में जाते तो शायद जीवन पर्यन्त अधूरे रहते।

एक प्रकार से होली परिपूर्णता लाने का पर्व है। बसन्त जब पूरे तन–मन और प्रकृति को निहंग कर देता है, बिल्कुल नंगा और आवरणहीन बना देता है; उसके बाद धीरे–धीरे फिर स्वयं नये सिरे से पल्लवन शुरू करता है, तब उस सृजन के आरम्भिक दिनों में प्रेम, उल्लास और जीवन को नये सिरे से सराबोर करने के लिए होली का आगमन होता है। नये–नये पल्लवित पत्तों का, फूलों का और जीवन में आनन्द रस का आरम्भ, होली का आरम्भ है। यह रति और मदन को नये सिरे से आमंत्रित करने का भी पर्व है, जब शिशु पत्तों में प्रकृति अपना हरा गुलाल भरने का कार्य आरम्भ करती है। सोनल मानसिंह को नजदीक से मिलने और जानने वाले, खूब अच्छी तरह से जानते हैं कि प्रकृति द्वारा बिखेरा हुआ यह उल्लास और उत्कटता का गुलाल उनके व्यक्तित्व में भी अन्दर तक भरा हुआ है।

भारतीय संगीत और नृत्य के समाज में होली ही अकेला ऐसा उत्सव माना गया, जिसके गायन और भावप्रदर्शन में संगीत–शास्त्र के भी ढेरों नियमों का उल्लंघन हुआ है। होली आपको ठुमरी में मिलेगी, दादरा में भी आप उसे पायेगें, चैती गायन तो होली का पर्याय ही है, पुष्टिमार्गियों और अन्य वैष्णव सम्प्रदायों के भक्ति पदों में इसका अबीर–गुलाल घुला है और गाँवों, शहरों और लोकसमाज में घूम–घूमकर गाया जाने वाला फाग इसको अपनत्व से भरा देसीपन देता मिलेगा, जब भारत के किसी भी अंचल में आप उसे गाया जाता हुआ पायेंगें। होली एक ओर शुद्ध–शास्त्रीयता की हवेली से धमार गायन के माध्यम से बाहर निकलती है, तो दूसरी ओर ठेठ पारम्परिक रसिया में इसका उमंग परवान चढ़ता है। यह होली के ही सौभाग्य के खाते में दर्ज है कि ईसुरी जैसे लोककवि गायक से लेकर सूरदास, कुम्भनदास और नारायण स्वामी जैसे सन्त कवि हों या विद्यपति, जयदेव और कालिदास— सभी के यहाँ यह उत्सव कभी मदनोत्सव, कभी वसन्तोत्सव, तो कभी ऊदुमंगल और अकसर कृष्ण–राधा की प्रणय–लीला का पूर्वराग बनकर आता

है। पूरब–अंग की 'डफ की होली' की कुछ पंक्तियाँ यहाँ इसी सन्दर्भ में ध्यान देने योग्य हैं–

भिजोयी मोरी चूनरी हो नन्दलाला
मत मारो केसर पिचकारी
हाँ–हाँ मदन गोपाला
भिजोयी मोरी चूनरी हो नन्दलाला

सोनल मानसिंह को दूर से देखने पर वह अपनी जीवन–शैली उन्मुक्त तरीके से जीती हुई दिखायी पड़ती हैं, मगर आप उनके सम्पर्क में जैसे–जैसे करीब होते जाते हैं, इस बात का एहसास बढ़ता जाता है कि उन्होंने अपने जीवन में अर्जित की हुयी सारी स्वच्छन्दता के बावजूद गरिमा का दामन नहीं छोड़ा है। मर्यादा का जो उन्मुक्त प्रवाह उनके रहन–सहन, बोल–चाल और व्यक्तित्व में दिखायी पड़ता है, उसमें मेरे जाने कम से कम जिन दो–तीन चीज़ों का हाथ है, उसमें प्रमुख हैं– उनकी नृत्य–कला, गीत–गोविन्द के प्रति उनका अगाध प्रेम और होली के उल्लास में डूबने का लोभ। यह सब चीज़ें मिलकर सोनल मानसिंह के व्यक्तित्व में भी वही रंग भरती हैं, जो रंग हमें वर्ष में एक बार होली के दिन चैत्र कृष्ण प्रतिपदा तिथि को हासिल होता है। यह अकारण नहीं है कि उनके द्वारा होली के प्रसंग पर किया गया राग काफी में रचा नृत्य का पद भी डफ की होली व ठुमरी से मिलता–जुलता है–

मत मारे पिचकारी स्याम तोहे दोऊँगी मैं गारी
भीजेगी लाल नयी मेरी अँगिया
चूनर बिगरैगी न्यारी
देखेगी सास रिसावेगी मोहे
कैसी है संग की दारी
हँसेंगीं दै–दै तारी
मत मारे पिचकारी स्याम तोहे दोऊँगी मैं गारी

शिशिरागम

मंच पर भरतनाट्यम का एक पदम हो रहा है। नृत्यांगना उस पदम के साँचे में ढली, ऋतु वर्णन की प्रस्तुति में कुसुमित हो रही है। काठ के धरातल ने मंच को अप्रतिम सौष्ठव से भर दिया है। अभी जैसे–जैसे अभिनव रागों की वर्षा होनी आरम्भ हुयी है, वैसे–वैसे ऋतुओं का अवतरण आँखों के सामने आकार लेता जा रहा है। श्री, गुणक्री, देशाख्य, सरस्वती, कामोद, परज और विभास के इन्द्रधनुष तले वसन्त, ग्रीष्म, वर्षा, शरद आदि मौसम हमारे सामने देखते ही देखते बन, बिगड़ और आपस में घुल–मिल रहे हैं।

पदम में अर्थ का विस्तार होता जा रहा है। संगीत में आलापचारी और बोल अपनी लय सँवार रहे हैं। एक महीन रेशमी कपड़े पर जरी के तारों से फूल–पौधे, बेल–बूटे, मोर–हंस उकेरे जा रहे हैं। सब कुछ चंचल, गतिमय और लयात्मक है। सभी चीज़ें मन्दिर के गोपुरम्, राजसभा के कलामण्डपम् तथा नगर के सीमान्तों तक आ गयी हैं। अब कभी भी यह महसूस हो सकता है कि हम ओस की लड़ियों से धीमे–धीमे भीग सकते हैं।

मंच पर भरतनाट्यम नहीं, शिशिरागम हो रहा है।

नृत्य में पीड़ा की उपज

भारतीय संगीत और नृत्यकला के सन्दर्भ में एक सामान्य सी प्रचलित धारणा यह रही है कि उनके प्रदर्शन से समाज में उल्लास, मंगल और आनन्द की प्रतिष्ठा होती है। उनको सुनने और ग्रहण करने वाला सामाजिक हर हाल में अपने आनन्द की सीमा में विस्तार करके अन्ततोगत्वा मनोरंजन ही प्राप्त करता है। यहाँ ध्यान देने वाली बात यह है कि शास्त्रीय नृत्य, लोक नृत्य, लोक नाट्य एवं अन्यान्य प्रदर्शनकारी कलाएँ जिनमें भरतनाट्यम, ओडिसी, मोहिनीअट्टम, कथकली और कुचिपुड़ी जैसे मान्य शास्त्रीय नृत्यों के अलावा कुडियाट्टम, भरथरी गायन, राई नाच, छाया–पुतली नाटक, मुखौटा नाट्य, नटवरी नृत्य, स्वांग आदि भी शामिल हैं, पूर्णतया इस धारणा की वकालत नहीं करते। हमारी इन शास्त्रीय कलाओं में एक बात जो सर्वाधिक महत्त्व की मिलती है, वह यही कि यह प्रदर्शनकारी कलाएँ हमारी परम्परा, स्मृति और वर्तमान के संलाप से एक नयी परम्परा बनाती हैं, जिसमें सुख और दुःख, प्रणय और विरह, लोक और शास्त्र, आनन्द और पीड़ा तथा मूर्त्त और अमूर्त्त के बीच निरन्तर संवाद होता रहता है। कलाएँ यदि आनन्द और मंगल का अवकाश रचती हैं, तो उसी क्षण अपने आँगन में वे सूक्ष्मतम रूप में ही सही, मगर पीड़ा और दुःख की भी सृष्टि करती हैं। कलाएँ दरअसल हमारे भीतर जिस संवेदना और ऐन्द्रियता को बराबर जगाने का काम करती रहती हैं, वह आनन्द और पीड़ा की समेकित उपज से सम्भव होता है। उदाहरण के लिए यदि हम एक नृत्यांगना के राधा–कृष्ण प्रसंग पर किसी विशिष्ट विरह की अष्टपदी पर नृत्य की परिकल्पना करें, तो वहाँ पायेंगे कि वह नृत्यांगना अपने भाव–प्रदर्शन, देह की सूक्ष्म और कलात्मक

उपस्थिति के साथ उस अष्टपदी के विरह के आशय को जिस पीड़ा की उपज के साथ दर्शाती है, वह हमें नृत्य के मायालोक में स्वच्छन्द विचरने देने के बावजूद, सिर्फ उल्लास, आनन्द या प्रसन्नता का ही अनुभव नहीं देती, बल्कि उस कला के भीतर अन्तर्निहित पीड़ा को भी महसूसने का अवकाश देती है, जो उसी क्षण आनन्द के साथ ही घट रहा होता है। अगर ऐसा न होता, तो हमारी कलाएँ, खासकर संगीत और नृत्य, इतनी अधिक परतों वाली, तात्त्विक, सक्रिय, युक्तिसंगत और प्रभावकारी न होतीं। संगीत और नृत्य से अलग, साहित्य के घराने में भी बहुत पहले भवभूति ने जब 'उत्तर–रामचरितम्' की रचना की थी, तब उन्होंने रस केवल एक ही माना था– 'करुण'। पीड़ा ही भवभूति की दृष्टि में सबसे समादृत होने वाली कलाओं की युक्ति थी। वे 'उत्तर–रामचरितम्' में स्वीकारते भी हैं– 'एको रसः करुण एव'।

आनन्द और पीड़ा के इसी लयात्मक संयोजन के कारण हमारे शास्त्रीय नृत्य आज तक इतने अधिक भावप्रवण और अर्थपूर्ण बने हुए हैं। ओडिसी में राम–केवट प्रसंग में, जब गुरु केलुचरण महापात्र केवट बनकर राम के पद पखारने की भूमिका को मनुष्य की मनोदशाओं की कई युक्तियों द्वारा रूपाकार दे रहे होते हैं, तो यह उस प्रसंग को देखने वाला दर्शक समाज ही जानता है कि पूरे प्रसंग में वह ऐतिहासिक व भावप्रवण दृश्य मात्र आनन्द से नहीं, अनुभूतिजन्य पीड़ा, वर्षों की अविस्मरणीय प्रतीक्षा एवं एक कलाकार की उस केवट से समानानुभूति की प्रक्रिया बना लेने के चलते सम्भव होता है। स्वयं सोनल मानसिंह जिस क्षण जारा के तीर द्वारा कृष्ण के कायिक अन्त का निरूपण कर रही होती हैं, उस क्षण मंच द्वारा उत्पन्न सन्नाटा और पूरे प्रसंग की करुणा जिस वेग से दर्शकों के समक्ष दर्ज होती है, वह असाधारण है। जारा का तीर कृष्ण को लगा है और नृत्यांगना इस भाव के प्रदर्शन में संलिप्त है कि कृष्ण के न रहने से यमुना का नील जल रो रहा है, उमड़–घुमड़ आये बादल अपना दुःख व्यक्त कर रहे हैं और कृष्ण की वंशी की शून्यता रो रही है। अब इन सारे रूपकों द्वारा कृष्ण की मृत्यु का प्रसंग जिस निस्तब्धता के द्वारा कला में दर्ज होता है, वह इसी बात की गवाही देता है कि हमारी

कलाएँ मात्र आनन्द की सृष्टि नहीं करतीं। वे उस रस सृष्टि से उत्पन्न आनन्द में मौजूद उस पीड़ा का भी आख्यान रचती हैं, जो संगीत और नृत्य के शास्त्र में बोलों, रागों, विन्यासों, मात्राओं और तालों द्वारा कहीं और दर्ज नहीं हुआ है।

सोनल मानसिंह की देह में दु:खी सृष्टि की कल्पना या केलुचरण महापात्र के प्रदर्शन में केवट की अभिव्यक्ति पाना, जो राम के अनुराग में कभी निश्छल हँसता है, तो दूसरे ही पल भावातिरेक में रो पड़ता है, नृत्य के संसार में इस बात की प्रतिष्ठा करता है कि कलाएँ हमारे मनोरंजन से आगे जाती हैं और वे हमें अपने लोक से, संस्कृति से और वर्तमान से, बड़े मननशील भाव से जोड़ती हैं। एक कलाकार की कला को उसके सर्वोत्तम क्षणों में यदि देखना हो या इसे हम इस तरह कहें कि किसी सर्वोत्तम कला प्रस्तुति के पीछे कलाकार की मनोदशा या उसकी परिस्थिति जाँची जाये, तो अधिकांश अवसरों पर हम पाते हैं कि वह जिस क्षण अपनी कला का सर्वोत्तम प्रदर्शन कर रहा होता है, उसी क्षण वह भीतर कहीं अपनी अन्तश्चेतना के सूक्ष्म स्तरों पर दु:ख व पीड़ा से भी संघर्ष करता रहता है। राइनेर मारिया रिल्के की एक सुन्दर कविता यहाँ इसी सन्दर्भ में प्रस्तुत है, जब वे कहते हैं

so they abandoned me.
At first the solitude
charmed me like a prelude,
but so much music wounded me.

अत्यधिक संगीत या अत्यधिक कला या शुद्धतम भावों का अत्यधिक प्रदर्शन हमेशा स्वयं के घावों को ही बड़ा करता है। नृत्य भी ऐसा ही करती है। जब, तब वह ऐसा कर रही होती है, वह मात्र कला नहीं रहती, बल्कि जीवन का ही एक अंग बन जाती है। एक निरूपण भाव, जिसे देखकर लोग रोते, बिलखते और रीतते हैं।

सरस्वती मेला

महर्षि वात्स्यायन ने कामसूत्र में जिन चौंसठ कलाओं को मनुष्य के लिए आवश्यक माना है, उसमें वे सर्वाधिक जोर इस बात पर देते हैं कि यह समस्त कलाएँ दरअसल श्रेष्ठ विद्याएँ हैं और भगवती सरस्वती विद्या में या कलाओं में छैलाओं की देवता हैं। उन्होंने छैला यहाँ पर उन लोगों को माना है, जो किसी भी कला में स्वयं को निपुण करके नागरजनों के समक्ष उसका प्रदर्शन करते हैं और समाज में आनन्द बिखेरते रहते हैं। कामसूत्र में यह बात बार–बार आती है कि काव्य–कला, संगीत–कला, नृत्य–कला, साहित्य में समस्यापूर्ति–कला, नाट्य–कला, नटों की बाजीगरी आदि को एक प्रबुद्ध समुदाय सम्मिलित रूप से मिलकर उसके प्रदर्शन की समुचित व्यवस्था करे। इसके लिए उन्होंने कामसूत्र में एक शब्द गढ़ा– गोष्ठीसमवाय। गोष्ठीसमवाय का अर्थ है– नागरजनों की गोष्ठी जिसमें विद्या–कलाविषयक बातचीत में लोगों की अभिरुचि बढ़े और उनका मानस प्रबुद्ध बने। इसके लिए वे सरस्वती की आराधना सम्बन्धी तिथि पंचमी को गोष्ठी समवाय करने की सलाह देते हैं। प्रत्येक मास की पंचमी तिथि को सरस्वती के मन्दिर में कलाओं का मेला लगना चाहिए। उनका आग्रह है कि इस तरह के मेले की व्यवस्था के चलते, इस दिन नगर के हर एक वर्ग के नागरजन सरस्वती का दर्शन भी कर लेगें और वे इन मेलों के खेल तमाशों में सम्मिलित भी हो जायेगें। वात्स्यायन जिस एक कला की ओर बार–बार इशारा करते हैं कि सरस्वती मेले में उसका होना आवश्यक है, वह नाच है। नाच यानी नृत्य–देह, आत्मा और अंग–उपांगों का श्रृंगारिक वर्त्तुल और लास्य।

इस गोष्ठी के लिए, इस सरस्वती मेले के लिए, इस कलाओं के बड़े समारोह के लिए उन्होंने 'समाज' शब्द का भी उपयोग किया है। कामसूत्र में वर्णित है—

पक्षस्य मासस्य व प्रज्ञातेऽहनि सरस्वत्या भवने नियुक्तानां नित्यं समाजः।

भरतमुनि अपने नाट्यशास्त्र में भी नृत्य और संगीत प्रवीण लोगों की सभा को 'समाज' से ही अभिहित करते हैं। सरस्वती भवन या सरस्वती मन्दिर विशेष रूप से समाज के लिए चुना जाता था, क्योंकि उस समय से ही यह बात प्रचलन में थी कि कलाओं का प्रदर्शन काव्य–नृत्यकलाप्रवीणा देवी सरस्वती के मन्दिर या प्रांगण में होनी चाहिए। यह बात, इस ओर इशारा करती है कि महर्षि वात्स्यायन के समय से ही नृत्य और संगीत आदि कलाएँ अत्यन्त आदर के साथ समाज में स्वीकृत थीं। कथा, काव्य, गीत, वाद्य, नृत्य सम्बन्धी गोष्ठी को वात्स्यायन ने ***'लोकचित्तानुवर्तिनी'*** कहा है, जिसका आशय है कि यह सारी सभाएँ लोक के चित्त में आनन्द का, मनोरंजन का पुट भरती हैं।

कामसूत्र कलाओं के समाज में अपनी एक और स्थापना के चलते अत्यन्त मान्य सन्दर्भ–ग्रन्थ रहा है कि वहाँ इसके रचयिता ने रस की उत्पत्ति को ही सीधे आनन्द के आस्वादन से जोड़कर देखा है। रस का अनुभव कैसे होता है, इस विषय पर वात्स्यायन जिन ढेरों विषयों पर विस्तार से चर्चा करते हैं उसमें नृत्य को उन्होंने सर्वाधिक महत्त्व दिया है। उनके अनुसार नाट्य और अनाट्य भेद से नृत्य दो प्रकार का है, जिसमें एक तो उन्होंने समस्त लोकों (स्वर्ग, पाताल और मनुष्य लोक) के निवासियों के किये हुए कामों की श्रेष्ठ नकल को नृत्य माना है और दूसरा नृत्य वे नर्तक के उन भावों को मानते हैं, जो उसके लिये निर्धारित कर्म बताये गये हैं।

रस से आनन्द का आस्वादन करने की बात, लोक के लिये चित्ताकर्षक और मनोग्राही सभाओं का आयोजन तथा प्रत्येक मास की पंचमी तिथि को सब प्रकार की कलाओं के निपुणों के लिए सरस्वती मेले की व्यवस्था जैसी स्थापनाएँ, जिस एक तथ्य की सर्वाधिक वकालत करती हैं वह

यह है कि नृत्य का संसार हमारे यहाँ कई शताब्दियों पूर्व से सर्वाधिक आदरणीय माना जाता रहा है। वात्स्यायन का कामसूत्र हो या भरत का नाट्यशास्त्र, कालिदास का मालविकाग्निमित्रम् हो या राजा शूद्रक का मृच्छकटिकम्, सभी जगहों पर हमें आसानी से समाज, विद्वतसभाएँ, गोष्ठीसमवाय, सभामण्डप, घटानिबन्धन और सरस्वती मेला जैसी स्थितियाँ आसानी से हासिल हो जाती हैं। वात्स्यायन तो संगीत और नृत्य सभाओं के अलावा साहित्य की विद्वतपूर्ण सभा में भी वेश्याओं और गणिकाओं की उपस्थिति और हिस्सेदारी को महत्त्वपूर्ण मानते हैं। उनके अनुसार वेश्याएँ गोष्ठी में सम्मिलित इसलिये की जायें कि स्त्रियों में रहने वाली कला को वे बखूबी जानती हैं और आपस की स्तुति, प्रेम से भरी और मधुर हँसी युक्त उचित बातें करने का सलीका वे ही सिखा सकती हैं। उनका अपनी योग्यता के अनुसार इन गोष्ठियों में बैठ जाना 'आसन बन्ध' कहलाता है।

थोड़ी देर के लिये इन ऐतिहासिक परिप्रेक्ष्यों से गुजरने वाली कला और नृत्य की चर्चा को मिथक और पुराण की ओर हम मोड़ दें, तो वहाँ भी हम पाते हैं कि पौराणिक काल में हुए समुद्र मन्थन से जो चौदह रत्न निकले थे उनमें से चार अप्सराएँ भी रत्न रूप निकली थीं– रम्भा, उर्वशी, मेनका और तिलोत्तमा। रम्भा और उर्वशी को तो सीधे इन्द्र के दरबार में राजनर्तकी होने का गौरव प्राप्त हुआ था। इनके अलावा सरस्वती की अवधारणा ही नृत्य संगीत कला में सिद्ध स्त्री के रूप में होती है, जिनके हाथों में विपंची नाम की वीणा है, जो संगीत कला में आदि सुरों के नौ अमर तारों से बनी हुई है और जिसे परम्परा में सर्वश्रेष्ठ वीणा होने का गौरव प्राप्त है। शिव का नृत्य ताण्डव और लास्य, संहार और सृजन का कलात्मक निरूपण है, जो यह सिद्ध करता है कि प्रकृति का उद्‌गम शिव के नृत्य में समाहित है और यह सृष्टि सबसे पहले नृत्य के द्वारा अपना रूपाकार ग्रहण करती है।

सामवेद, नारदीया शिक्षा, कामसूत्र, नाट्यशास्त्र, संगीत रत्नाकर, वाल्मीकि रामायण, महाभारत, गीत–गोविन्द, लास्य रंजन, कुलार्णव तन्त्र, सौन्दर्य लहरी, अष्टाध्यायी, ललित विस्तर, जातक कथाएँ एवं

ढ़ेरों बौद्ध ग्रन्थ इस बात की सफलतापूर्वक निशानदेही करते हैं कि कलाओं का समाज में सदैव आधिकारिक स्थान रहा है। वे हमेशा से केन्द्रस्थानीय और गरिमामय रही हैं। वे धर्म और राजनीति का ऐसा अभिन्न अंग रही हैं, जिन्हें अलगा पाना किसी काल में सम्भव नहीं रहा है। संगीत और नृत्य आदि कलाओं से बना समाज ही शास्त्रीय अर्थों में 'सामाजिक' कहलाने का अधिकारी होता है। वही 'सामाजिक' शिव और सुन्दर की सृष्टि करने में सक्षम है, भले ही वह, यह ज्ञान सरस्वती मेले से अर्जित करता हो या वेश्याओं के आसनबन्ध सभा से सीखकर आता हो अथवा साक्षात् शिव का नटराज रूप देखते हुए सृष्टि को पारिभाषित करता हो।

सब सखियन में राधे बड़ी हैं

मीरा के अनेकों पद ऐसे हैं, जो अपने लालित्य के कारण सहज ही ध्यानाकर्षण करते हैं। यहाँ एक कम प्रचलित मगर लोकगीतों में बेहद सुन्दर ढंग से गाये जाने वाले पद की याद आ रही है, जिसमें सारी गोपिकाओं के मध्य राधा की अद्वितीय हैसियत को मीरा प्रतिष्ठित करती हैं। उस पद की कुछ पंक्तियाँ यहाँ प्रस्तुत हैं—

वारी जाऊँ नागर नन्दा जी मुकुट पर
सब देवन में आप बड़े हैं, ज्यों तीरथ बिच गंगा जी
मुकुट पर वारी जाऊँ नागर नन्दा जी
सब सखियन में राधे बड़ी हैं, ज्यों तारन बिच चन्दा जी
मुकुट पर वारी जाऊँ नागर नन्दा जी

यह पद भक्तिकाल में लिखा गया और तब से आज तक वाचिक परम्परा और लोकगीतों में प्रतिष्ठा पाता रहा है। मगर आजकल के रसिक समाज में, खासकर नृत्य–कला की प्रबुद्ध दुनिया में यह पद इस बात का एक सार्थक रूपक हो सकता है कि जिस एक नायिका को पूरी तन्मयता और ऐश्वर्य के साथ यह नृत्य संसार अपने समस्त कर्मों एवं पर्वों में सम्मिलित करता है; वह नायिका राधा, चन्द्रमा के समान पूरी सुन्दरता व शीतलता के साथ कलाओं के सौरमण्डल में तारों के बीच, अकेली ही परन्तु पूरी केन्द्रीयता के साथ उपस्थित रहती है।

भैरवी

कृष्ण की अनन्य प्रेमिका होने के बावजूद सोनल मानसिंह के भीतर कहीं गहरे अनन्त कमरे में एक स्त्री बैठी हुई है। उसकी अन्तहीन पुकार और शब्द, उनके नृत्य के अनहद को हमेशा उर्वर और जीवन्त बनाये रखते हैं। आप उनसे बातें करिये, उनके पूर्वाभ्यास में शामिल रहिये, घर में साथ बैठकर कुछ खाईये–पीजिये या साक्षात नर्तकी के रूप में उन्हें मंच पर देखिये– हर जगह आपको सोनल मानसिंह में एक परम स्त्री भाव का दर्शन आसानी से मिल जाता है। यह 'स्त्री–तत्त्व' की विराट् उपस्थिति को उनमें पाना, तमाम उन बातों के प्रति आपका ध्यान बरबस खींच लेता है, जो सहज ही इस नृत्यांगना के व्यक्तित्व में आकण्ठ भरी हुयी हैं। फिर इस बात का मर्म जानना आसान हो जाता है कि क्यों उन्हें मीरा की भक्ति ही सर्वाधिक रास आती है या *'प्यारे दरसन दीजो आज'* जैसा पद अकसर वे गुनगुनाती रहती हैं। आप धैर्य से उनके कलाकार मन के ढेरों तारों को छेड़ें, तो पायेंगें कि बातों–बातों में अपने को एक नृत्यांगना से अलग, देवदासी के रूप में ही पहले–पहल देखने वाली यह कलाकार एक स्त्री की गरिमा व उसकी उपस्थिति को लेकर सदैव दृढ़ रही है। शायद इसी कारण उनकी रचना–प्रक्रिया में एक प्रकार का लोच, कलात्मक वैभव और साहस आ पाये हैं।

एक गाँधीवादी परिवार की विद्रोहिणी लड़की का नृत्यांगना बनना और धीरे–धीरे देवदासियों की परम्परा में खुद को गौरवबोध से देखना– सभी कुछ आसानी से पिछले चार दशकों में उनकी ज़िन्दगी में शामिल हुआ है। यही सोनल बनने की प्रक्रिया रही है। इस प्रक्रिया में कई अनोखी

चीज़ें आरम्भ से ही शुमार रही हैं, मसलन– उन्हें अक्क महादेवी के वचन और प्रसिद्ध कश्मीरी सन्त कवयित्री लल्लेश्वरी के लल–वाक् साहित्य में सर्वाधिक तोष देने वाले लगते हैं। खुद को मंच पर वे राधा से कम नहीं मानतीं। नृत्य में भी सर्वाधिक प्रिय बालासरस्वती जी व गायन में केसरबाई केरकर और किशोरी अमोनकर लगती हैं। एक हद तक लता मंगेशकर की उपस्थिति भी उन्हें इसीलिए महत्त्वपूर्ण लगती है कि उनकी सारी सार्थकता और सुरीलेपन के अतिरिक्त उनमें जो खास बात है, वह यही है कि वह एक स्त्री होकर इतना बड़ा सुरीला संसार रच पायीं। 'गीत–गोविन्द' या 'सौन्दर्य–लहरी' की प्रासंगिकता सोनल मानसिंह के लिए यह भी है कि वहाँ एक स्त्री द्वारा कृष्ण और शिव पर शक्तिपात करने का प्रसंग आता है। कई अवसरों पर सोनल मानसिंह ने यह विराचारोत्तेजक बात बार–बार दोहरायी है कि आज हम जिन महापुरुषों, दार्शनिकों, सन्तों, कवियों, नायकों, देवताओं की आराधना करते हैं, उन सब ने जन्म तो आखिरकार एक स्त्री की कोख से ही पाया है।

यहाँ सोनल, सूफी परम्परा के निकट खड़ी नज़र आती हैं। सूफियों में अपने आराध्य के प्रति सब कुछ प्रेम में अर्पित करना, स्त्री–भाव से ही किया जाता है। नृत्य में लालित्य व सौन्दर्य के लिए स्त्री तत्त्व की जरूरत हमेशा ही पड़ती रही है। यह अकारण नहीं है कि कलाओं के सौन्दर्यशास्त्र में स्वर को स्त्री भाव से अनुप्राणित मानकर उसका सौन्दर्य स्थापित किया जाता है। वहाँ स्वर संरचना को संगीत का रूपात्मक सौन्दर्य मानते हैं और इसे ही उसके मूल्यांकन का आधार बनाते हैं। सोनल मानसिंह का अपनी कला–यात्रा में ज्यादातर विचारों एवं नवाचारों के पीछे एक स्त्री–भाव लेकर चलना, उस पारम्परिक कला–समाज का अनुगमन करना है, जिसे शताब्दियों पूर्व महाकवि कालिदास ने आरम्भ किया था। उन्होंने 'अभिज्ञान शाकुन्तलम्' में अपनी कल्पना के द्वारा शकुन्तला की जो सौन्दर्य–रचना की, उसमें वे एक विलक्षण सृष्टि की प्रतीति कराते दिखायी देते हैं। कालिदास कहते हैं– *'स्त्रीरत्नसृष्टिरपरा प्रतिभाति सा मे'*। उनके यहाँ जिस तरह शकुन्तला और सृष्टि में भेद नहीं है, कला

और सौन्दर्य में अन्तराल नहीं है। ठीक उसी तरह सोनल के यहाँ एक स्त्री और विचार में कोई द्विधा नहीं है।

तन्त्रशास्त्र और संगीत के रूपकों का सहारा लेकर कहें तो सोनल मानसिंह एक नृत्यांगना, एक देवदासी, एक कलाकार से अलग– पहले एक भैरवी हैं, जो 'सौन्दर्य–लहरी' में देवी बनकर शिव पर शक्तिपात करती हैं, 'गीत–गोविन्द' में जयदेव की पत्नी पद्मावती के रूप में उनकी साधिका बनती हैं और स्वयं नृत्य और संगीत के समाज में राग–रागिनी और राधा बनकर नृत्य–कला को विभोर करने वाला महारास सौंपती हैं, जिसकी अनुपस्थिति में यह संसार कुछ कम सुन्दर नज़र आता है।

एक नृत्यांगना का राग–विराग

सोनल मानसिंह के स्वतंत्र और उन्मुक्त जीवन को देखकर सहसा इस बात पर विश्वास ही नहीं होता कि व्यक्तिगत स्तर पर यह महिला ठेठ पारम्परिक जीवन–मूल्यों और नैतिकता के प्रति कोमल रहती आयी है। वे भारतीय संस्कृति के प्रति इस कदर ऑब्सेस्ड हैं कि अक्सर उन्हें नज़दीक से जानने वाले भी कुछ मौकों पर गलत मान बैठते हैं। मगर ऐसा है नहीं, वे संस्कृति के प्रति उदार रहते हुए अन्य उन चीज़ों के प्रति भी बेहद खुली हुई हैं, जो परम्परा व संस्कृति का लगभग विपरीत पाठ बनाते हैं। इस तर्क को समझने के लिए हमें सोनल मानसिंह की पसन्द–नापसन्द के ब्यौरों को करीब से जानना होगा। जैसे उनका मनपसन्द साहित्य कुछ और नहीं बल्कि जयदेव का गीत–गोविन्द है। वे कृष्ण राधा के अलौकिक प्रेम, उनके प्रणय व आपसी सहमेल की अनेकों मिथक कथाओं से इतनी गहराई से जुड़ाव महसूस करती हैं कि अक्सर यह भी भूल जाती हैं कि कृष्ण–राधा का यह सारा प्रसंग एक विराट परिकल्पना का बेहद सुन्दर अंश है, न कि हमारे रागरागयिक यथार्थ का हिस्सा। जब भी जयदेव उनको थोड़ी देर के लिए सुस्ताने भर की सहूलियत देकर उनकी स्मृति के कमरे से बाहर निकल जाते हैं, तो फौरन वहाँ मीरा या आण्डाल या बनी–ठनी में से कोई स्वतः ही उपस्थित हो जाता है। वे इतनी बेसब्र महिला हैं कि उत्तर प्रदेश में वृन्दावन के दौरे पर सिर्फ इसलिये निकल जाती हैं, जिससे कि किशनगढ़ के राजपरिवार की वैष्णवी निम्बार्की साधिका बनी–ठनी की छतरी व उनके कुछ पद ढूँढ़ सकें। वे उसी समय जब बनी–ठनी के प्रेम में बावली बनी रहती हैं, मीरा से भी उतनी ही प्रभावित दिखायी पड़ती

हैं, जो स्वयं कृष्ण के लिए घर–बार, कुल और राजपरिवार की मर्यादा छोड़कर बाहर निकल गयी थीं।

सोनल मानसिंह का मानस ही कुछ ऐसा है कि वे जीवन में आनन्द और पूर्णता को पाने की आकांक्षा में दुनिया की हर कलात्मक व श्रेष्ठ चीज़ को अपने दोनों हाथों से पकड़ना चाहती हैं। इसके चलते अब यदि वे मीरा, आण्डाल, बनी–ठनी, जयदेव आदि की सोहबत में रहकर और स्वयं से संवाद करते हुए, बात–बात में गीत–गोविन्द को याद करके प्रसन्न होती हैं और वेलूर मन्दिर के चन्न केशवा (सुन्दर विष्णु) को प्रमुदित करना चाहती हैं, तो यह कोई बहुत अचरज की बात नहीं है। मगर इसी क्षण जब वे मथुरा, वृन्दावन, कामाख्या और वेलूर की मानस यात्रा पर निकली होती हैं, उस समय अगर आप उनसे पसन्द की जगह जानना चाहें, तो फौरन ही उन्हें पेरिस याद आता है। गीत–गोविन्द के अलावा हेमिंग्वे, ऑस्कर वाइल्ड और टॉमस मॉन जेहन में उभरने लगते हैं। निहायत देसी ढंग के गुजराती खाने की शौकीन स्त्री को फिर इटैलियन, वियतनामी, ईरानी और चायनीज़ फूड की याद सताने लगती है। सत्यजित रे की 'जलसाघर' और गौतम घोष की 'अन्तरजली यात्रा' के बरक्स उन्हें बर्गमैन की 'ऑटम सोनाटा' और फेलिनी की 'एट एण्ड हॉफ' गुदगुदाने लगती हैं। प्रथममंजरी, देशाख्य और वराणी रागों की जानकार नृत्यांगना बीथोवन, मोत्जार्ट और बाख़ की सिम्फनीज़ सुनने के लिए बेचैन हो उठती हैं। सारे मॉडर्न आर्टिस्ट, अमूर्त्त चित्रकला के ढेरो नमूने उन्हें बरबस याद आने लगते हैं। तो ये हैं– सोनल मानसिंह, जिनसे आप बात करते हुए कई स्तरों पर एक साथ मिल रहे होते हैं।

और इन बातों से अलग, अपनी क्षणिक नाराज़गी के लिए भी वे कला–जगत में अलग से काफी नाम कमाती रही हैं। पल भर में नाराज़, तो दूसरे ही क्षण संयत और शान्त। थोड़ी देर के लिए चुप रहने जैसा अन्तराल, फिर ठठाकर हँसी और सामान्य बातें। जब वे गुस्से में हों, तो क्या मजाल कि नाक पर एक मक्खी तो क्या, सा और रे जैसे सुर भी बैठ सकें। बेचारे सातों सुर किनारे भयभीत से दुबके खड़े रहते हैं, कि कब यह गोविन्दप्रिया उनकी ओर स्नेह भरी दृष्टि से निहारेंगी।

एक नृत्यांगना के बतौर, एक मानिनी के बतौर, विरोहत्कण्ठिता नायिका के बतौर और एक स्त्री के बतौर सोनल का जीवन ही इन विरोधाभासों के बीच से सुन्दर आकार लेता रहा है। वे हेमन्त और बसन्त की उस सन्धि–बेला पर ठिठकी मिलती हैं, जहाँ से पुराने का प्रस्थान होता रहता है और नये का, अंकुरण का, नित नया आगमन होता रहता है।

अप्सरा के जूते

वे थकी नहीं हैं। उनके पैरों का महावर और ओडिसी में पहना जाने वाला नूपुर, अभी लगता है कि प्रकृति का मंगलाचरण करने को सद्य: ही प्रस्तुत हुआ है। वे ओंकारेश्वर और अयोध्या की नदियों के जल में बिलकुल बच्चों सरीखी खिलखिलाहट के साथ झम्म से उतर जाती हैं। रेत पर पड़ने वाले उनके पैरों के निशान, एक नृत्यांगना के कम, किसी मिथक कथा में मिलने वाली उस अप्सरा के ज्यादा लगते हैं, जो अपने सोने के जूते स्वर्ग में भूल आयी है और जिसे इस दुनिया का निर्मम सत्य, अपनी अप्रतिम सुन्दर दुनिया के लिये ढूँढ़कर ले जाना है।

वे जादूगरनी की तरह रेत या पानी में थिरक सकती हैं। वे परियों की लोक–लुभावन कहानियों की बेहद सुन्दर परी की तरह एक ही क्षण में धरती से ऊपर आसमान तक उड़ सकती हैं। वे नृत्य में निमग्न न भी हों, तो किसी देवकन्या की तरह छम–छम करतीं कभी भी हमारे आनन्द के पड़ोस में चली आयेंगीं और आँखें नचाकर पूछेंगी– "स्वर्ग का रास्ता किधर से जाता है?"

उस समय हम अचकचाये से, अपने धूल–भरे, मिट्टी सने पाँवों को बेबस से ताकते रह जाते हैं, जब कुछ बच्चे रेत में आधा धँसा रह गया एक अकेला जूता ढूँढ़कर ले आते हैं, जो सोने की तरह चमकता है।

कलाओं की अभयता

कलाएँ अपनी सारी रचनात्मक उपस्थिति के साथ जिस एक बात के लिए अलग से रेखांकित होती हैं, वह उनमें पाया जाने वाला अभय होने का गुण है। कला की एक सम्पूर्ण सृष्टि, जब अपने माध्यम में स्वयं को उसके दर्शक, श्रोता या सामाजिक के आगे व्यक्त कर रही होती है; तब वह अपने वर्तमान में स्थित होते हुए भी पूरी सृष्टि में फैल जाती है। एक साधारण गायक या नृत्यांगना उस समय जिन मनोदशाओं की अभिव्यक्ति कर रहे होते हैं, वे उसी मानसिक स्थिति में पहुँच जाते हैं—भले ही वह प्रदर्शन हज़ारों वर्षों पूर्व की किसी कथा का क्यों न हो रहा हो। उदाहरण के लिए यदि हम रतनथियम को महाभारत के युद्ध में चक्रव्यूह प्रसंग करते देख रहे हों, तब वे उस क्षण मात्र एक नाट्यकर्मी नहीं रहते, बल्कि द्वापर में हो रहे महाभारत के युवा नायक अभिमन्यु में परिवर्तित हो जाते हैं। युद्ध की सारी उत्कटता, विभीषिका और संघर्ष इस कदर मंच पर उभरते हैं कि सहसा इस बात की रस सिद्धि होने लगती है कि यहाँ मौजूद एक सामान्य कलाकार पूरी ओजमयता के साथ उस युग में प्रविष्ट है। इस अर्थ में वह कलाकार अनजाने ही जिस निडरता, साहस और पराक्रम की उपज पैदा करता है, वह प्रतीति हमें सिर्फ कलाओं की दुनिया में ही सम्भव होती जान पड़ती है। इसी तरह कोई कलाकार जब नृत्य, नाटिका, स्वांग या प्रहसन आदि में मृत्यु की उपस्थिति को अक्षरशः निरूपित करता है, तब उसके माध्यम की कला दर्शक को मृत्यु के डर से निडर बना देती है। कलाएँ ही हमारा ऐसा स्वअर्जित लोकतंत्र हैं, जहाँ उनके प्रभाव में रहने पर हमें भय से मुक्ति की

सीख मिलती है। कलाएँ संशयों के पार जाती हैं और हमारी क्षुद्रताओं, दुर्बलताओं, ईर्ष्याओं को जीवन से बाहर निकाल फेंकती हैं। कहने का आशय यह है कि कलाओं की दुनिया में, फिर चाहे वह संगीत हो या नृत्य, चित्रकारी हो या नाट्यकला या अन्यान्य रूपंकर अभिव्यक्तियाँ, सभी हमारे डर को, खासकर मृत्यु, हताशा व पराजय के डर को हमसे दूर करती हैं। यही उनकी सबसे बड़ी चुनौती है और उपलब्धि भी।

यह कुछ–कुछ वैसा ही है, जिस तरह इंग्मार बर्गमैन की फ़िल्म 'दि सेवेन्थ सील' का वह आरम्भिक कालजयी दृश्य, जिसमें नायक को ले जाने के लिए मृत्यु उसके सामने आकर खड़ी है और उससे पूछती है 'क्या तुम्हें डर लग रहा है?' नायक, मृत्यु को जवाब देता है– 'मेरा शरीर जरूर भय से घिरा हुआ है, मगर मेरी आत्मा बिलकुल भी नहीं विचलित हैं। बाद में इस दृश्य में एक नाटकीय मोड़ आता है, जब नायक उसके सामने एक प्रस्ताव रखता है कि चलने से पहले हम दोनों शतरंज खेलते हैं। यदि तुम मुझे शतरंज में हरा दोगे, तभी मैं साथ चलूँगा, अन्यथा तुम्हें, मुझे यहीं छोड़कर जाना होगा। मृत्यु हँसते हुए उसकी यह चुनौती स्वीकार कर लेता है और दोनों का खेल आरम्भ होता है। यहीं बर्गमैन कला की उस अन्विति को अपनी बेजोड़ दृष्टि से रचते हैं, जब मृत्यु और इन्सान के बीच शतरंज की बाजी बिछी होती है। पूरा दृश्य अन्धेरे में डूबा हुआ है। समुद्र तट के असम्भव वितान तक फैली हुयी खामोशी के प्रांगण में रेत पर दोनों शतरंज खेल रहे हैं– एक–दूसरे को हराने का खेल। मृत्यु को चकमा देकर मात करने की जद्दोजहद। यह अकारण नहीं है कि मृत्यु के पास काले रंग की गोटियाँ हैं। बर्गमैन की यह फ़िल्म मृत्यु और मनुष्य की जिजीविषा के बीच, आत्मा और नश्वरता के बीच, अनन्त समय और निरन्तरता के बीच लगातार आवाजाही करती है।

'दि सेवेन्थ सील' के इस दृश्य की कल्पना में यदि हम कुछ अतिरिक्त अर्थ डालना चाहें, तो वह हमारी पारम्परिक कलाओं की दुनिया हो सकती है, जिसमें परम्परा का अनन्त प्रवाह समुद्र की तरह फैला हुआ है। इसमें एक कला पूरी निडरता के साथ अपनी शाश्वत उपस्थिति

का बोध लगातार करा रही है और दुनिया–जहान की तमाम अड़चनें, असफलताएँ, लामबन्दियाँ, झूठ और फरेब मृत्यु की शक्ल में उस कला–जीवन से बार–बार एक हारी हुई शर्त लगा रही है। बर्गमैन की फ़िल्म के अन्त में मृत्यु नायक को छोड़कर वापस लौटती है और कलाओं की दुनिया में भी तमाम प्रकार की जहमतें एक निश्चित दूरी के बाद स्वतः ही छूट जाती हैं। सिर्फ बचा रहता है अन्त तक उनमें अभय का वरदान और कुछ नया रचने का जोखिम।

देवप्रिया

सारी नृत्यांगनाएँ देवता को प्रिय हैं। स्वयं ईश्वर अपने षोडशोपचार पूजन–विधान में सोलहवें उपचार के रूप में नृत्य की व्यवस्था प्राचीन काल से रखते चले आये हैं।

उनकी राज एवं धर्म व्यवस्था में देवदासियाँ.... महारियाँ.... नर्तकियाँ. ... अप्सराएँ.... गणिकाएँ... ग्रामदेवियाँ.... शक्तियाँ.... एवं स्त्रियाँ सदैव आदरणीय रही हैं। शायद इसीलिए पृथ्वी पर इन कला सम्पन्न उपस्थितियों को लगभग देवता का स्थानापन्न माना जाता है। शायद इसी कारण देवियों की आदि–देवी भगवती कामाख्या 'काम–सम्पूर्णा' कहलाती हैं।

सोनल मानसिंह द्वारा अभिनीत एवं निर्देशित नृत्य-संरचनाएँ

1972: चतुरंग

गुरुदेव रवीन्द्रनाथ टैगोर के कुछ गीतों की नृत्यमय व्याख्या।

1973: सीता-स्वयंवरम्

राम और सीता के ऐतिहासिक स्वयंवर का चित्रण। मूल पाठ तुलसीदास द्वारा रचित रामचरितमानस से लिया गया।

1975: मेरी मैगदलेन

केरल के मशहूर कवि वल्लतोल की कविता पर आधारित।

1978: संन्यासी-उपगुप्त

गुरुदेव रवीन्द्रनाथ टैगोर की एक कविता पर आधारित।

1978: कृष्ण लीजेन्ड

प्रमुख शास्त्रीय नृत्यों-भरतनाट्यम, ओडिसी, कुचिपुड़ी, कथकली एवं कथक द्वारा कृष्ण-लीला के विभिन्न प्रसंगों का निरूपण।

1979: मेघदूतम्-ऋतुसंहारम्-कुमारसम्भवम्

महाकवि कालिदास द्वारा रचित इन अमर महाकाव्यों पर आधारित नाटिकाएँ।

1983: श्रृंगारिका

मुख्यतः श्रृंगार रस को आधार बनाकर रचा गया नृत्य संयोजन। श्रृंगार रस को विभिन्न प्रचलित रागों द्वारा दर्शाने वाली मनोहारी प्रस्तुति।

1984: अष्टनायिका

प्रेम में पड़ी हुई स्त्री की आठ संवेदनशील व भावुक मनोदशाओं का चित्रण।

1985 : मधुराष्टकम्

श्रीकृष्ण की आराधना में स्वामी वल्लभाचार्य के भजन एवं स्तोत्रों का नृत्योत्सव।

1986 : राधायनी

उड़ीसा की मध्यकालीन कविता में से कुछ चुनिन्दा कविताओं पर आधारित। मुख्यतः चम्पू गान और अष्टपदी के संयोग से बनाया हुआ।

1987 : गीतगोविन्द विचित्रा

मूल रागों पर आधारित नाटिका। इसमें पल्लवी मुख्यतः इन रागों में रची गयी थी– श्री, प्रथम मंजरी, वराणी, मधुकरी और नट्टनारायण।

1987 : गीत-गोविन्द

जयदेव के अमर काव्य 'गीत–गोविन्द' पर आधारित विविधवर्णी नृत्य प्रदर्शन।

1988 : अर्द्धनारीश्वर

आदिगुरु शंकराचार्य के स्तोत्र पर आधारित। मुख्यतः शिव और शक्ति (पुरुष और प्रकृति) की अवधारणा पर केन्द्रित।

1988 : शिव-ताण्डव

शिव का ऐतिहासिक व तेजोमय नृत्य ताण्डव के द्वारा आह्वान। उड़ीसा की छाऊ (मार्शल आर्ट कला) एवं ओडिसी के संयोग पर आधारित।

1989 : बाहुबलीश्वर

महान् जैन सन्तों के जीवन एवं उपदेशों पर आधारित चित्रण।

1991 : देवी चन्द्रिका

पौराणिक देवी प्रसंगों पर आधारित ओडिसी में नृत्य संयोजन।

1992 : मधुरोत्सव

सातवाहन साम्राज्य के राजा हल द्वारा रचित 'गाथा सप्तशती' की कुछ प्रेम कविताओं पर आधारित नृत्य संयोजन।

1992: अभिनय चन्द्रिका

ओडिसी के कुछ चुनिन्दा प्रसंगों पर आधारित नृत्य संयोजन।

1993: गंगासाक्षी

महाभारत महाकाव्य के एक प्रसंग पर आधारित नृत्य संयोजन।

1994: कृष्ण रंग राची

भरतनाट्यम एवं ओडिसी में निर्मित संगीतमय नाट्य रूपक।

1994: द्रौपदी

महाभारत महाकाव्य की इस प्रमुख और विद्रोहिणी चरित्र द्रौपदी की एक व्यक्तिगत, संवेदनशील और महत्त्वपूर्ण व्याख्या। थियेटर के तत्त्वों से रची हुई संगीत, नृत्य, संवादों की एक अभिनव प्रस्तुति।

1994: धर्म–शृंगार

प्रेम की अवस्था का भौतिक से पराभौतिक, स्थूल से सूक्ष्म एवं दैहिक से आध्यात्मिक होने की अभिनव व्याख्या।

1995: गुजराती अस्मिता

गुजरात प्रदेश के मध्यकालीन और समकालीन कुछ चर्चित गीतों की प्रस्तुति।

1995: आत्मायन

मूलतः सामाजिक सरोकारों पर आधारित नृत्य संयोजन। इसका विषय मनुष्य के आत्मज्ञान पर केन्द्रित है, जिसमें सामाजिक रूप से लिंग, जाति, वर्ण एवं धर्म के आधार पर व्याप्त असमानताओं पर करारा व्यंग्य है।

1995: देवी–दुर्गा

भगवती दुर्गा के विभिन्न स्वरूपों का चित्रण। मंत्रों, भजनों एवं स्तोत्रों पर आधारित अभिनव नृत्य संयोजन।

1995: पंचकन्या

परम्परा में मौजूद भारत की पाँच सशक्त नारियों की स्वतंत्रता एवं पहचान का गौरवमय अंकन।

1997: मेरा भारत

भारत की स्वतंत्रता की पचासवीं वर्षगाँठ पर तैयार की गयी अभिनव प्रस्तुति। प्रदूषण, पर्यावरण और ब्रह्माण्ड की संरचना पर केन्द्रित।

1999: समन्वय

भारत की सांस्कृतिक एकता का मनोहारी निरूपण। इस नृत्य संयोजन की मुख्य विशेषता यह है कि इसमें भारत के विभिन्न प्रान्तों के शास्त्रीय, उपशास्त्रीय, लोक एवं जनजातीय संगीत एवं नृत्य का प्रयोग किया गया है। इसमें विभिन्न सांस्कृतिक दल भारत के अन्यान्य जगहों से आकर समावेशित हुए। विषय मुख्यतया धार्मिक पदावलियाँ और भजन चुने गये। सोनल मानसिंह के नृत्य और उनकी टिप्पणियों से समन्वय को पूर्णता मिली।

1999: मानवता

आजीवन कारावास की सजा पाये हुए तिहाड़ जेल के कुछ कैदियों के साथ मिलकर सोनल मानसिंह ने यह नृत्य संयोजन अन्तरराष्ट्रीय मानवाधिकार दिवस के लिये विशेष तौर पर तैयार किया।

1999: इन्द्रधनुष

भारतीय हिन्दी फिल्मों के गीतों एवं शास्त्रीय नृत्यों के सहमेल से बनी हुयी एक अभिनव प्रस्तुति।

2002: मुक्ति

बीती हुयी शताब्दी में तमाम उथल–पुथल, उहापोहों और संघर्ष से गुजरे मानव–जीवन के प्रति ठहरकर विचार करने के क्रम में स्वज्ञान अर्जित करने की प्रेरणा पर आधारित प्रस्तुति। इस गैरपारम्परिक संयोजन में नृत्यांगना ने इस बात का अन्वेषण किया है कि हमारी परम्परा में तथा पुराने काल में ज्ञान और आनन्द के अनथक सूत्र छिपे हुए हैं।

2003: रामकथा

मूलतः रामचरितमानस पर आधारित नृत्य-नाटिका। इसमें मानस की प्रचलित व सुन्दर चौपाईयों के साथ हिन्दी में रची कविताओं व पदों का भी इस्तेमाल किया गया। चौपाईयाँ एवं हिन्दी की कविताएँ इस अभिनव नृत्य संयोजन में एक दूसरे के साथ आगे बढ़ती हैं।

2003: शिव-विवाह

शिव-विवाह प्रसंग पर प्राप्त प्रचलित एवं दुर्लभ पदों की नृत्यमय प्रस्तुति।

2003: लल्लेश्वरी

प्रसिद्ध कश्मीरी सन्त कवयित्री लल्लेश्वरी जिन्हें लालदेद भी कहते हैं, के साहित्य से कुछ पदों को चुनकर नृत्य नाटिका का संयोजन। लल्लेश्वरी मुसलमान और हिन्दुओं, दोनों मजहबों में समान रूप से प्रसिद्ध और आदरणीय रही हैं। उनका साहित्य लल-वाक् आज भी प्रासंगिक और प्रचलित है।

2003: अस्मिता

भारतीय संस्कृति और सभ्यता के निर्माण की कथा का अभिनव संयोजन। अस्मिता मिथक और अध्यात्म के बिन्दु की अवधारणा से शुरू होकर प्रकृति–पुरुष की परिभाषा एवं पंचतत्त्वों द्वारा जीवन निर्माण के सन्देश तक जाता है। इस नृत्य नाटिका में संगीत डॉ. एल. सुब्रमण्यम ने दिया था एवं पार्श्वगायन कविता कृष्णमूर्ति ने किया था।

2004: सर्चिंग फार के

कृष्ण के ऐतिहासिक, सांस्कृतिक एवं कलात्मक स्वरूप का मनोहारी निरूपण। मुख्यतः विष्णु षोडश नाम स्तोत्र, कृष्ण कर्णामृत एवं सीताकान्त महापात्र की कविता जारा पर आधारित नृत्य संयोजन।

2005: सबरंग

हिन्दी फिल्मी गीतों और शास्त्रीय नृत्यों के संयोजन पर आधारित अभिनव प्रस्तुति। इस नृत्य नाटिका में यह रेखांकित करने का प्रयास किया गया

है कि सन्तों और भक्त कवियों के भक्तिपदों और कामर्शियल फिल्मी गीतों में भी एक समानता होती है। जैसे मीरा का एक आध्यात्मिक गीत जिस तरह गाया जायेगा, एक फिल्म में वही भजन एक अभिनेत्री अपने अवसाद के क्षणों में भी उसी ऊँचाई से गायेगी। यह नृत्य संयोजन यह भी दर्शाता है कि फिल्में मात्र मनोरंजन का माध्यम नहीं हैं, उनका एक और पहलू है, जो हमारे ज्ञान का विस्तार और संवेदना में वृद्धि का कार्य करता है।

2005: इन्तजार

यह नृत्य संयोजन पुराने समय और वर्तमान समय के बीच एक सेतु बनाता है। इसमें ओडिसी नृत्य और राजस्थानी लंगाओं का गायन आपस में मिलकर एक वेणी बनाते हैं। इस प्रस्तुति की एक खासियत यह भी है कि पारम्परिक ओडिसी वाद्य यन्त्रों के अतिरिक्त इसमें करताल सरोद एवं सारंगी का भी प्रयोग किया गया है।

2007: तेजस्विनी

भारतीय गणतंत्र की अट्ठावनवीं जयन्ती पर तेजस्विनी नाम से सोनल मानसिंह द्वारा रची गयी नृत्य नाटिका, जिसमें उन्होंने भारत की दस प्रतिनिधि महिलाओं के जीवन व आदर्शों की कथा चुनी। इसमें पाँच स्त्रियाँ तो वे पौराणिक पंचकन्याएँ हैं— अहिल्या, तारा, कुन्तीं, द्रौपदी, मन्दोदरी तथा शेष पाँच स्त्रियाँ भिकाई जी कामा, कस्तूरबा गाँधी, सरोजनी नायडू, इन्दिरा गाँधी एवं आज की कोई भी स्त्री है, जो अपना स्वतंत्र व्यक्तित्व रखती है।

2007: कस्तूरबा

कस्तूरबा गाँधी के तिरसठवें निर्वाण दिवस 22 फरवरी, 2007 को पहली बार प्रदर्शित की गयी नृत्य प्रस्तुति। अपने गाँधीवादी संस्कारों के चलते, गाँधीजी से पूर्वजों की निकटता के सूत्रों को पकड़कर सोनल मानसिंह ने कस्तूरबा गाँधी को अपनी अस्मिता के गौरवबोध से भरी हुयी एक सशक्त महिला के किरदार में ढालकर प्रस्तुत किया है। स्वतंत्र भारत के इतिहास में कस्तूरबा गाँधी पर पहली बार विस्तृत एवं शोध-परक नृत्य नाटिका।

सोनल मानसिंह : पुरस्कार एवं सम्मान

1967: श्रृंगार-मणि उपाधि, हरिदास संगीत सम्मेलन, मुम्बई
1983: मेडल ऑफ फ्रेण्डशिप, वियतनाम
1983: गोविन्दप्रिया उपाधि, गोविन्ददेव जी मन्दिर, जयपुर
1985: नृत्य चूड़ामणि सम्मान, श्रीकृष्ण गण सभा, चेन्नई
1985: नाट्य कलारत्न, नेशनल कल्चरल ऑर्गनाईज़ेशन
1986: नृत्य-कला कौमुदी सम्मान, कलाप्रिया, नेल्लौर, आन्ध्र प्रदेश
1987: केन्द्रीय संगीत नाटक अकादमी पुरस्कार, नयी दिल्ली
1989: विश्व गुर्जरी सम्मान, गुजरात सरकार
1989: शिरोमणि सम्मान, नयी दिल्ली
1990: भाई वीरसिंह इण्टरनेशनल अवॉर्ड, नयी दिल्ली
1991: राजीव गाँधी एक्सीलेन्स अवॉर्ड, नयी दिल्ली
1992: पद्म भूषण, भारत सरकार
1994: इन्दिरा प्रियदर्शिनी अवॉर्ड, नयी दिल्ली
1995: मेडल ऑफ फ्रेण्डशिप, क्यूबा स्टेट काउन्सिल
1995: सनातम नृत्य सम्मान, मॉरिशस
2002: विमला देवी सम्मान, विमला देवी फाउण्डेशन न्यास, अयोध्या
2003: उड़ीसा संगीत नाटक अकादेमी पुरस्कार, उड़ीसा
2003: पद्म विभूषण, भारत सरकार
2006: लाइफटाइम एचीवमेन्ट अवॉर्ड, इण्टरनेशल ओडिसी फेस्टिवल, भुवनेश्वर
2007: कालिदास सम्मान, मध्य प्रदेश सरकार
2007: हनुमन्त सम्मान, श्री मोरारी बापू आश्रम द्वारा, गुजरात
2007: डॉक्टर ऑफ साइन्स की मानद उपाधि, पं. गोविन्द बल्लभ पन्त विश्वविद्यालय, पन्तनगर, उत्तराखण्ड

1977 : इसी वर्ष सेण्टर फॉर इण्डियन क्लासिकल डॉन्सेज़ नामक संस्था बनायी और आज तक इसकी अध्यक्ष हैं।

1978–1982 : केन्द्रीय संगीत नाटक अकादमी, नयी दिल्ली

1994–1999 : की साधारण सभा एवं कार्यपरिषद

1999–2003 : की तीन बार सदस्य रहीं।

2003–2005 : केन्द्रीय संगीत नाटक अकादमी, नयी दिल्ली की अध्यक्ष रहीं।

1999–2005 : इन्दिरा गाँधी नेशनल सेन्टर फॉर आर्ट्स (आई.जी.एन.सी.ए.) की सदस्य।

2001 से.... : विचार न्यास, नयी दिल्ली की पत्रिका 'थिंक इण्डिया' की सम्पादकीय सलाहकार समिति की सदस्य।

2006 से.... : विमला देवी फाउण्डेशन न्यास, अयोध्या की कार्यकारिणी की सदस्य।

1965–2007 : अब तक पिछले 42 वर्षों में तकरीबन 85 देशों की यात्रायें एवं वहाँ पर ओडिसी एवं भरतनाट्यम की 400 से अधिक प्रस्तुतियाँ।

सोनल मानसिंह
के.के. हेब्बार का रेखांकन